A WAY
TO GET THE UPPER HAND OF
INVESTMENT DEAL

股票期货投资制胜之道

崔海军◎著

中国发展出版社
CHINA DEVELOPMENT PRESS

图书在版编目（ＣＩＰ）数据
股票期货投资制胜之道 / 崔海军著. -- 北京 : 中国发展出版社,2018.8
ISBN 978-7-5177-0900-8

Ⅰ. ①股… Ⅱ. ①崔… Ⅲ. ①投资－基本知识 Ⅳ. ① F830.59

中国版本图书馆 CIP 数据核字（2018）第 192404 号

书　　名：股票期货投资制胜之道
著　　者：崔海军
责任编辑：孙　勇
装帧设计：MXK DESIGN STUDIO
出版发行：中国发展出版社
（北京市西城区百万庄大街 16 号 8 层　100037）
标准书号：978-7-5177-0900-8
经 销 者：各地新华书店
印 刷 者：河北鑫兆源印刷有限公司
开　　本：710×1000mm　1/16
印　　张：19
字　　数：270 千字
版　　次：2019 年 1 月第 1 版
印　　次：2019 年 1 月第 1 次印刷
定　　价：59.00 元
联系电话：（010）88913231 68990692
购书热线：（010）68990682 68990686
网络订购：http://zgfzcbs.tmall.com//
网购电话：（010）68990639 88333349
本社网址：http:www.develpress.com.cn
电子邮件：sunyongcdp@126.com

目　录

第二部分 交易理念篇

前言

本书的内容讲的是什么？

本书的主题是：揭示交易背后隐藏的真相。

市场的普遍法则是少数人胜出，多数人失败，也就是二八法则，大多数参与者注定是要失败的。这也成为了作为体系市场的运行规律。

金融市场博弈程度高，斗争激烈，市场参与者的水平参差不齐。投资交易满足了人们挑战的欲望和获得征服未知领域的满足感，它给人带来刺激，如果能获得成就，那就更产生了征服感和成就感。由于金融市场本身不产生利润，所以，事实上，胜出的参与者是以剥夺失败参与者的参与资源来获得成就的。

只要有音乐，就会有人舞蹈；只要有光明，就会有飞蛾扑进；只要有赌场，荷尔蒙的刺激会使人一次次的前来。吸引参与者入场的，是金字塔尖的那些镀金的荣耀，而塔底万人的哀嚎与枯骨，对大众来说却是视而不见的。

投资交易有没有捷径可走呢？

当然没有。投资交易是没有捷径可以走的，所有的“坎”都要过，所有的“坑”都要跳。

为什么这样说呢？举一个例子吧。如果我们期望自己的孩子成为一名钢琴家，仅靠拥有一架钢琴和纯粹的自我摸索，是不可能成为钢琴家的。连五线谱都看不懂，又如何能够有效的练习呢？通常我们需要做的是，为他找一个启蒙老师，再是进阶老师，在这些老师的教导下，知道了正确的姿势与练习的方法，知道了在通往钢琴家的路上会有哪些过程。如此，我们的孩子才能走上正确的方向，加以勤快而有效练习，则可能会成功，否则，会越练越错的。

其实我们也知道，哪怕是在这种情况下，这个孩子也不确定在十年后就一定能成为一名钢琴家。这就是“师傅领进门，修行在个人”的道理。这个道理放在投资交易中，也是一样的。

交易策略正确运用的前提是，操盘者必须具备正确的投资哲学和交易理念，这是立身之本。否则，再好的剑在不适合的人手里都是废铁，而废铁拿在合适的人手里都会变成宝剑。这个市场永远不存在可以100%准确预测未来变化的交易技术和交易工具。所以，即使在自认为有绝对把握和胜算的机会下出手时，还是应该作好风险控制的准备，防止判断错误带来的巨大损失。

交易技术和投资交易知识可以学习，市场投资经验可以累积，更重要的是要培养起成熟的交易心理并迅速付诸行动，这却是一个长期修炼、追求、领悟的过程。

所以，在投资交易之路上不要有了一些进步就沾沾自喜！

交易之路，是一条永无止境的学习之路……

第一部分

技术分析篇

成功的投资＝过硬的技术分析＋正确的投资理念＋匹配的投资哲学。

供求、经济、政治等基本面因素无疑是影响投资决策的主要因素，但价格最终还是需要从技术走势上显示出来。

趋势好比火山，技术形态和量能的不断较量，K线和均线的暗流涌动，压抑的时间越长，积聚的能量越大，我们只有严格遵守交易策略，耐心地等待价格的有效突破，才能抓住波澜壮阔的大趋势中的大行情。

第一章
价格是市场中最本质也是最基础的关系

所谓交易无非就是在正确的时间和点位上，在价格上做正确的事情，而成交量作为市场动能的直接体现，在一定程度上影响着价格的走势，指标不过是两者之间的复合叠加而已。这些都离不开对价格、时间、指标、成交量的正确理解。

一、有买才有卖，价格是最核心的指标

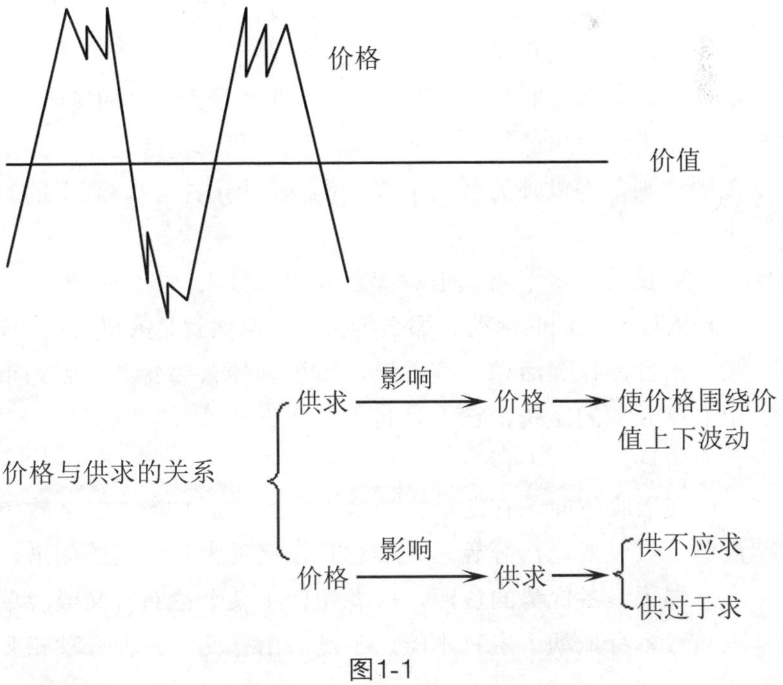

图1-1

如图1-1所示，交易者每天都要和价格打交道，尤其是以技术分析为主的交易者，价格是其交易体系中最重要的决策依据，甚至是唯一的依据。那么价格到底是什么，我们应该如何看待价格？

最常见的说法是，价格是价值的表现形式。我们默认事物必然有其内在的价值，但是这个东西如何评估？评估后又如何表达？就需要用到价格了。价值本身无形无相，而价格是看得见、摸得着的。

由一个公平、公开、公正的市场所给出的价格，或许不是最佳的价值评估和表现手段。例如，男女结婚时10万元的钻戒，未必能准确衡量出他们之间的爱，但它绝对是市场价值的一种体现。

技术分析的交易者对“价值”的敏感度很低，甚至不太认同这个概念。例如股票，股价的高低和公司资质并没有必然的联系。理论上说，好公司总是稀缺的，稀缺的总是昂贵的，但在阶段性的情况下，好公司可能被低估，而破公司却被爆炒。在A股市场，因为相信“价值投资”而受伤的人恐怕难以计数。

价格是市场的产物，也是市场最重要的表征。因此，想要界定价格，首先要界定市场。市场对你来说，意味着什么呢？

市场，顾名思义，是人们进行交易活动的场所。市场之于交易者，犹如世界之于人。因为世界也无非就是人活动的场所。

如果做简单的物我二元区分，除了我，便就是物，界定了我的范围，则范围以外的就是世界。同理，剔除掉我，剩下的对象就是市场。

对我而言，市场就是除我之外的一群人。更精确地说，市场是一群人以及他们的活动。那么价格呢，自然就是人群活动的轨迹。

人群为什么活动？或者说，市场为什么会变动？因为市场是一个高度开放的系统，它不是封闭的，它从外界吸收信息，也向外界传递信息。

在吸收方面，它的动力源太多了：供需平衡、经济政策、政治局势、气候变化，等等。人群总是在接受大量信息的刺激，他们或者掌握了具备优势的资源，或者相信了某个论断，又或者单纯是因为盈亏本身撩动了生物本能，于是做出行动。各种行动相互激荡，引发价格变化。

在传递方面，价格变化是市场所能给出的最强质信号。正如索罗斯的反身性理论所揭示的那样，开放系统内与外的互动无止境，吸收和传递彼此反馈，再反馈，或强化，或制约，最终的路径和结果都难以预测。

《笑傲江湖》中华山派有剑宗、气宗。气宗讲究以气驭剑，不是不行，只是太费工夫。而剑宗直接从招式上取胜，“独孤九剑”是其最登峰造极的剑术。其招式均以“破”字命名，破刀、破枪、破剑等。何以故？能破一切招，而自己也是招，就能把自己给破了。由此达到大破大立的境界——“无所立也无法破”。

令狐冲从不先发制人，而是意在剑前，讲究料敌机先，伺机而动。敌人没动时我只需做好准备，敌人一动，漏洞就出来了，正好后发制人。

我们是轨迹分析学家，所以必须等轨迹出来了，才能做出分析和判断。因此我们不可能超前于自己的分析对象。换句话说，我们针对人群做出反应，但又无法反应得更早。怎么办？只有一条路，那就是，做出的反应得更好。

普通人做交易基本以失败告终，原因就在于反应得不好。只要人性不变，贪婪和恐惧不变，则趋利避害的本能不变，对亏损的极度厌恶，导致拒不执行止损；对利润的极度渴求，导致风险过度承担。这些都不会改变。

如此一来，人群的运动轨迹就会出现某种我们称之为“趋势”的东西，它没什么神奇，无非是一种特殊类型的运动轨迹：在空间上有延展性，在时间上有持续性。据此开发交易系统，虽滞后却仍可稳定获利。《道德经》有云：“后其身而身先，外其身而身存”。我们甘心情愿退后，又身不由己向前。这才是第一等智慧。

二、指标不过是对价格认可度的确认

价格是最好的指标，成交量只是价格的影子。如图1-2所示，

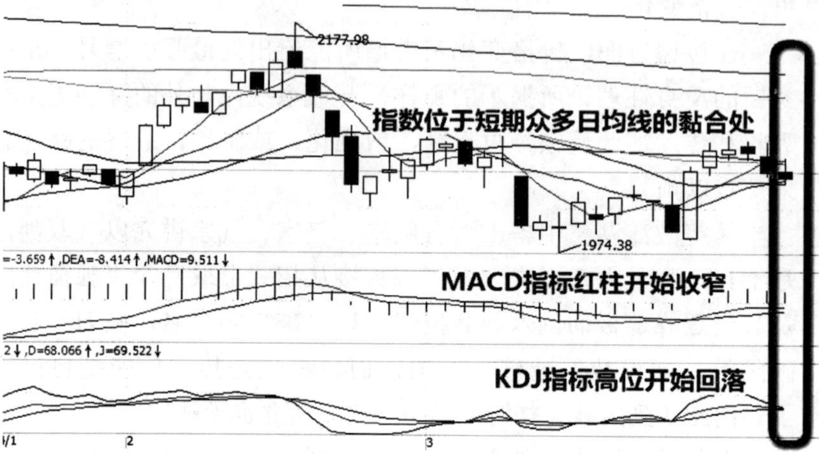

图1-2

回过头再来看一大堆指标，事实上就是从价格中演化出来的。价格就好像是粮食，指标就好像是粮食制成的各种各样离奇古怪的零食——吃不死人，但没有什么营养，想要有营养，还是直接吃粮食吧。

有一位外汇交易员，他出的书中只有K线和均线。他的理由是，各种指标都是从价格中演绎过来的，如果副图中堆满了指标，主图就会从视角上变形失真了。

至于其他不是从价格中演绎出来的指标，比如成交量、持仓量、净仓量、资金流量、内外盘等，与价格变化没有太大的关联作用，也很难用来作为操作系统或者过滤指标。我觉得那句“成交量是价格的影子”说到点子上去了，从影子求实体，不如一开始就开门见山，直奔主题。

很多人为什么喜欢使用很多指标，其实不是因为指标能增加操作的准确率，而是因为他对自己的判断没有信心，想借助指标发出的信号来增加自己的信心，就像一个人走夜路，心里忐忑不安，只要放声歌唱，通过高昂的歌声为自己壮胆。

利弗莫尔说过一句话：价格像流水，总是会沿着阻力最小的方向流动。那么阻力是什么呢？从图形上看，就是均线、密集成交区、前高、前低等。价格像流水一样，如果遇到阻力，就往回流，如果流水本身的冲力够大，就会冲破阻力。一般而言，流水往上慢，因为重力的作用，需要推力，往下流快，因为重力本身就够了。如果价格疯狂了，就会像蒸汽一样往上喷射，但等它冷却之后，下跌一样会很恐怖。

其实价格的起势和形态，就是一群人的群体心理，一种集体的意识流。从价格的走势和形态中，可以读出参与者在内部和外部的各种因素影响下的意识流。最近买的一本书，对这种群体意识的分析很到位。价格急剧上涨，它的整理形态应该是平缓，价格下跌是急速的，它的反弹应该是无力的，呈平台式的，当平台式的整理慢慢支撑不住的时候，群体的心理崩溃了，价格又开始急速下跌。

回眸过去的一两年，整理一下心得，我觉得经典的形态、均线、趋势才是王道。“诗在功夫外”，操作就好像是做生意，又好像是打仗，是一个需要整体思考、长期经营的事业，仅仅在操作准确率上不切实际地下功夫，未免有点儿钻牛角尖了。

三、时间分析也是对投资效率的分析

专业的投资人士常说，做投资其实就是在合适的时间和合适的价格上做合适的事。行情走势的表现要素主要是价格与时间，如果投资者能同时对这两个要素进行有效的把握，也就是在把握合适的时间和合适的价格基础上采取合适的投资行为。那么，其离赚钱的目标就不会遥远了。因此，价格与时间组合分析应该是投资者必须掌握的基本技能之一。如图1-3所示。

1．价格运行分析

翻开所有的分析材料，通常可以发现谈论最多的都是对价格的分析。无疑，价格目前所处的位置及其未来运行的方向是投资者最为关注的资讯。

对于价格运行分析，首先，分析价格目前所处的位置，这主要是进行静态分析。先通过宏观面和基本供求分析给目前的行情进行

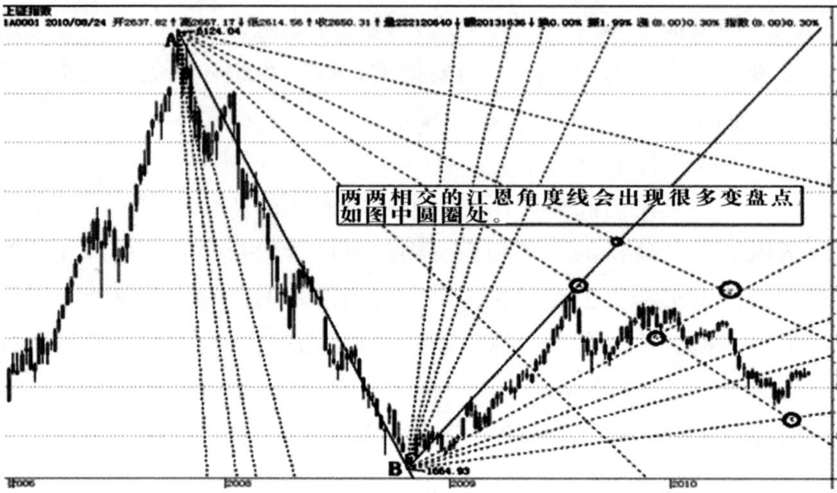

图1-3

性质定位，包括判定整体的价格趋势和合理的波动区间。比如，当前市场是处于牛市还是熊市，或是牛熊交界期。然后再对当前相关股票价格、国际国内价格等进行静态评估，以分析目前价格所处的位置，并确定是否具有继续操作的价值和意义。对于这一点，要注意各种价格的横向比较与纵向比较。其次，分析价格未来可能的运行方向，这主要是对影响未来价格的动态因素进行评估。目前影响价格运行的因素未来是否会减弱或改变，后市新的动态影响因素出现后将会如何影响市场。

2．时间运行分析

通常K线走势图给我们展示的除了价格要素外就是时间要素。在大量的分析报告中，很少有人提及时间运行分析。但事实上，时间运行分析也是非常重要的。为什么要强调时间运行分析的重要性呢？在实际交易中，投资者常常会遇到过早或过晚地进场或出场，从而浪费投资者的时间，并可能会失去更好的投资机会或操作价位。比如，在区间震荡行情时过早进场，可能会使投资者因缺乏耐心而最终导致失去投资部位。另外，有时我们通过一些分析也能够正确判断出价格会在某个时间段出现变盘，虽然不知道在这个时间到来前，价格会变化到哪一地步。也就是说，时间运行分析可以帮助我们更好地进行期货投资。

关于时间运行分析的方法，基本面和技术面分析均可采用。基本面分析方面，季节性规律分析是较常用的方法，其中又可细分为季节性供应规律分析和季节性需求规律分析。比如，大豆季节性规律显示，每年3月和9月份是比较异动的月份。重要政策发布和执行时间也是价格比较敏感的时期。此外，相关报告发布前后也是进行时间运行分析的参考因素。对于通过技术面进行时间运行分析的方法则比较多，但其科学性和有效性争议较大。比如历史时间统计、重要数字周期、江恩理论、波浪理论等。其中，江恩的时间运行分析理论是最常见的。

在江恩的理论中，时间理论占有很大的分量。江恩的时间法则用于揭示价格发生运行的规律。

江恩的循环理论是对整个江恩思想及其多年投资经验的总结。江恩把他的理论按照一定规律展开的圆形、正方形和六角形来进行推述。这些图形包括了江恩理论中的时间法则、价格法则、几何角、回调带等概念，图形化地揭示了市场价格运行的时间规律。30年循环周期和10年循环周期是江恩分析的重要基础。江恩认为，10年周期可以再现市场的循环。而通过研究市场重要的顶部及底部出现的月份，投资者便可以知道市场的顶部及底部会常在哪一个月出现。他特别指出，将趋势所运行的时间与统计的月份作一比较，市场顶部及底部的时间便容易掌握得到。另外，江恩理论认为，要掌握市场转势的时间，除了留意一年之中多个可能出现转势的时间外，留意一个市场趋势所运行的日数，也是非常重要的。基于对“数字习惯”的认识，江恩认为市场的趋势是根据数字的阶段运行，当市场趋势运行至某个日数阶段，市场是可能出现转势的。

3．价格和时间组合分析要领

价格和时间作为最重要的两个要素，如果能够把握其中的一个，就非常不错了。如果能够把两者很好地结合起来分析应用，则分析结果的有效性和成功概率都将大幅提高。因此，在实际分析过程中要尽量做到组合分析。当然在进行组合分析的时候，还要把握好一些分析要领。首先，价格分析和时间分析都不要迷信精确预测。过于注重细节，有时容易漠视全局。其次，当价格分析与时间分析所发出的信号不一致时，要么放弃操作，要么坚持“价格优先”原则。再次，时间运行分析要重视，但不要痴迷，更不要执迷不悟。通过对基本面进行时间运行分析，应重于通过技术面。最后，不管组合分析的可靠性有多高，操作上仍必须坚持相应的交易原则，包括做好资金管理计划和设置必要的利润和风险控制措施。

四、不是每一个人都能正确地理解成交量

图1-4

成交量是一个令人困惑的领域，国内广大投资交易人士广泛地认为成交量是价格的能量，是本源，并宣称成交量会先于价格的上升而显现，即所谓量在价先。那么真实的情况是这样吗？在弄清楚这个问题之前我们先看看什么是成交量。

成交量是指股票单位时间内的交易总量。如果单位时间为一小时，那么一小时之内所有买卖的总和就是成交量，这里说的总和

是指单边成交总和，因为每一笔卖单或者买单都对应着一笔买单或者卖单。如果现在某只股票股价为10元，在10元处有大量的成交出现，只要多空供给足够充分，那么价格是不会发生任何变化的，不管这个价格出现了多么大的成交量。这种情况完全取决于多空双方对价格的最后评定，即当事人是否觉得这个价格合理。如果一方在此价格无法买到，价格将会上升，反之，如果一方在此无法卖出，那么价格势必会下跌，这就是股价涨跌的真实原因。

成交量在技术分析中并不是很重要，这么表述的意思是：成交量相对于价格和时间而言不是很重要，但是其作为验证指标依然是一个非常重要的参数。如果我们一定要给这些因素排序的话，那么成交量居于第二位，时间与价格并列第一。因为成交量的多寡只能表示这只股票的活跃程度，而一个活跃的股票并不意味着价格的上升，它只告诉了我们这只股票的持有者和希望持有这只股票的交易者之间出现了分歧或者一致。如果持有者持有股票的态度异常坚决和希望持有这只股票的投资者之间产生了强烈的一致性，价格将会不断攀升，而成交量会异常稀少。这种稀少并不意味着行情即将逆转，只要场外希望持有这只股票的人的信心不发生动摇，持有者也怀着这样的心情，价格就会继续上扬。直到在一个较高的价格上持有者和希望持有者发生了分歧，而这种分歧来自于持有者对股票投机价值评级降低。而希望持有者依然保持较高评价的时候，成交量才会再度放大而价格才会出现停顿，但是，只要不是所有持有者或者大多数筹码持有者发生一致性抛售，价格同样不会下跌。只有当在这个价格供给大到希望持有者的资金无法承接这种抛售的时候，价格才会发生逆转，这种游戏的根本在于交易者的心理对一只股票既有评价的改变。可见，交易量放大本身并不能指示方向。价格可以在成交量放大之后上升，但成交量放大不一定代表价格上升，这种放大有两种可能：一种是人为的操作，一种是市场本身的行为使然。

第一种放大的情况就是我们通常所说的对倒。对倒的目的不是为了“画图”而是为了令交易者无所适从，也就是试图通过对倒令原来坚定的持有者放弃手中的股票，让后来买入该股的人割肉离去，这种交易方式就是通常所说的“震仓”。震仓杀伤力是非常大的，因为震仓的根本目的是让更多的股票流到庄家自己的口袋里，所以，震仓通常伴随着较大的交易量，并向更低的价格下跌，造成恐慌。

还有一种对倒交易也会产生较大的成交量，这种方式就是拉升对倒。拉升对倒是市场操纵者已经拥有了绝大多数流通筹码，为了掩盖这个事实造成成交活跃的假象所采取的自买自卖的市场把戏，这种情况出现的时候价格会不断地升高，甚至会爬升到一般投资者的想象之外。

最后一种对倒也会出现大的成交量，就是市场操纵者在高位出货。这个时候价格会上升，但是上涨速度已经很慢了，他们对倒的目的是为了吸引眼球，令更多的人在这里接手以完成他们彻底出仓的目的。

第二种放大的情况则完全是市场行为所使然。例如某一只股票突然有所谓的利好消息出台，或者有人从技术分析中获得启发，无论是什么理由，真的或者假的，确凿的和子虚乌有的理由都会导致有人购买和有人抛售，一旦这种情况集中于某个时间单位内，那么庞大的成交量就会产生。价格上升的强度取决于价格上方的抛压强度，当大量的抛压聚集在某个时间内的某个价格上的时候，一旦这种抛压被买盘全部接去，那么在这个价格之上就会出现一个大的价格真空，这就像一扇紧闭的大门被无数人冲击，一旦被撞开，惯性会把人流冲出很远。同样的原理也适用于价格下降。但是无论如何，成交量的放大不会导致必然的方向，同样成交量也绝对不会摆脱价格而先于价格放大。

成交量放大通常出现在某个市场的极端位置，这个位置就是我们通常说的时间的循环拐点。在这个拐点附近，持股和空仓的人双方要么一致看多，要么空头继续看空，多头继续看多，发生严重分歧，这种现象和人的自然属性有关，但是究竟是什么原因令人们在那个时间区域内出现这种群聚现象，我们无法得知。但是，市场通常在这种情况下出现问题。尽管如此，我们并不认为这种现象出现一定导致价格的向上运动，只是大多数情况下是这样。

换手率是成交量的衍生物，在选择股票上贡献非凡，这也是一个不错的指标，通过换手率的排序我们可以清晰地看到当前资金正在光顾哪只股票或者哪一种类的股票。总之，成交量不是人们想象中的那么有用，它的位置只是验证，不要夸大它，当然也没有必要过分贬低它，只需要把它放在它应该在的位置就可以了。

五、详解四种交易入市的时机选择

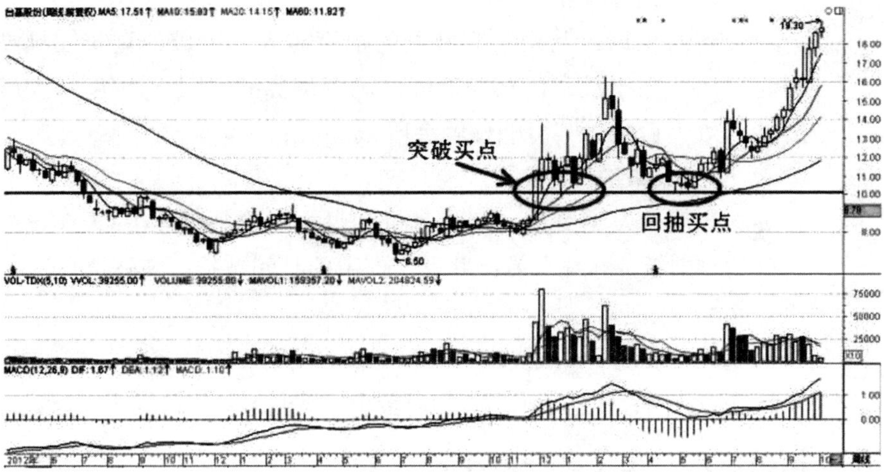

图1-5

1. 突破信号入市

突破从道理上讲，市场涨跌取决于买卖双方实力对比。当价位冲破上一时段的最高点时，在上一时段任何价位做空头的人都无一例外会被套牢，它当中肯定有一部分人要认赔平仓出局，反过来又给升势推波助澜；相反，当行情跌破上一时段的最低价时，在上一时段任何一点做多头的人统统都出现浮动亏损，其中一定有部分人要止损作平仓卖出，正好对跌势落井下石（图1-5）。所以对突破的研究，是必需和必要的课题。

依据其实战重要性的顺序，突破大致分为大型形态的突破、大均线的突破、趋势的突破、盘整的突破、新高或新低的突破、大成交量的突破、小周期信号的突破七种类型。其突破信号的真伪辨识主要分为以下四点：

（1）均价突破原则。

由于在做盘的过程中存在着很多虚假成分，尤其是尾市做盘时，临近收盘几分钟或十几分钟的大幅拉升或深幅打压都会使K线图表变形，其真正具有分析意义的还是代表市场成本变化的均价线，每日的均价是必看的要点，均价的突破才是真正意义上的突破。

（2）突破的幅度。

突破发生后，其距离突破点的幅度越大，突破的真实性越高，也越有效。根据观察，其均价能远离突破点3%以上的幅度，突破成立并有效，否则，其可能性就会降低。

（3）突破的时间。

一旦股价发生突破，其收盘价和盘中均价必须连续3天在该趋势突破的方向上，才算有效；并且，停留的时间越长，突破越有效。

（4）成交量。

突破的发生，一般要求有大成交量的发生，相对较小的成交量意味着趋势的认同者和恐慌出局者相对较少，其假突破的可能性就会增加。

2. 支撑和阻力位入市（震荡箱体交易）

压力与支撑一般出现在前高点、前低点、整数位置、重要均线处等关键位置；另外我们还要关注成交密集区，密集区也是重要的支撑和阻力位置，应注意其变化。图表上的密集区是阻止价位升跌的缓冲地带。当你听见一位分析师说某个价位水平有良好的技术支撑，他多数是指图表中的密集地域，那是显示股价在这个价位水平维持了一段较长的时期，没有多大的变动。一旦这个密集区被有效突破，价位便可能大幅度升降。密集区所经历的时间愈长，突破后的升降速度和幅度便愈厉害。

再者就是前高低点。一般交易者会考虑在价格冲破前日高低点或价格打破前一周高低点时进行买卖操作，这其实也是压力与支撑的活用。其中，在价位冲破前日高点前入货，在价格跌破前日低点前就卖出，是短线交易思维；而决定因素是每个星期的高低点是适合中线交易者还是适合只依照图表的交易者。

在选择出、入市点位或价位时，前期反复冲击的支撑和阻力位是有效的图表工具。当支撑位或阻力位被突破后，可能构成开立新仓的重要信号。止损一般设置在与突破方向相反但与支撑位或阻力位保持合理价差的位置。

3. 百分比回撤入市

如图1-6所示，在趋势市场中，价格的回撤幅度主要有四种：38.2%、50%、61.8%和100%。在一般情况下，回撤的幅度越小，其后再次返回趋势的力度就越大，100%的回撤在经反弹之后有可能形成反转。如下图所示。

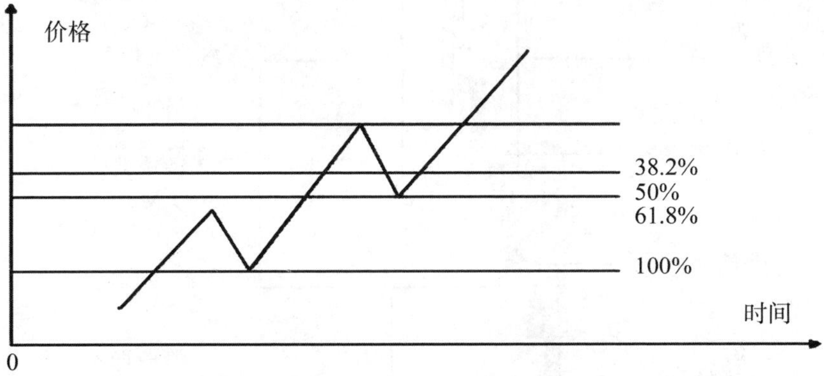

图1-6

在价格运动趋势中，通常与前面趋势幅度相反的38.2%～61.8%回撤提供了开仓或加码的理想入市时机。百分比回撤交易策略因为是相对指标，可以应用到任何时间段的行情建仓。无论是月K线、周K线，甚至每分钟K线都可以应用。

4. 缺口入市

缺口又称裂口，是因开盘过高或过低造成的。缺口分为突破性缺口、持续缺性口和消耗性缺口三种。

突破性缺口是市场选择方向后的第一个缺口，该缺口具有较强的指导意义，对未来行情有极强的支撑或阻力。

持续性缺口又称量度缺口，其通常在股价实现突破后进入下一个完整区域时出现，具有加速股价上升或下降的作用，表明股价运行维持原有的趋势。在技术上，持续性缺口到突破性缺口的空间可以看作量度幅度，即出现持续性缺口后，股价至少还要再下跌（上涨）幅度那么多才会见底（见顶），持续性缺口常会出现1～3个。

消耗性缺口出现于上升或下跌行情的尾声，是多方或空方的最后一击，一般消耗性缺口出现后3天左右，行情将发生逆转补上消耗性缺口。因此，该缺口出现后常可作为行情转向的标志。

缺口理论图解

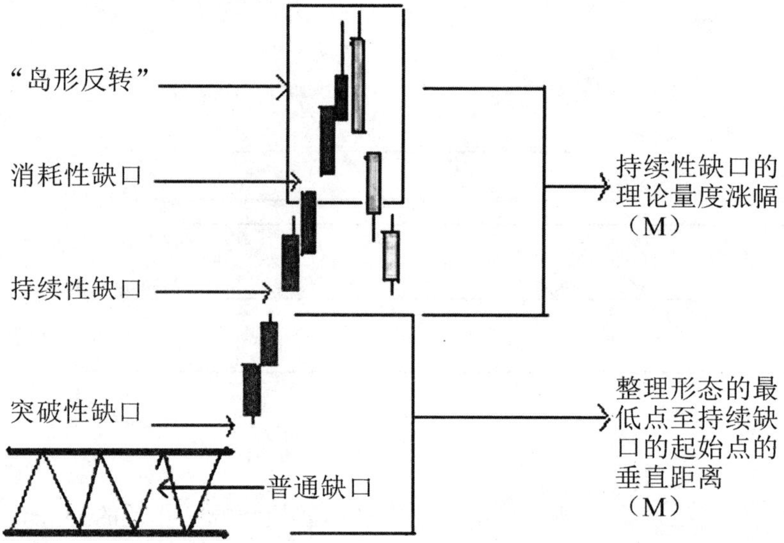

图1-7

从上述分析中我们不难看出，缺口回补与否有重要的参考意义。如图1-7所示。在交易实践中，任何缺口一旦形成，对股价都有支撑或阻力作用，未来回补至此时常会因所受压力（支撑）过大而回头，因此在操作中可择机选择点进出。在上升趋势中，其下方的跳空缺口通常起到支持作用。当价格跌回到下方跳空缺口的上边缘或者回落到价格跳空缺口之内时买入，止损指令设置在跳空缺口下沿。在下跌趋势中，其上方的跳空缺口的下边缘或者反弹到跳空缺口内时出现卖出时机，止损指令设置在上方跳空缺口的上沿。

附录：完整的交易策略分析

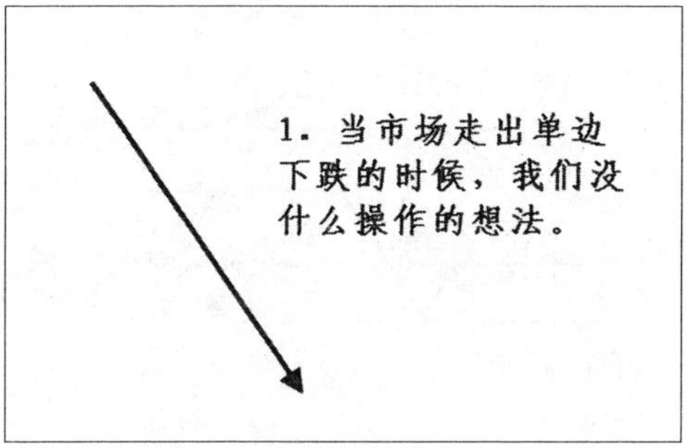

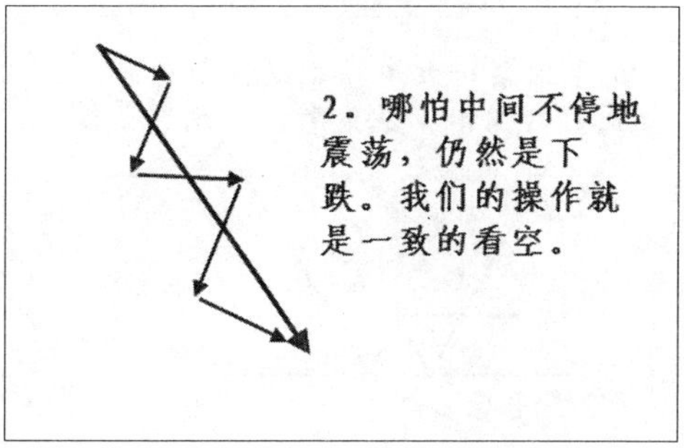

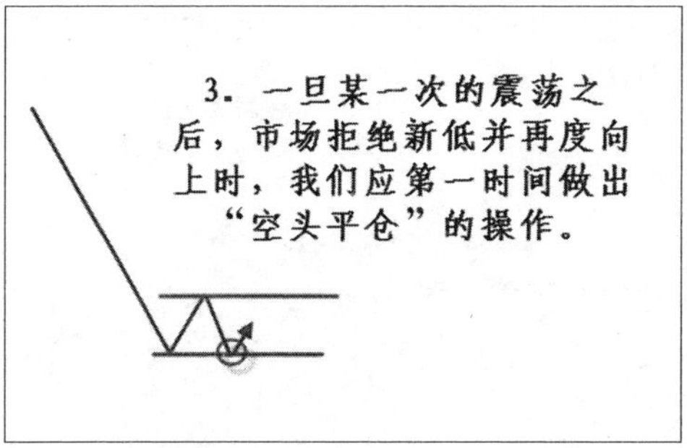

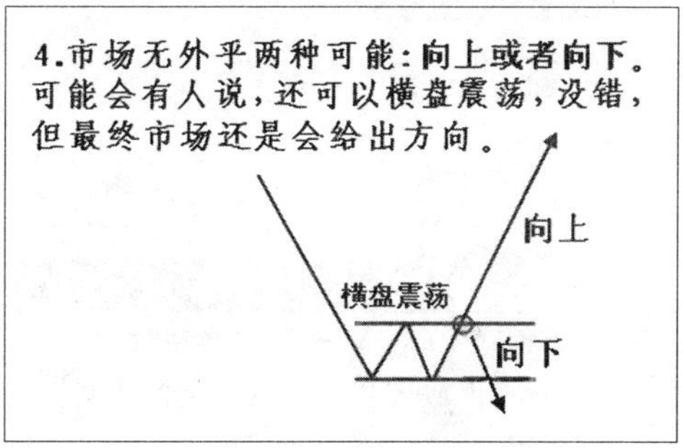

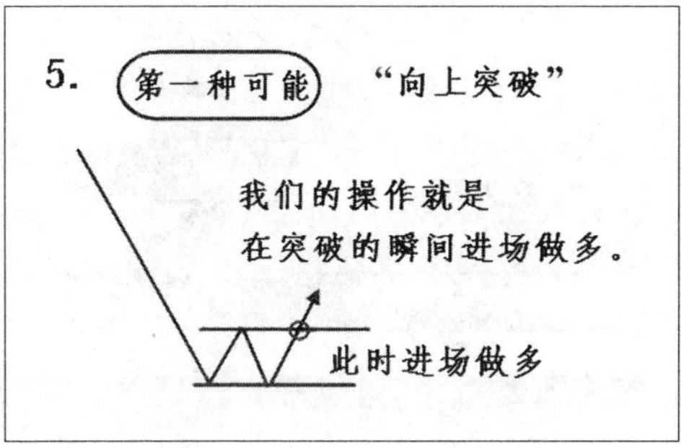

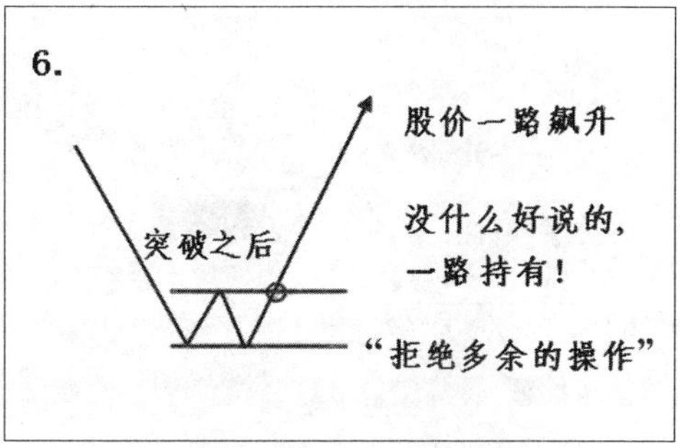

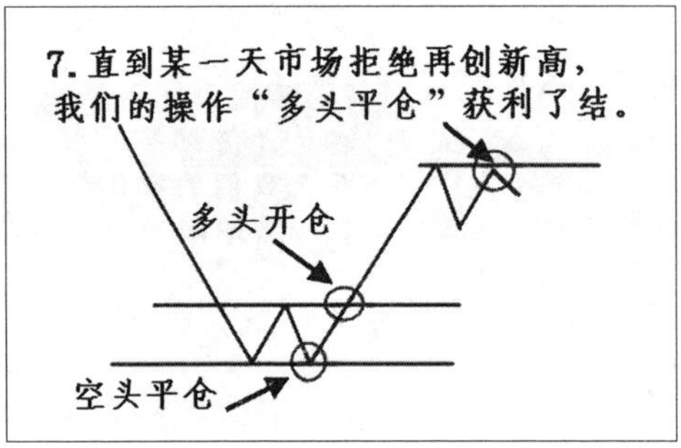
7. 直到某一天市场拒绝再创新高，
我们的操作“多头平仓”获利了结。
多头开仓
空头平仓

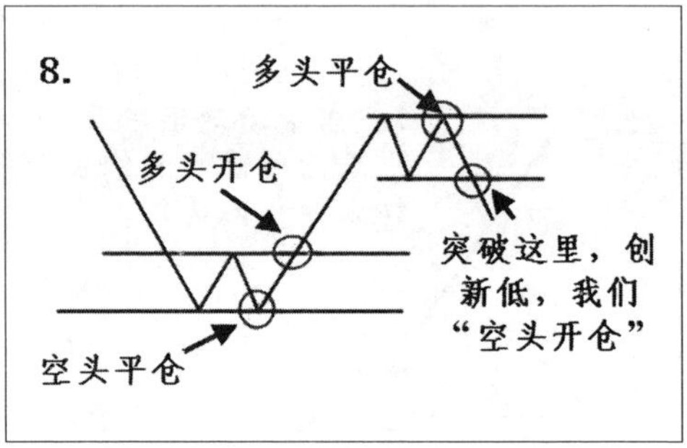
8.
多头平仓
多头开仓
突破这里，创
新低，我们
“空头开仓”
空头平仓

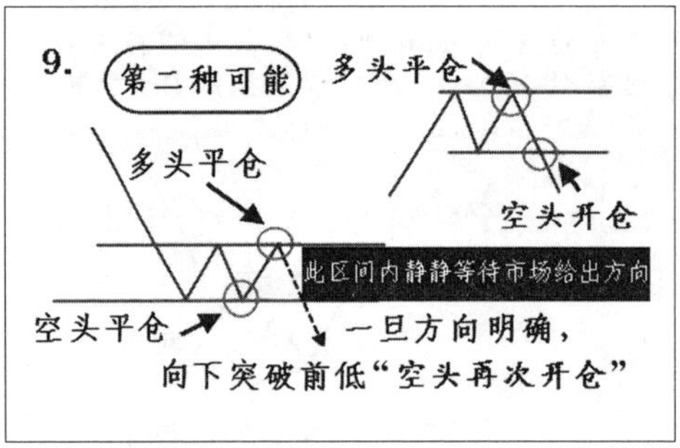
9.
第二种可能
多头平仓
多头平仓
空头开仓
此区间内静静等待市场给出方向
空头平仓
一旦方向明确，
向下突破前低“空头再次开仓”

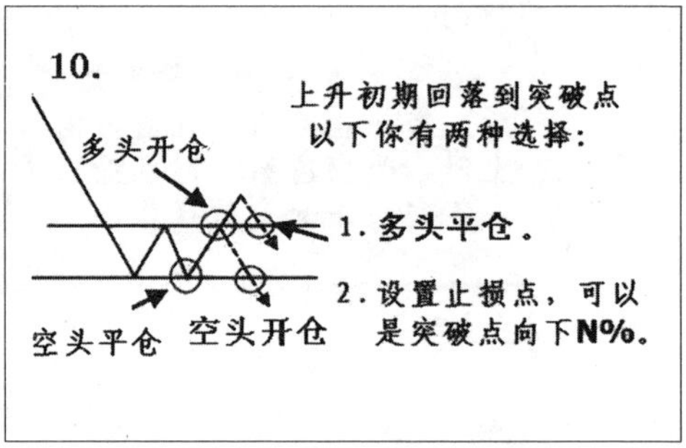
10.
上升初期回落到突破点
以下你有两种选择：
多头开仓
1. 多头平仓。
2. 设置止损点，可以
是突破点向下N%。
空头平仓
空头开仓

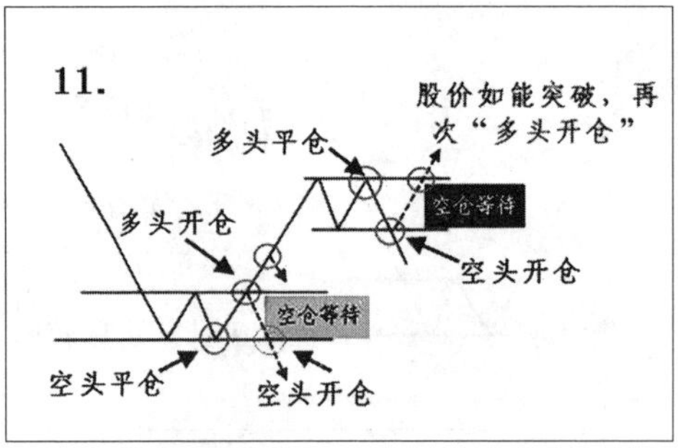
11.
股价如能突破，再
次“多头开仓”
多头平仓
多头开仓
空仓等待
空仓等待
空头开仓
空头平仓
空头开仓

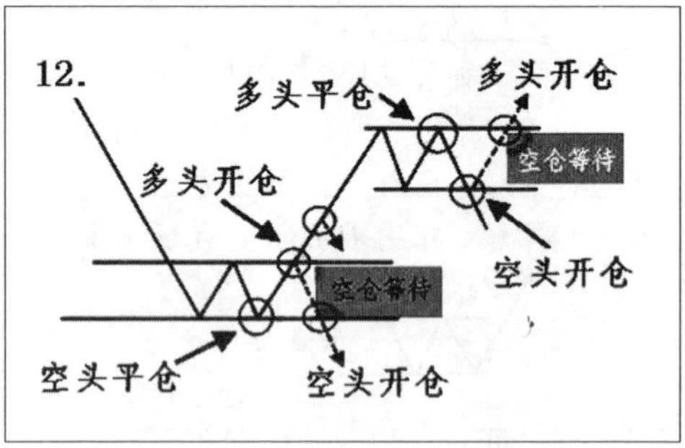
12.
多头开仓
多头平仓
空仓等待
多头开仓
空仓等待
空头开仓
空头平仓
空头开仓

第二章

深度理解K线、均线和形态的应用

很多人认为K线、均线和形态是很简单的技术指标，不值得学习。但在技术分析中，往往越简单的东西越可靠，因为这些经典的分析方法存在已久，并且在多年的实战中得到了广泛的验证。如果用错了的话，只能说明你在运用和理解的深度上存在问题，之所以导致错误是因为你并没有真正理解它，更没有真正地掌握它。

一、K线的本质是什么？是记录

K线图基本类型有以下几种，如图2-1所示。

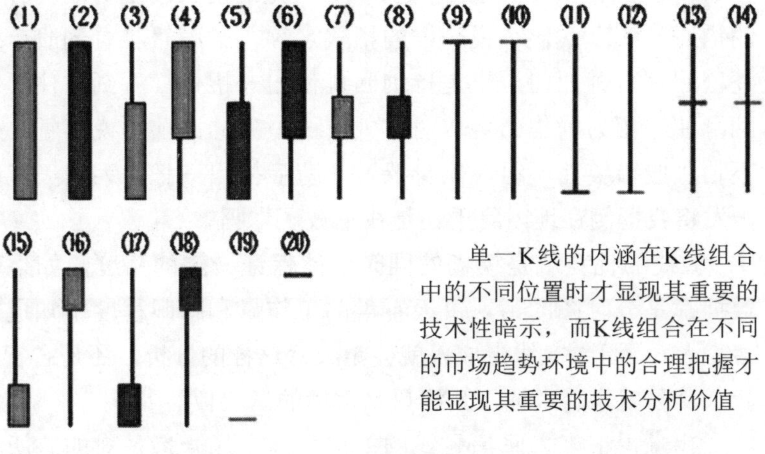

图2-1

最初，我们进入市场做交易的时候，是一张白纸，逐渐了解到K线的运用后，惊为天人。一种豪迈的、K线在手天下我有的主角气概充斥着整个入门阶段。但是随着交易的频繁化、量化，又慢慢地发现，很多时候K线是会骗人的，是非典型的。于是每天都苦恼着，怎么会这样？不应该啊！书上（理论上）应该这样走那样走啊！逐渐开始怀疑K线，研究庄家，研究盘口，研究假突破等等。阴谋论充斥着整个沉淀阶段。有时候，也许是运气，偶然的几次逆势或臆想而做，抓到了几波，就仿佛自己真的找到了K线背后的真谛，以为自己真的掌握了市场的脉轮。但更多的时候，和上一个阶段一样，依然在量化后得不到一个好的结果。很多人，都是死在了这一个阶段上，原地踏步，踌躇不前。但当你真正迈过去之后，你会发现，无论你信或不信，K线就是那样运行。

回归原题，K线的作用到底有多大？我想因人而异吧。但不管怎样，K线是基础，是基石，是三餐的米饭。可以不是交易系统中最重要的，但绝对是最重要的之一。

K线的本质是什么？是记录。周期内的开始与终结，周期内的高与低。

经过K线图处理过的走势数据是模糊的，模糊的意义在于方便我们观察和分析较长时间内的走势，顺便在图形上忽略一些无伤大雅的波动。写K线形态分析的，什么锤头吊颈，什么黄昏十字星，什么n连阴/阳……所有的噱头都不过是之前市场走势的一种经验化的描述，配上武侠小说一样的招式名称，一股“我看到股市这一招苍松迎客直奔面门，于是持剑回挑使出一招挑灯看剑护住要害，另翻身使一招力劈华山直取对方天灵……”的武侠小说感觉。你们就不怕“股市笑而不语，侧身躲过从背后掏出一把名为黑天鹅的火枪一发将我撂倒在地，终于还是在下败了”吗？

K线的优势就是模糊的同时还能保证一定的精度，如果所有的数据都是分时图的话，每天看盘的工作量和瞎眼程度不知道要搞死多少人。至于拿K线走成A就会走成B这样的分析，还是省省吧。

交易就像是木桶，K线只是木桶的一块板。

我觉得很多人坚信K线的前提是：市场永远是对的。所以，当看到某一个K线形态的时候，因为市场总是对的，所以现在k线所反映出来的也将会是市场未来的走势。所以，市场总是对的吗？我只说一个最明显的例子，就是正常飞行的飞机被误认为是敌机在乌克兰上空被击落。无论是不是真的有被乌克兰或者俄罗斯击落，消息一出，即使是谣言，市场之前的一切数据就都不重要了。

其实，我相信很多交易刚开始不久的人都会有一个疑问，为什么当市场有很完美的技术形态的时候，却常常事与愿违。这并不是技术本身错了，也不是运用的人的问题，而是往往我们只看到了“完美的”技术形态，只看到了我们认为是对的东西而已。

我不是说K线不好用，或者技术分析不灵，只是看市场久了，才发现之前所有的一招鲜都只是成为了庞大市场的一个角。

当然，K线，很多时候还是很好用，我也靠K线等一系列简单的分析和运用来做一些变动。比如，出现极大程度的K线形态抛弃基本面这类无法令人理解的事。

总之一句话，也是我长久以来的感受：交易就像是一个装红酒的木桶，里面能装多少酒，只取决于最短板。

以上，K线只是一块板而已。

附录：经典K线形态基础知识

1．见底形态组合

序号	名称	图形	特征	备注
1	早晨十字星	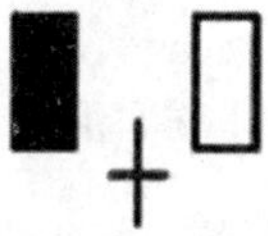	①出现在下跌途中。 ②由3根K线组成，第1根是阴线，第2根是十字线，第3根是阳线。第3根K线实体深入到第1根K线实体之内	（无）
2	早晨之星	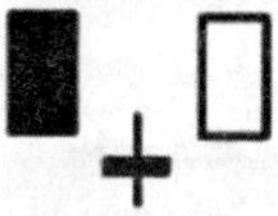	与早晨十字星相似，区别在于早晨十字星的第2根是十字线，而早晨之星的第2根是小阴线或小阳线	信号不如早晨十字星强
3	好友反攻		①出现在下跌途中。 ②由一阴一阳2根K线组成。 ③先是1根大阴线，接着跳低开盘，收1根中阳线或大阳线，并在前1根K线收盘价相近的位置上	转势信号不如曙光初现强

4	曙光初现		①出现在下跌途中。 ②由一阴一阳 2 根 K 线组成。 ③先是 1 根大阴线或中阴线，接着出现 1 根大阳线或中阳线。阳线的实体深入到阴线实体的1/2 以上处	阳线实体深入阴线的部分越多，转势信号越强
5	旭日东升		①出现在下跌途中。 ②由一阴一阳 2 根 K 线组成。 ③先是 1 根大阴线或中阴线，接着出现 1 根高开的大阳线或中阳线，阳线收盘价已高于前 1 根阴线的开盘价	①见底信号，强于曙光初现。 ②阳线实体高于阴线实体部分越多，信号越强
6	倒锤头线	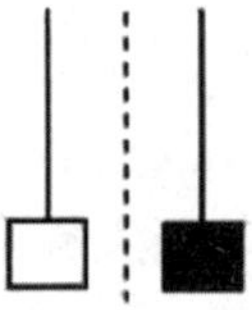	①出现在下跌途中。 ②阳线或阴线实体很小，上影线大于或等于实体的 2 倍。 ③一般无下影线，少数会略有一点下影线	实体与上影线比例越悬殊，信号越有参考价值。如倒锤头与早晨之星同时出现，信号更强烈
7	锤头线	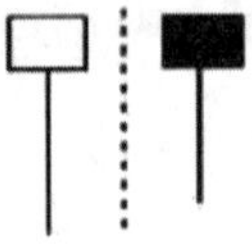	①出现在下跌途中。 ②阳线或阴线实体很小，下影线大于或等于实体的 2 倍。 ③一般无上影线，少数会略有一点上影线	实体与下影线比例越悬殊，越有参考价值。如锤头与早晨之星同时出现信号强
8	平底		①出现在下跌途中。 ②由 2 根以上的 K 线组成。 ③最低价处在同一水平位置上	（无）
9	塔形底		①出现在下跌途中。 ②先是 1 根大阴线或中阴线，后卫一连串的小阴线小阳线，最后出现 1 个大阳线或中阳线	转势信号不如曙光初现强
10	圆底	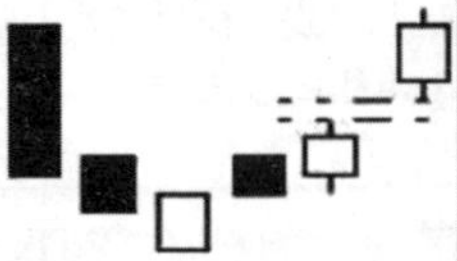	①出现在下跌途中。 ②股价形成 1 个圆弧底。 ③圆弧内的 K 线多位小阴小阳线，最后以向上跳空缺口来确认圆底形态成立	与技术图形的圆底有一定区别

11	旭日东升二	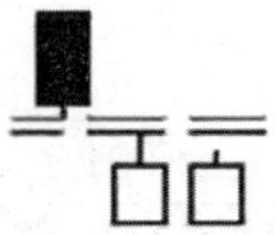	①出现在下跌途中。 ②由2根阳线组成。 ③第1根阳线跳空低开，其收盘时在前1根K线下方留有一个缺口，后面1根阳线与第1根阳线并立	（无）
12	低档五阳线		①出现在下跌途中。 ②连续拉出5根阳线，多为小阳线	低档五阳线不一定都是5根阳线，也有可能是6、7根阳线
13	连续跳空三阴线		①出现在下跌途中。 ②连续出现3根向下跳空低开的阴线	如股价已有大幅下挫的情况出现，见底的可能性更大
14	红三兵	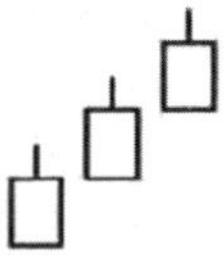	①出现连续上涨行情初期。 ②由3根连续创新高的小阳线组成	当3根小阳线收于最高或接近最高点时，称为3个白色武士，拉升作用要强于普通的红三兵
15	冉冉上升形	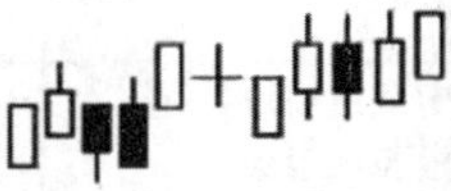	①在盘整后期出现。 ②由若干根小K线组成（一般不少于8根），其中以小阳线居多，中间也可夹着小阴线，十字线。 ③整个排列呈轻微向上倾斜状	往往是股价大涨的前兆，如成交量同步放大这种可能性就很高
16	缓缓上升形	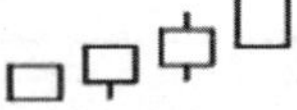	①多出现在涨势初期。 ②先接连出现几个小阳线，然后才拉出中大阳线	（无）
17	稳步上升形		①出现在上涨行情中。 ②众多阳线中夹杂着较小的小阴线。整个K线排列呈向上倾斜状	后面的阳线对插入的阴线覆盖速度越快越有力，上升的潜力就越大
18	上升抵抗形	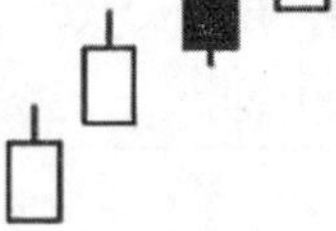	①在上涨途中出现。 ②连续调高开盘，即使中间收出阴线，但是开盘价要比前1根K线的收盘价高	（无）

19	弧形线	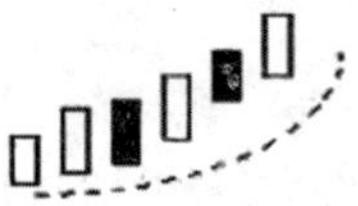	①在上涨初期出现。 ②股价走势是一个向上的抛物线	一旦弧线为市场认可，上涨周期就很长
20	下探上涨形	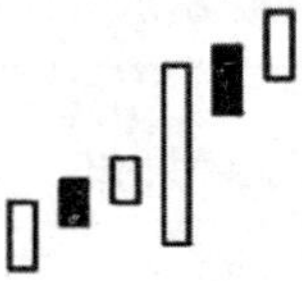	在上涨途中出，突然跳低开盘（甚至以跌停板开盘），当日以涨势收盘，收出一根大阳线（甚至以涨停板收盘）	多数为控盘庄家利用消息洗盘，一般后市将有一段较大升势
21	黄昏十字星		①出现在涨势途中。 ②由 3 根 K 线组成，第 1 根阳线，第 2 根为十字线，第 3 根为阴线。 ③第 3 根 K 线实体深入到第 1 根 K 线之内	（无）
22	黄昏之星	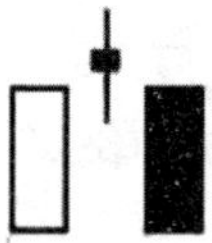	和黄昏十字星相似，区别在于黄昏十字星第 2 根 K 线为十字线，而黄昏之星第 2 根 K 线为小阴线或小阳线	信号不如黄昏十字星强

2．继续看涨形态组合

序号	名称	图形	特征	备注
1	上涨二颗星	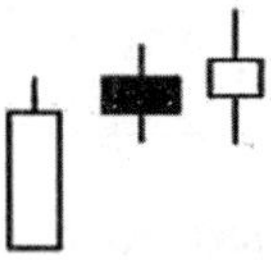	①在涨势初期、中期内出现。 ②由一大二小 3 根 K 线组成。 ③在上涨时，先出现 1 根大阳线或中阳线，随后就在这根阳线的上方出现 2 根小 K 线	少数情况下会在一根大阳线上方出现 3 根小 K 线，这时就称为上涨三颗星
2	跳空上扬形	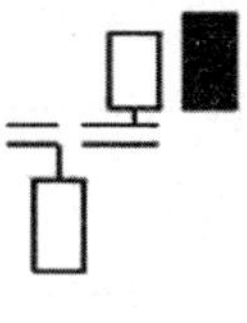	①出现在涨势中。 ②由 2 根一阳一阴的 K 线组成。 ③先是拉出 1 根跳空上扬的阳线，留下一个缺口，第二天又出现 1 根低收的阴线，但它收在前 1 根阳线缺口上方附近	（无）
3	高位并排阳线	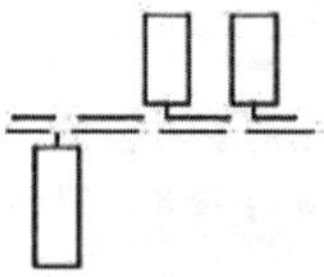	①出现在涨势中。 ②第 1 根阳线跳空向上，其收盘时在前 1 根 K 线上方留下一个缺口。第 2 根阳线与之并排，开盘价与第 1 根阳线的开盘价基本相同	缺口对股价走势有支撑作用，但如发现日后股价跌破这个缺口，股价会转弱

4	多方尖兵		①出现在上涨行情中。 ②在拉出1根中阳线或大阳线时，留下1根较长的上影线，然后股价回落，但不久后股价又涨至上影线的上方	这种图形实际上是多方主力发动全面进攻前的一次试盘
5	两红夹一黑		①既可以出现在涨势中，也可以出现在跌势中。 ②由2根较长的阳线和1根较短的阴线组成，阴线夹在阳线之中	（无）

3．见顶K线形态组合

序号	名称	图形	特征	备注
1	乌云盖顶		①出现在上涨趋势中。 ②由1根中阳线或大阳线和1根中阴线或大阴线组成。 ③阴线已深入到阳线实体1/2以下处	阴线深入阳线实体部分越多，转势信号越强
2	倾盆大雨	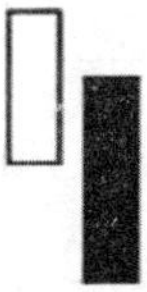	①出现在上涨趋势中。 ②先是1根大阳线或中阳线，接着出现1根大阴线或中阴线，阴线的收盘价已低于前1根阳线的开盘价	①见顶信号强于乌云盖顶。②阴线实体低于阳线实体部分越多，转势信号越强
3	射击之星	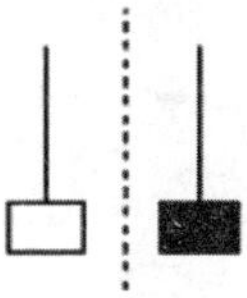	①出现在上涨趋势中。 ②阳线或是阴线实体很小，上影线大于或等于实体的2倍。 ③少数会略有一点下影线	实体与上影线比例越悬殊，越有参考价值。如与黄昏之星同时出现，更可靠
4	吊颈线	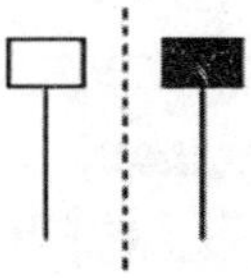	①出现在上涨趋势中。 ②阳线或是阴线实体很小，下影线大于或等于实体的2倍。 ③少数会略有一点上影线	实体与下影线比例越悬殊，信号越有参考价值。如与黄昏之星同时出现，见顶信就更可靠
5	平顶	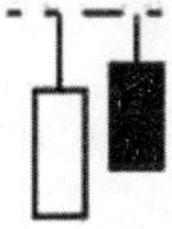	①在上涨趋势中出现。 ②由2根或2根以上的K线组成。 ③最高价处在同一水平位置上	（无）

6	塔形顶		①在上涨趋势中出现。 ②先是1根大阳线或中阳线，后为一连串的小阳线小阴线，最后出现1根大阴线或中阴线	（无）
7	圆顶	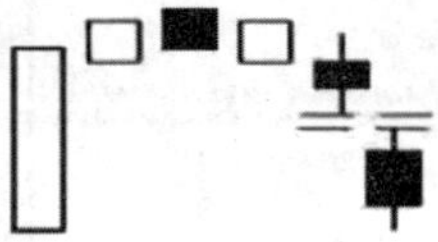	①在上涨趋势中出现。 ②形成1个圆弧顶。 ③圆弧内的K线多为小阳小阴线，最后以向下跳空缺口来确认圆顶形态成立	与技术图形的圆顶有一定区别
8	双飞乌鸦	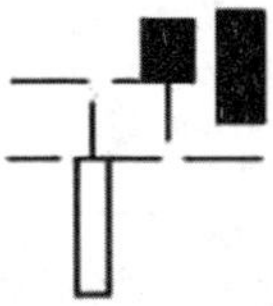	①出现在上涨趋势中。 ②由2根一大一小阴线组成。 ③第一根阴线的收盘价高于前1根阳线的收盘价，且第2根阴线完全包容了第1根阴线	（无）
9	三只乌鸦	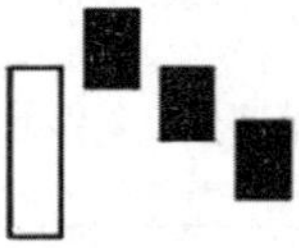	①出现在上涨趋势中。 ②由3根阴线组成，阴线多为大阴线或中阴线。 ③每次均以跳高开盘，最后以下跌收盘	（无）
10	高档五阴线	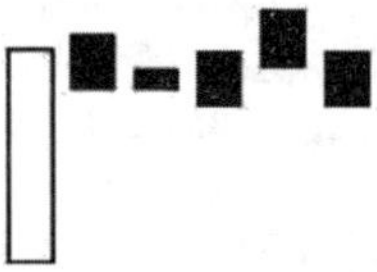	①出现在上涨趋势中。 ②由5根阴线组成，但多为小阴线。 ③现实拉出1根较有力度的阳线，接着连续出现5根并排阴线	高档五阴线不一定都是5根阴线，有时也可能是6、7根阴线

4．卖出K线形态组合

序号	名称	图形	特征	备注
1	低档盘旋形		①出现在下跌途中。 ②由若干根小阴线小阳线组成。 ③先是小阴小阳线的横盘，后来出现1根跳空向下的阴线	（无）
2	黑三兵		①既可以在涨势中出现，也可以在跌势中出现。 ②由3根小阴线组成，最低价一根比一根低	（无）

3	绵绵阴跌形		①在盘整后期出现。 ②由若干根小K线组成（一般不少于8根），其中以小阴线居多，中间也可夹着一些小阳线、十字线。 ③整个K线排列呈略微向下倾斜状	股价可能长期走弱，因此对这种走势的股票，应及早做出离场的决断
4	缓缓下跌形		①多数出现在跌势初期。 ②先连接出现几根小阴线，然后拉出中大阴线	（无）
5	下跌不止形		①出现在下跌途中。 ②众多阳线中夹着较少的小阳线。整个K线排列呈下倾形状	（无）
6	下降抵抗形	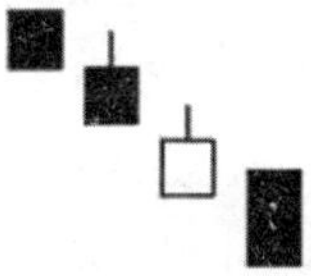	①出现在下跌途中。 ②由若干根阴线和阳线组成，但阴线大大多于阳线。 ③连续跳低开盘，即使中间收出阳线，但是收盘价也要比前一根的收盘价低	（无）
7	高开出逃形	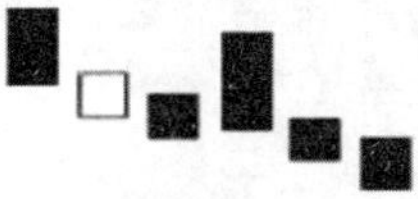	突然跳高开盘，甚至以涨停板开盘，然后一路下跌，最后收出1根大阴线，甚至以跌停板收盘	多数为被套主力利用朦胧消息拉高出货所致，一般后市将有一段较大跌幅
8	下跌三颗星	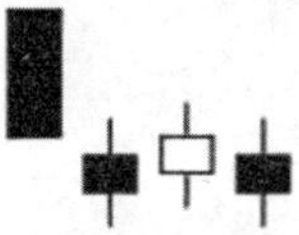	①出现在下跌行情初期、中期。 ②由一大三小4根的K线组成。 ③在下跌时，先出现1根大阴线或中阴线，随后就在这根阴线的下方出现了3根小K线（可以小十字）	在下跌途中出现下跌三颗星，表明市场意愿不强，市场将以跌势为主
9	下降三部曲		①出现在下降趋势中。 ②先出1根大阴线或中阴线，接着出现3根向上爬升的小阳线，但这3根小阳线都没冲破第1根阴线的收盘价，最后1根大阴线一下子吃掉了前面3根小阳线	（无）

10	空方尖兵		①出现在下跌趋势中。 ②在拉出1根中阴线或大阴线时，留下了1根较长的下影线，随后股价反弹，但不久股价又跌至下影线下方	实际上是空方主力向多方全面扫荡前的一次试盘
11	倒三阳	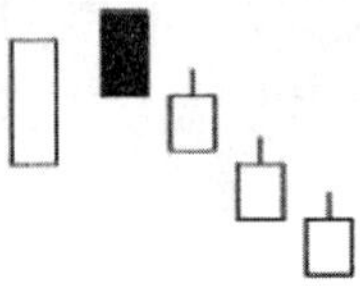	①出现在下跌初期。 ②每日都是低开高走，第1根K线以跌势收盘，后2根K线的收盘价接近前1天阳线的开盘价，因此虽然收了3根阳线，但图形上却形似3阴线的走势	多发生在庄股上，出现这种图形下跌概率极大，投资者要果断离场

二、K线的作用是被高估了吗

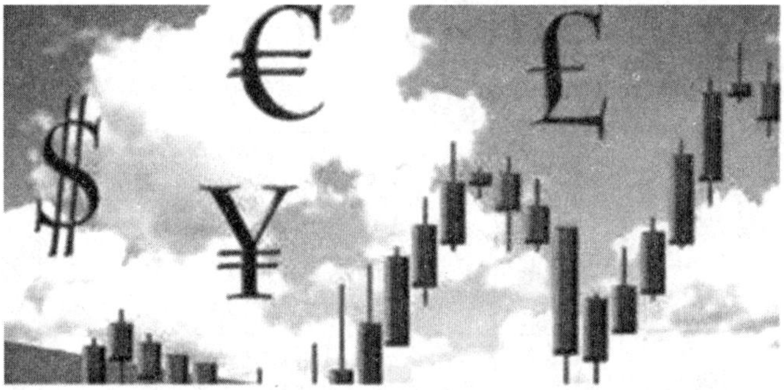

图2-2

K线是一种市场成交价格的历史记录，用处很大，你可以直观地分析判断出历史的走势和总结走势的规律。因为很多历史走势具备一定的相似性以及规律性，所以具备一定的预测功能。大家耳熟能详的波浪理论，就是这方面的技术鼻祖。但是如果完全靠K线预测走势则是一种不靠谱的事。因此又产生了一种根据K线动态变化来交易的技术，比如缠论。

投资最后还是要克服人性，与一切技术分析都没太大关系。我曾经做过2年的外汇实盘交易，一开始也是懵懵懂懂，用股票的方式来分析，后来爆仓了4次。

于是我买了一本《日本蜡烛交易图》研读1个月。接着把外汇的历史数据拿出来复盘。发现K线的魅力非常巨大，于是专注只看K线。根据K线，可以衍生出趋势线、压力线、支撑线、K线形态组合，另外还可以根据30分钟、60分钟、日线、周线4个不同的维度来判断何时买，何时卖。花了半年时间每天12个小时，不停地分析，操作，复盘，再操作。把以前亏的钱逐步赚回来了。但始终没有盈利，我个人觉得2年的外汇交易给我了一个教训，投资最后还是要克服人性，与一切技术分析都没太大关系。你可以通过k线偶尔赚到一笔，但如果你克制不住自己，很快会全部赔进去的。

讨论技术分析，一般最好加上对周期的描述。如果是趋势跟踪的策略，一般选用日线图或周线图。不论选哪种周期，如果是单独的K线，随机性很大，大部分情况下对于理解和预测市场几乎没什么太大意义。个别情况下，比如单日反转类的K线可能预示原有趋势的暂时结束，但也需要结合其前期的趋势阶段来理解才有意义。

尽管单独的K线意义不大，但K线的组合就不一样了。在我看来，技术分析的核心在于对趋势演化过程的判断，客观基础则是多空力量博弈的总体结果及其变化。通过对K线以组合的形式所表现出来的各级别趋势，交易密集区（头肩形、三角形等技术形态），波浪等具体的技术分析工具，可以识别出多空博弈的总体结果及其变化，据此判断趋势状况，并作为交易决策的依据。这种判断就会有比较充分的依据和较大的有效性了。

当然，这种判断只是从概率上具有较大的总体上的确定性，单次交易的结果则近乎完全随机。交易实务中，一方面可以把一些从不同角度做出趋势判断的工具，如波浪、均线、技术形态、支撑阻力位组合起来运用，另一方面可适度放大观察价格走势的周期，比如把周线图上的表现作为决策的主要依据，这样可以适度排除一些短期随意性情况可能造成的意外。比如有人说，“你想要什么形态，我来给你画”，在一个具有充分流动性的市场里，想在周线图上随意画图形，怕是没几个市场参与者敢那么自负的。

K线是一种记录工具，记录市场发生过的行为。也就是说我们可以从K线中得到市场的部分信息。哪一部分信息呢？拿日线举例，就是开盘价、收盘价、最高价、最低价4个信息。还可以得到什么？可以看到多空交战之后留下的信息，比如长阴线，开盘就跌，一直跌到最低价收盘，这代表什么？代表了多方无条件地投降，长阳线也是一样的道理，那长十字星呢？代表有分歧，代表今天多方和空方打了个平手，十字星影线越长代表分歧越大。

长上影代表多方试着攻击，被空方消灭。而长下影则正好相反。K线配合成交量和均线可以得到的信息更多，比如长阳放量突破和不放量突破意义是不同的。量价加上时间基本就是技术分析的全部了，几乎所有的分析方式都是通过量价时间演化而来的。一个有K线，成交量和均线的分析工具对一个会玩股票的人已经足够了。

那K线怎么用呢？从K线图中获取自己想要的信息，然后分析这些信息。

K线有很多种分析方式，可以配合成交量和均线来用，也可以配合其他指标来用。K线本身也有很多种用法可以放在交易体系里。但最重要的是K线所在的位置。位置决定K线的作用，只有在特定的位置K线才会发挥最大的威力。比如在高位有一天出现了一个放量吊颈线，第二天来了一个放量十字星，第三天来了个缩量大阴线，这时你怎么办？你再看看每次大底大顶有没有出现过吊颈线（金针探底）、搓揉线、十字星什么的。有些人也许会问，你怎么知道那是高位低位或者大底大顶呢？这就是问题的关键了，也就是说，K线分析的方法确实是很有用，但对于很多人来讲是没用的。因为你不知道什么是高位，什么是低位。你在下跌的半山腰即使出现放量长阳线买进去你也会被套得死死的。

K线等于人心，均线等于平均成本，量能等于筹码分布。在此基础上结合行为金融的锚定和处置效应，K线和均线都是价格线，这只是一个维度，另一个维度就是在这个价格上换手的量。为什么说是筹码分布，因为大部分人是以自己的交易价格为锚定点进行决策的，所以这就成了筹码的分布了，二者结合能够更好地捕捉市场情绪，一个粗阳改变三观。

三、为什么均线看起来很容易盈利，但实则比较难

图2-3

许多人会给我贴很多图，“你看这段趋势行情，根据均线，能赚多少赚多少，难道不能赚钱吗？”言外之意，就是这些均线怎么不能赚钱？图2-3很明显啊，当向上突破均线后，行情的走势多么流畅，依据均线，能赚好多，比如：你看过去一年的牛市上涨，突破30日均线后，进去一直拿着，从21元能拿到40元，这么好的系统，怎么不能赚？或者在10日和30日均线金叉后，你买入黑色期货，2016年以来的黑色疯狂，你都能抓住，能翻好多倍。这么好的均线系统，怎么不能赚？

当你复盘过去的大行情、趋势行情等相对好做的行情时，你会发现均线真的很管用，简直就是聚宝盆，简直就是交易之道常说的“简单就是最好的”，这么好的东西，太好了。

可是当你真要单独用均线做交易的时候，发现不是这么简单，老亏，甚至还会大亏，感觉如此不爽、绝望，远不是想象得那么美好。到底怎么回事？

包括书店中各种琳琅满目的介绍交易的书籍，无论这些书是讲均线的，还是讲其他指标的，你看到的例子，都是那么管用，那么

能赚钱，好像都可以轻松抓到大行情。于是，你不禁呐喊：书写得太好了，我怎么没早看到呢？

你要是早看到了，你也会亏，而且亏的也不少。

一切都是因为Too young too simple，容易被欺骗，书就是这样骗了几乎所有的读者，也是你为何看了那么多交易的书籍，却一直无法盈利的原因。

岂不知，他们发的图，或书中举的例子，都是趋势行情显著的时候。其实在趋势显著的时候，均线是管用，但这个根本不是均线的功劳。这个时候，任何趋势工具都很管用，用趋势线，用MACD，甚至出现阳线就进多，或者某个朋友让进多，我就进多，等等任何的工具，甚至单纯的涨就买的原始想法，都很管用。有些股民什么都不懂，只要看到涨就买，也能赚的盆满钵满。总之，无论什么工具，只要能让你买入，你就买入，你都能赚，就像过去的牛市一样，无论是天才，还是傻子，进了股市，都能赚钱，只要有什么东西让你入仓，你就能赚，你都会觉得这个信号真准，“我发现了聚宝盆，什么巴菲特索罗斯全是没遇上我”。所以，均线只不过是趋势行情流畅的一个结果反映而已，是一个投射，并非是均线的价值，是趋势本身顺畅所致，是偶合，而不是必然。

大部分人在复盘的时候，看到一波显著的涨势，同时又看到下面有一条均线，均线和价格同时向上飞涨，顿时像发现聚宝盆一样兴奋，禁不住想“依据这条均线做多，就发财了”。其实他们看到的仅仅是偶合性，误以为是必然性，没看到这条均线不适用的时间，而且是行情的大部分时候，当然他们主观上也不愿意看到这些不适用的时间段，无意识中过滤掉了不能赚钱、频繁亏损的时间段，所以无形中夸大了均线等趋势指标的价值，把均线等趋势指标抬上了神坛。

他们只看到贼吃肉，主观上有意不看贼挨打。我们知道，2/3的时间内，行情都是震荡，没有趋势，剩余的1/3的时间内，即使有趋势行情，大部分趋势也是震荡式上涨或震荡式下跌、不断打各种止损的趋势，相当于80%的时间段，并不适合指标，在那些不适应的行情中，他们会被打得鼻青脸肿，止损大，亏损大，上下打脸，如果仓位不轻的话，很难熬过黎明前的黑夜，也看不到黑夜的尽头，等到大趋势来临的时候，资金早已经消耗殆尽。

四、观察价格趋势波动的指标：均线

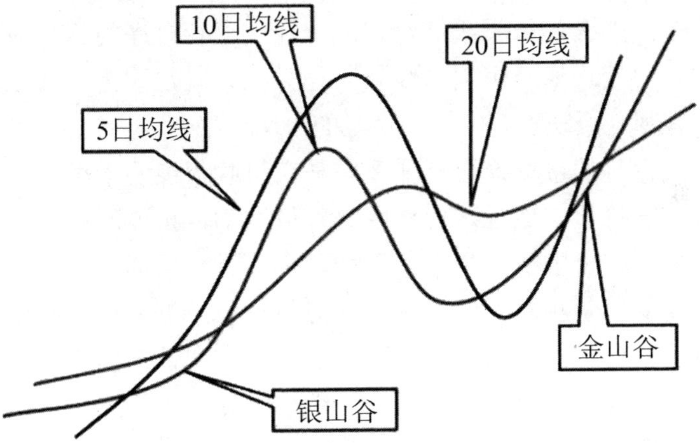

图2-4

均线全称为移动平均线指标，其计算方法就是求连续若干天的收盘价的算术平均。后面如未加以说明，一般就是专指日K线级别的均线，5日均线就是指日K线级别的均线，MA5则是指任意周期的5周期均线。如图2-4所示。

1．构成：收盘价

收盘价是什么？是多空双方惨烈拼杀一整天得出的结果，是多方赢了呢还是空方赢了呢？参考指标之一就是收盘价，它是市场最终博弈的结果，是多股力量最终形成的合力，是真金白银摆出来的，所以，收盘价的可信度相对要高于其余3个价格，也就是说，它在这里最有权威。所以，均线采用这个数据是有原因的，目的是提高它的可靠性。

2. 为什么要平均

大家在体育竞赛中，经常看到比赛打分，如何计算结果呢？去掉最高最低分之后再平均。这就是为了更接近真实情况，更客观。你可以在一时骗得了市场，操纵短时间的市场价格，但你不能长期操纵价格，这里面就牵涉到时间的因素了，这就是平均的原因。所以，到这里大家就会明白，为什么愈是长期均线，它的走势就愈是稳定。那么，如果我们对它的信任度进行排序的话，应该是长期均线、中期均线、短期均线。为什么呢？就是因为大周期均线更能如实客观地反映出真实的、稳定的市场价格。

稳定的市场价格是什么？马克思政治经济学里面提到过一个概念——价值。他说，价格围绕价值波动，价值不像价格那么活跃，它如同一个中枢一个中流砥柱，价格有时候偏高，有时候偏低，这个高低就是相对价值来说的，但你再想一下，这里面说的价值如果有一个量化指标的话，你更相信它应该和谁站的近一些？是不是和长期均线站得近？换句话说，很多时候，我们可以把长期均线的价格近似看作“价值”。

3. 均线的分级

按照时间分级，5日均线、10日均线是短期均线，30日均线是中期均线，60日均线是中长期，120日、250日均线就是长期均线了。至于每一级别的均线所扮演的角色，以及它们之间的相互关系，如果一一分析根本不是一篇文章就可以说得清的，估计单独成书也不成问题，这里不赘述。

4. 均线的特性

（1）稳重可靠。

移动平均线的计算公式决定了它不会大起大落，而是起落得相对平稳。向上的均线经常是缓缓向上，向下也是这样。想要改变均线的运动趋势相对来说是很不容易的。

这一特性在前面研究它的定义公式的时候，已经按耐不住的表现出来了，随便打开一个技术图表，我们会发现，均线表现稳重，而且愈是大周期越是表现得明显，言行一致，该特性是可靠的。

这也是为什么要费这么大周折解释那么浅显的道理的原因，为的就是解释清楚它的逻辑可靠性。“疑人不用用人不疑”，以后用起均线，你就不会首鼠两端三心二意，没买的时候抓耳挠腮，买了以后坐立不安。

（2）助涨助跌。

股价和均线一起同方向运动时，当股价回碰均线时，均线自然会产生支撑或阻挡的力量。

（3）引力作用。

当股价过度偏离均线时，均线对股价有牵引作用，股价有回到均线附近的欲望。

（4）揭示趋势。

这一特性非常重要。要解释这一点，需要专门阐述“趋势”，我们在前面已经讲解过了，大家记住这个特点就行了。

在这里需要补充说明的是：

第一，均线的4个特性。我是短中长放在一起总结的，限于篇幅没有分开细化，而短中长均线的这些特点，如果相对地看其实是一样的，我们不能绝对化地进行讨论，严谨认真和钻牛角尖有相似之处也有不同之处，主要是“度”的把握。

第二，这些特点要辩证地看。例如，稳定固然是优点，但也有缺憾。因为稳定，所以就不够灵敏，对股价的短期走势反应得就迟钝。万事万物都是这样，福祸相依阴阳相生。如何看待呢？我们要接受这样一个事实：我们用的是均线，均线的稳定性特点是天生的，鱼和熊掌不可兼得，既然追求的是稳定性，就要在一定程度上放弃灵敏性。

第三，利用均线的这些特性不能过于机械。金叉买，死叉卖，谁要是按照这个规则来操作，时间不长估计就会疯掉。这样操作对错的比例具体我没有统计过，但如果这一招管用的话，那市场就会产生一个逻辑悖论。

第四，道可道非常道。这4个特点加上短中长期分类，其中的排列组合就会变得很多，各个因素在不同情况下所占的权重变化万千，所以在使用技术指标的时候，还要综合考虑到市场心理、股民的羊群效应，甚至大神索罗斯的反身性理论，“知”是为了用，为了“行”，为了盈利。

五、坚定地以中长期均线为依据来做单

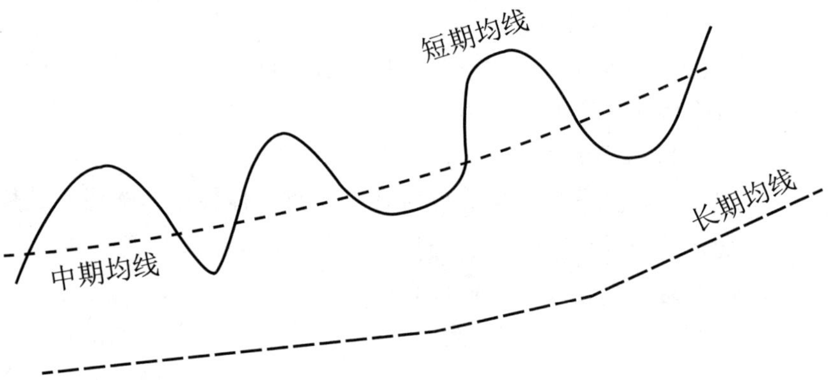

图2-5

经历了太多的股市沉浮，慢慢积累下来一些经验教训。其中特别重要的一点收获就是懂得了“耐心”的重要性。耐心等待趋势形成，耐心等待最佳时机，耐心等待持股涨起——所有过程都需要耐心！妄想低买高卖、妄想抓住每一个波段、妄想赚取每一份利润，那是痴人说梦！

“坐着等”多么简单的几个字，可是有多少人能够“坐得住”呢？！利弗莫尔的终极感悟就是一句话：钱是坐着等来的。我把它对应地转换为操作术语：坚定地以中长期均线为依据来做单。

理解这句话，需要非凡的智慧与海量的实战，99%的失败者，终其一生，都无法理解这句话。无论你做任何K线周期，跟中长期均线对抗都是死路。我可以肯定，这个规则99%的人一样无法理解

这句话。

失败与成功都是源于对这句话的理解与不理解。“钱是坐着等来的”这一句话，就是金融交易学的基石，一句话奠定一切金融交易学，一句话概括包容一切金融赚钱术法。

交易就是守候，守候你选择的中长期均线。交易就是坚持，不以一时失利而灰心，始终如一地坚持你所选择的原则。交易就是鳄鱼捕食，静静地等待，耐心地守候，获取属于你该得的利润。三心二意者，在别的行业有可能成功，在残酷的金融市场，太难！哪怕你才高八斗。

K线学的普及只会加速K线学本身这个物体的变异。可以预见，今后，不同个股上，15分钟K至日K级别的K态概率会较快地变异，K线骗线大大增加，特别是最主流的日K线。市场是有自己的智慧的。终究大多数人要输钱。

可以预见，今后越来越成熟的市场，将是小K线大均线的天下，K线学本身将被变异的市场无情践踏。均线作为第一趋势指标，在金融市场永远拥有至尊无极的地位！无论你有多么强大的资金，你可以改变K线概率，玩弄K线概率，乃至玩弄小均线，但是中长期均线的地位再强大的主力都无法挑战，有意也好无意也罢，都必须无条件地接受其制约。

无论你做任何K线周期，只有陪伴中长期均线发展，你才能获得最高的安全，最高的赢利，这是任何人都无法挑战的数学哲理。对于这句话，我不想再解释。只要人性的贪婪与恐惧尤在，这句话就绝对不会过时。止损只是源于你所选择的K线周期不同，而有所差别。

同时，绝对忠于你所选择的中长期均线，就是具体操作的至高无上的终极华丽的战术，用一个漫长的周期来看，这个战术注定无法被超越。它就是交易大道的化身。只有大成功的偏执狂才能理解这段话。静静地守候你的均线，守住行情发动的这个必经之路。交易就是理解行情的必经之路，守候行情的必经之路。

在我的止损观里，我表达的是，如果你输不起，你绝对赢不到。在我的实际操作中，想要表达的是如果你没有无上的决心去忠于你所选择的中长期均线，你就难以成功。

短期均线，无法承载你所需要的波动。选择太小的均线就跟选择与外围女去谈恋爱一样的可笑。你可以守候住你心中的中长期均线的原则，它就是行情发动的必经之路，它就是不停地帮助你大副波段赢利的关键。

赢利需要时间，赢利需要稳定，赢利经不起反复的折腾，更经不起反复的止损。对于自己的交易准则，需要像守候自己的生命一样的守候。要舍才能得，舍弃你所有看不懂的、折腾不起的行情，独自守候你看得懂的、能清晰的执行的大势观准则。

交易的艺术本身就是残缺的，完美主义者注定备受煎熬。用大成若缺的哲学来形容交易最好不过。

中长期均线与行情价格的震荡，比之短期均线，要小很多，轻松得多，简单得多。舍与得的哲理，需要慢慢体会、仔细体会。

很多时候，对于赚取利润，要看淡看开。你想着完美，必然会大幅增加操作难度。大道至简，决非戏言。越复杂的指标，操作难度就越大，失败的概率就越高。

六、耐心等待技术形态的形成

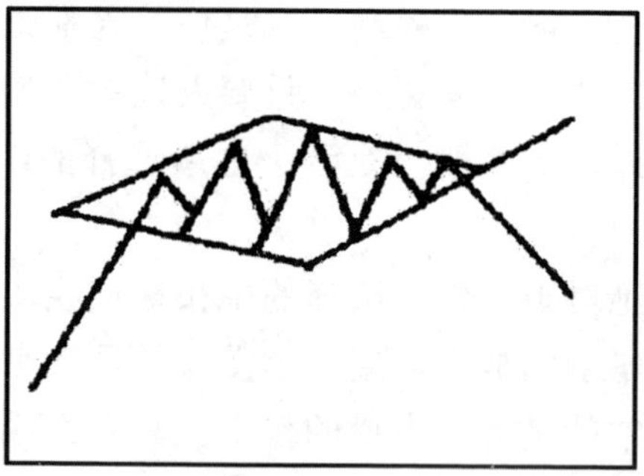

图2-6

我们经常听到“交易要有耐心”这样的话。在学习技术分析的时候，我们也会经常学到用什么什么形态。

比如说，M头和W底这样的形态。如图2-6所示。M头的第一波是上涨，然后是下跌，再后是上涨，然后是再下跌，并且跌破了下面的颈线，所谓M头成立。W底同理，不再赘言。

在这样的形成过程中，需要一定的时间。操作级别越大，需要的时间越多。用这样的技术分析方法操作的人，就需要所谓的耐心等待了。这就是“耐心”这两个字的由来。

在这里我要强调两个问题：

第一，形态失败问题。有些时候，当我们等待了一定的时间，比如说出现了一个破颈线的M头的形态，刚刚介入做空，行情突然之间回头向上了，并且突破了M头的顶部颈线，这样就形成了一个W底，似乎形成了上涨的行情。是的，的确存在这样的行情。但是，还存在这样的行情，在上述刚刚突破M头的顶部颈线而形成W底创新高的不久，又一次回撤，而且是较大的回撤，几乎接近原来上涨时的最低点，然后就是来回锯齿形的收敛的上上下下，这就是形态上说的“菱形”形态。在这样的行情演变过程中，很多人被市场抽得晕头转向、心智混乱。

依据形态操作（依据其他技术分析操作）的人，有一个明显的问题，就是先入为主，即“主观”。因为经过分析，他们在等待一种预期出现的形态。一旦出现这样的形态，他们的心里、嘴里非常自豪，觉得自己的分析很有道理。在这样的心理指导下的操作，就基本上是一种“一根筋思维”的模式。他们没有“一切皆有可能”的预警思维，遇到突发的不符合自己分析的行情时，心理上一下子很难反应、接受，因此在行为的反应上显得较为迟缓和犹豫不决，导致执行力度的下降，变盈利或小亏为大亏损。一旦出现较大的亏损，死扛、摊薄成本的心理就不知不觉产生了。如此，一错再错，最后可能变成不可收拾的结局。

第二，机会失去问题。还是上述的例子，如果形态是一个上下几十个点或上百个点的波动行情，每一次上涨（下跌）都有机会做获利的操作，根本谈不上什么需要耐心的等待。说这样话的人，其实是不明白交易的真谛，但是极大多数人听这样的话几乎都觉得非常有道理，为什么呢？因为听的人更不明白交易的真谛。一个糊涂人对着更糊涂的一群人在说所谓的真相，听起来是不是非常可笑的一件事？但是，这样的事情在我们的周围时时处处都有发生。

所以，真正明白交易的人是不需要什么耐心和形态的。他们只需要静心操作。

静心操作，就是按照自己对行情结构的高度认知，做随波逐流的操作，没有主观，尊重客观事实。在过程中，这样操作的胜率可能比那些所谓耐心的人低，甚至低许多。但是，交易的结果，他们的盈利率可能要高出许多。

交易教育中的一个大的误区就是强调或者过分地强调胜率！

似乎胜率提高，就是盈利率提高。我们的确需要保持一定的胜率，但不需要很高，30%以上的胜率，如果真的能做到“截断亏损、让利润奔跑”这样的操作，就是盈利的操作。（当然，这里需配合恰当的资金管理，之前已经说过，这里不再重复）

我们做交易，必须明白：第一，我们不是为了证明自己的分析预测能力。第二，我们不是为了证明自己的经济学、金融学、证券学的知识有多么渊博。第三，我们不是把胜率放在第一位，我们应该把盈亏比放在第一位，那就是赚钱！这是根本！

有人会说，资金安全是第一位的。是的，从某一个角度上说是对的。但是，进入市场，如果仅仅是为了保证资金安全，那么就不要进入市场了，把钱放在一个大大的、非常坚固的保险箱要安全得多。

进入市场就是为了赚钱。说把资金安全放在第一位，是强调、提醒交易者不要忘了赚钱的同时市场是有风险的。

我们现在谈这些问题，是在规则交易法的前提下，也就是说，市场的风险由一个已经存在的大概率正收益交易系统来应对。我们需要做的就是“清空自己的主观意识、随着市场的行情的上上下下随风起舞而已”。

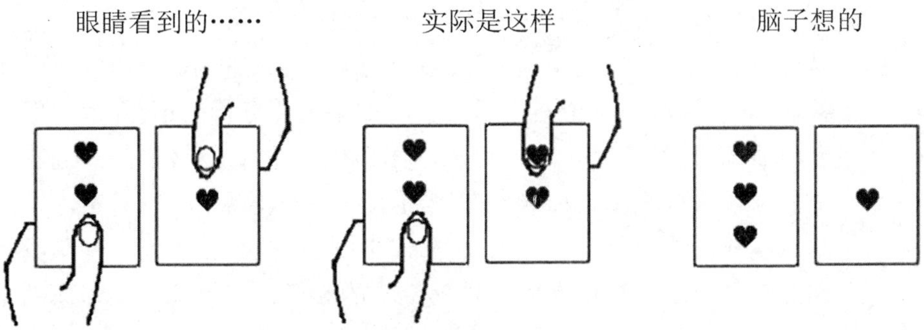

图2-7

七、形态图解和做单思维

行情分析的意义在于，首先，它给我们不得不做出的方向性选择提供一些技术的支持。其次，它可以给我们提出一个入市点，一个理想的盈利点，一个认输的失败点。无论你用什么办法进行行情预测或指导，只要你的分析结果中有这样三个大概的点位，你就做了一次正确的行情预测。

第一，非单一性思维；

第二，仓位主动权；

第三，止损先行。

非单一性思维是要对你做出的选择多一些疑虑，多考虑别的可能性价格走势，在市场面前谦虚一点。下图是对非单一性思维的一种图解。

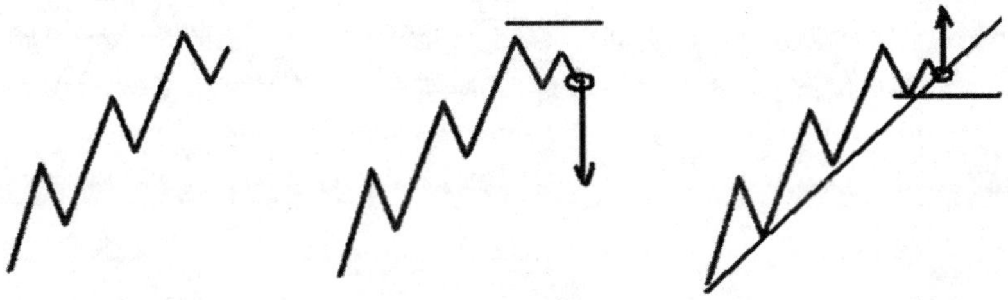

图1　实时价格图　　图2　做空者的想法　　图3　做多者的依据

图2-8

交易者在看到图2-8中的图1时，会如何下单呢？数了浪形的交易者发现，5浪完结了，下面如果看到了a、b浪的话，可以入场做调整的c浪，这就是一个不错的分析，如果依此分析的话，b浪一般不会明显高于5浪高点很多，可以看图2-8中的图2，在5浪高点之上一个点位设置好止损，在看到圆圈所示价格出现后，入场做空。这就是一次成功的交易，无论最后是盈利出场还是止损出场，如果我从你的交易记录里可以看到这样的交易的影子，就算暂时交易成绩不好也没有关系，成功只是时间问题了。

但是另有人却看到了一条更好的趋势线，认为应该入场做多，在趋势线下方设好止损，在看到价格于图2-8中的图3圆圈附近后反弹，依托均线做多。这也是很成功的一次交易。

做多说成是成功，做空也说成是成功，你这不是不负责任吗？不是，这就是我想要说明的非单一性思维。任何可能的行情走势都是可能发生的，对此抱有一种开放的态度对于交易有好处。只要在你的交易计划里包含了对于失败的考虑，就是持有非单一性思维的交易。例如，在图2-8中的图2中，如果价格创出了比5浪高点更高的点，那说明5浪还没有结束，中间可能某个子浪是延升浪。下跌也就失败了，此时止损是最好的选择。而图2-8中的图3也是一样，如果图中的止损被触发了，说明上升趋势线已经被破坏了，说明最初画的趋势线被跌破，最初的分析依据出了问题，此时止损出局也是最好的选择。

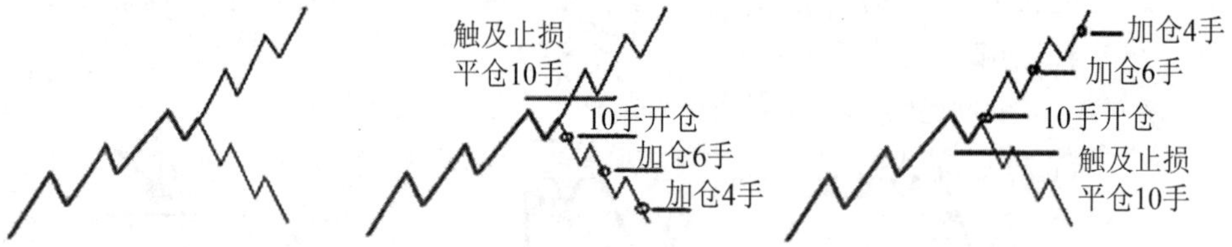

图1　价格可能的两种走势　　图2　看空者的仓位控制　　图3　看多者的仓位控制

图2-9

如图2-9所示，不同的交易者有不同的趋势看法，有的看多，有的看空，这都没有关系。如果你看空，并且计划用20手单子来做这波空头行情的话，可以依照图2-9中图2的计划进行。当然这只是一个示意图，实际中价格走势会更复杂一些。看多者可以依照图2-9中图3来做一个交易计划，这些思想如果在你看到图2-9中图1的价格走势就能短时间内建立并用指令来实现的话，你就会开始享受到交易的乐趣了。

记住，短线交易下开单前先下好止损单，这是我的建议。因为这样的话，会迫使你在入场前思考一下价格的各种可能走势，你所选择的走势对你是否有利？再则你的每一次损失都被止损单锁定了，就算亏损，也是预料中的亏损。这样的亏损要承认是正常的，我们不能忍受的是没有预料到的亏损，常常将我们淘汰出局的正是这样的一些亏损。

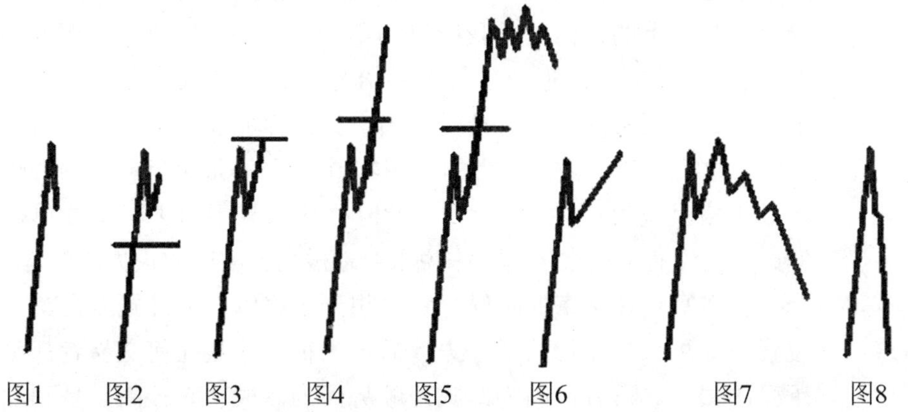

图2-10

如果要在日内交易中应用第一式，那么在看到图2-10中图1时，首先要确认的是，上升趋势是否具有突破性质，是否沿着大势方向。如果这两个问题的答案都是肯定的话，那么应用起来疑问也要少一点。

看到图2-10中图1，并确认是顺势突破后，就可以着手准备进行第一式的操作了。从图2-10中图1到图2在闪电图上约有至少1分钟的时间，这个时间内可以先设好止损单，可以在调整下沿的下方一个点设止损位，如图2-10中图2的横线处。记住，实战中此止损位有可能被反复触发，我的建议是，触发后立即重新设立止损位并再下止损单（没有开仓的情况下的止损触发不会产生成交单）。如果在图2-10中图2所示图形下你所设立的止损单被触发超过3次的话，你要思考一下，你的止损位的选择是否合适，或者趋势不对劲，这时也许仅仅是如图2-10中图8一样的洗盘行为。在图2-10中图3所示图形出现后，你应该在图3横线处立即市价委托多单。如果出现了图2-10中图4的图形，立即上移止损到不盈不赚的点位，这是一种保护性移动止损。如果这种垂直上升的确是强劲上涨的话，那么最保守估计你应该有图2-10中图5所示的足够多的时间选择一个满意的点位平仓。一般垂直上升趋势所带来的利润都不止这点空间，可以在第二次发生时加仓做多，这是后话。图2-10中图6是第一个失败图形，其表现为上升速度明显被改变了，当然你也可以依照你的看法做多，毕竟趋势还是向上的，但这与我所讲的第一式不是一回事了。图2-10中图7是另一种失败图形，你的多单恰好在最高点位成交，不要为此恼火，这是正常的，此时接受亏损，如果你能长期很好的运用此式的话，这点亏损是微不足道的。图2-10中图8是很少见的一种失败图形。价格呈现尖锐V字形反转，此时你应该只下出去了止损单，而开仓单还没有下出去，对你来说不会造成任何实际的损失。

我在写这篇文章的时候，首先想到了将垂直上升式放在第一的位置，如果止损先行的话，失败后损失很小，是任何交易者都可以承受的损失。再者，因为此式是顺势而为，成功率较高，且利润对于日内交易来说是很不错的。可以在相对有限的时间内创造较好的成绩。

下面我们再来了解一下衰竭浪形在日内实战中的应用：

看图2-11中的图1，我们可以明显的标注出5浪，前面说过，此时如果看到了a、b两浪的话，是可以入场做c浪回调，但两相比较，此时我更支持图2-11中图3的操作方法。图2-11中图2与图3最主要的区分在于大势，如果还有日K线的大势分析作为支撑，就可以在两种想法之间做出一个选择。不过，请各交易者再看看图2-11中图4与图1有什么区别，我认为，这是两个截然不同的走势图。图2-11中图1中的1、3、5浪高点形成一条直线，说明上升通道保持良好，此时轻易否认这条通道的看法显得有些逆势而为了。但图2-11中图5对图4的走势高点做了一个连线，各位可以看到，每一次将相邻高点连起来，就看到了一条更为平坦的趋势线，但这三条趋势线被看到之后，你应该想到，上升趋势正在慢慢地改变，前期的多单应该慢慢考虑出局。可以像图2-10中的图2一样选择做空。图2-11中图6是对图5后续走势的一种预想图，如果后续向上，也是可以的，那么前期的上升5浪成为大一浪级别的上升第一浪，前期的回调3浪形成了大一浪级别的回调2浪。如果后续走出下降趋势，那么其c浪应该由5浪驱动形成，会有较大跌幅。

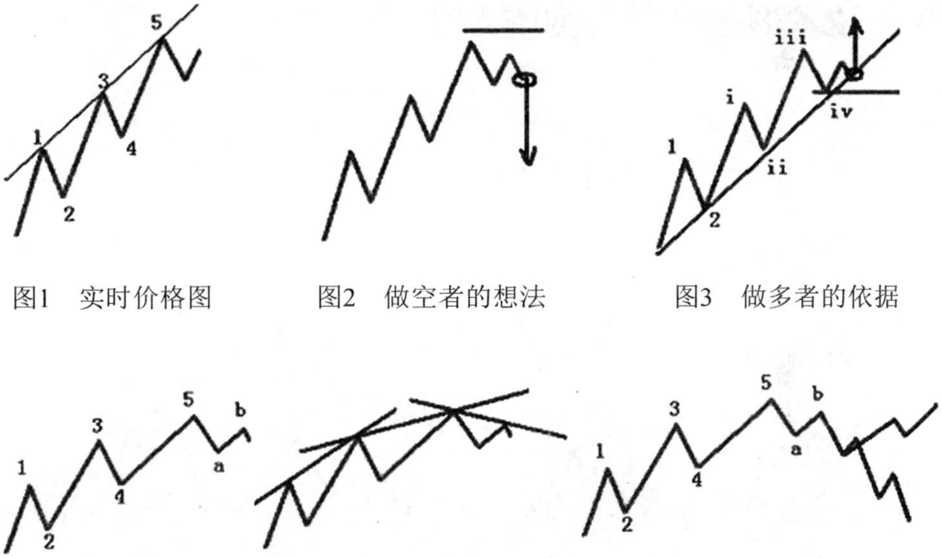

图1　实时价格图　　图2　做空者的想法　　图3　做多者的依据

图4　仍是5浪　　图5　高点连线的变化趋势　　图6　确认衰竭的后续走势

图2-11

不知各位看到上面一些图解时，会有什么样的想法，不清楚者，可能认为我在乱说一通，这不要紧，你可能希望我告诉你，价格在后面到底是上升还是下降，从这些图中可以看到，我认为这是不可能的。我也不可能告诉你一个上升或下降的概率，如果非要给一个的话，我还是五五开的看法。价格本质上是买卖盘决定的，各种行情分析都是基于资金博弈的正常线路做出的，但行情走势中有太多我们想不到也不知道的事情，比如利多消息，比如妖气的主力，等等。我们没必要去关心这些，任何价格走势都会在价格图上被反映出来，如果你价格走势图上找到你的做单思路，就不失为一种明智之举。

在建立一种交易或投资系统时，你应当根据价格环境的要求，采用某种能够帮助你灵活果断、能攻能守的思维模式。在限定可能性后按照相对可能性的排序确定入场方向。同时不断对替代数浪保持敏感甚至可以使你在首选数浪出错时能够盈利。

八、技术形态分析与测市方法

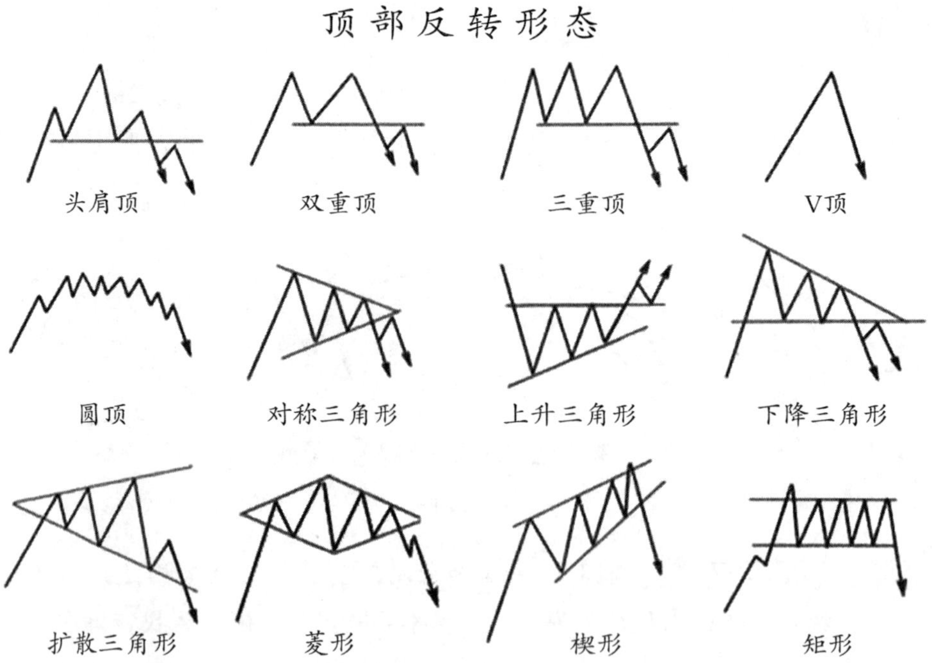

这里列出顶部反转形态，对应的还有底部反转形态，就不画出来了。要说明的是：菱形反转一般只会出现在头部，矩形反转出现在底部比出现在头部的情况要多。黑色画线的表示一般只会是反转形态，蓝色画线的表示形态没有走完前有可能是反转形态也有可能是整理形态。

（1）头肩形。

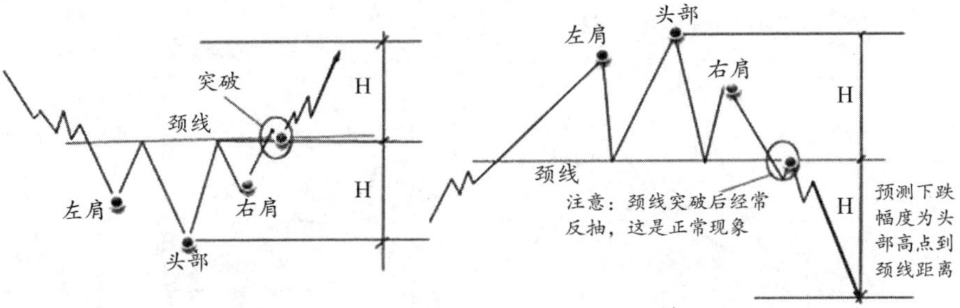

头肩底　　　　头肩顶

头肩底形成的基本要素
1. 原有趋势为下跌趋势
2. 左肩下跌力度相对较大，下跌到头部力量减弱，随后的上涨高于左肩低点
3. 右肩下跌力度再次减弱，无法创出新低
4. 有效向上突破颈线确认

有依据的入场点
参考点
激进入场点

（2）头肩底在形成前的可能形态演变（头肩顶形态类似）。

头肩底形成前可能的演变

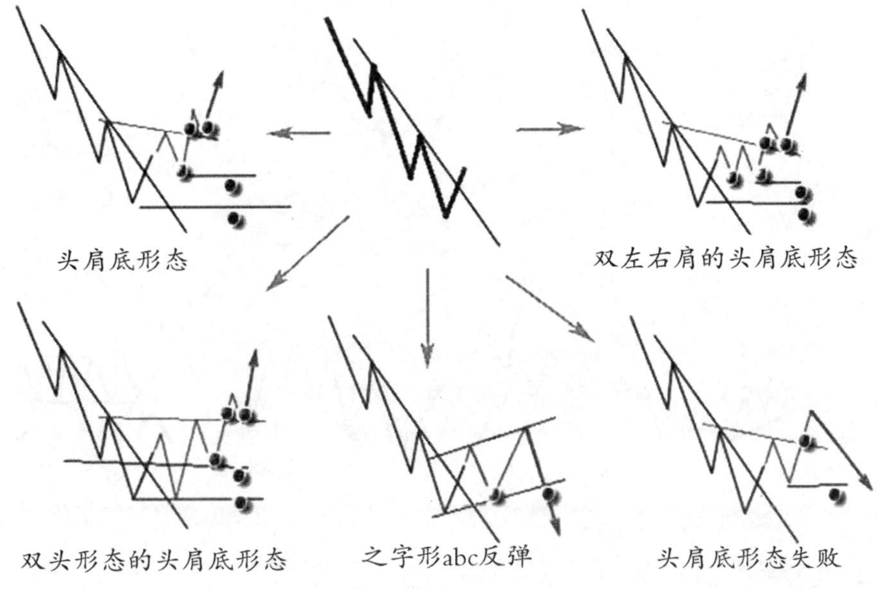

买入点
激进买入点
止损点或做空点

这些变化在实际走势中可能还有更细微的差异
需要结合指标观察确认

（3）双重顶底形。

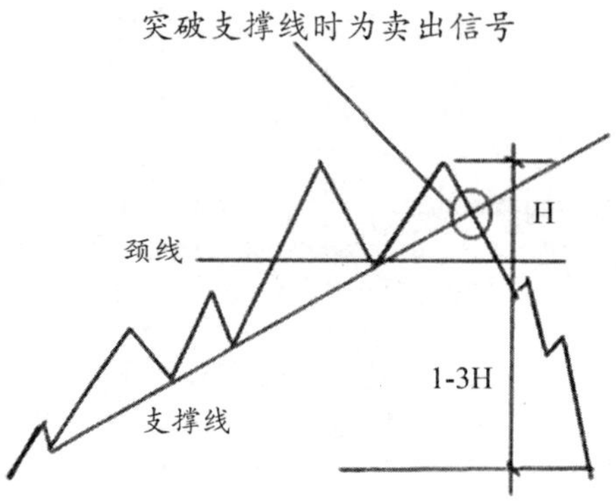

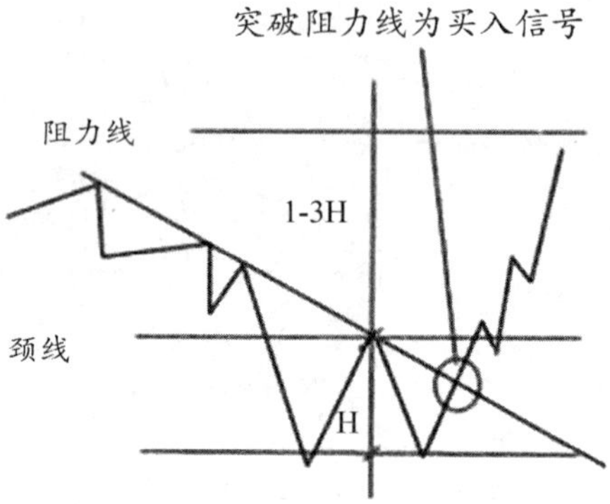

（4）双重底形成前的可能演变（双重顶类似）。

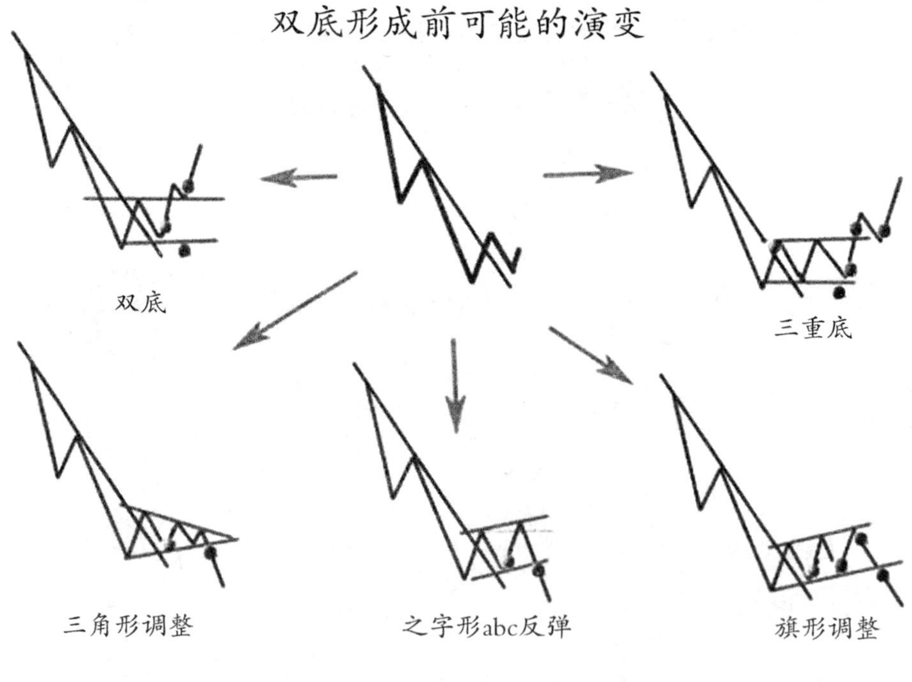

（5）三重顶/底形。

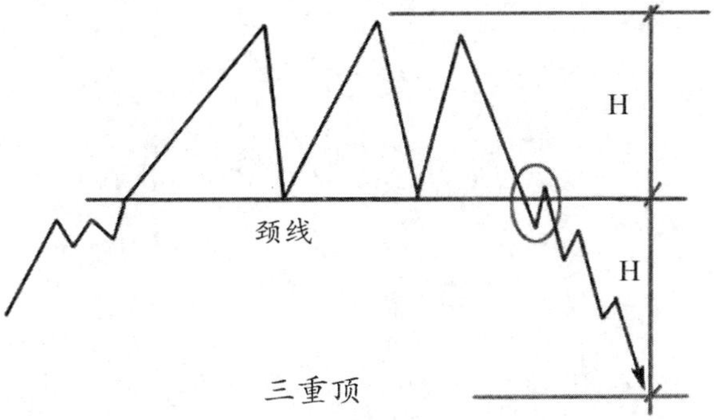

三重顶

（6）矩形。

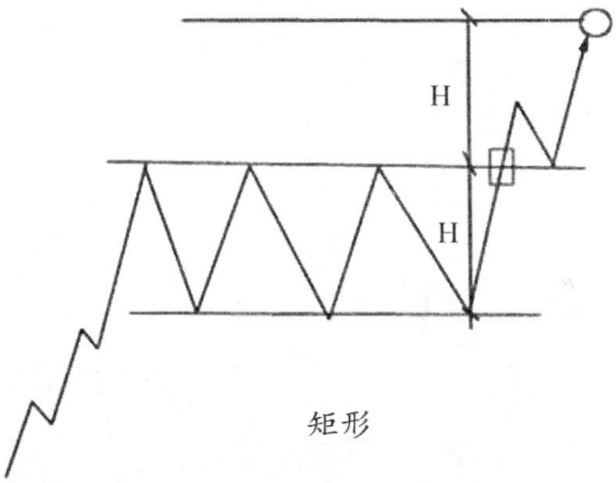

矩形

整理形态

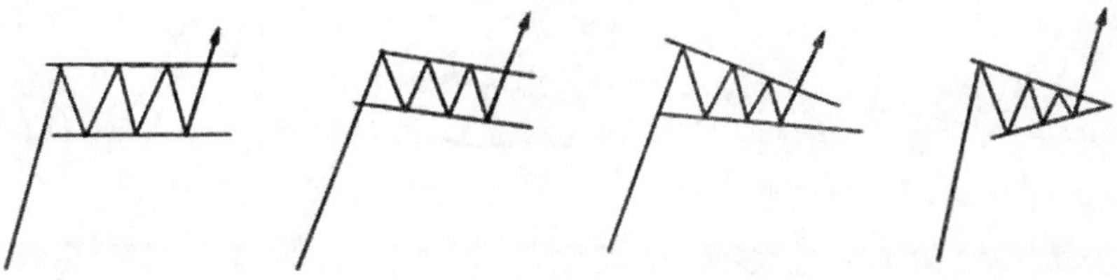

（7）菱形。

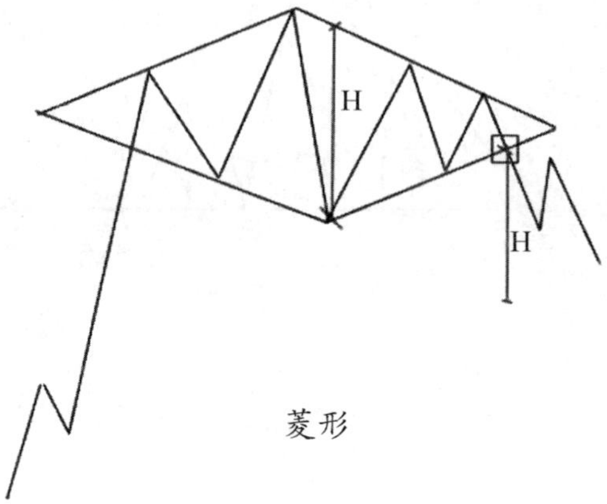

菱形

（8）旗形。

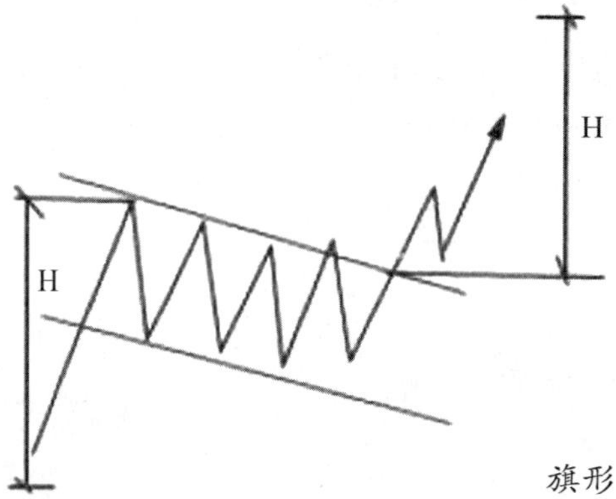

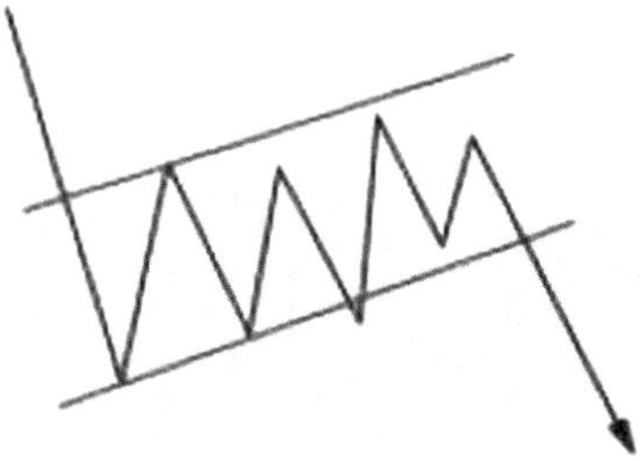

旗形

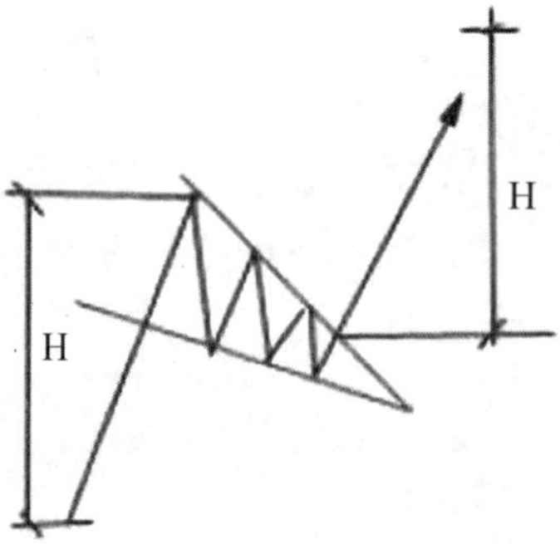

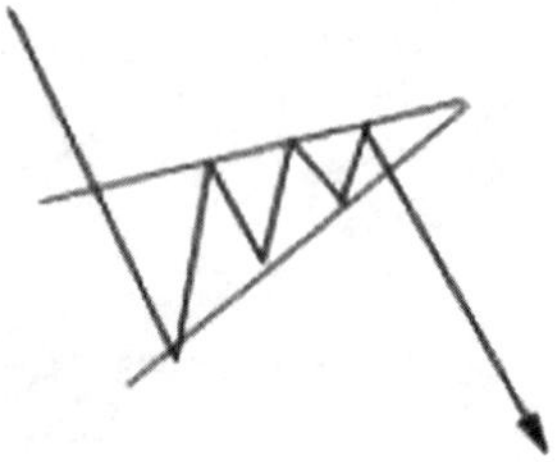

尖旗形

（9）三角形。

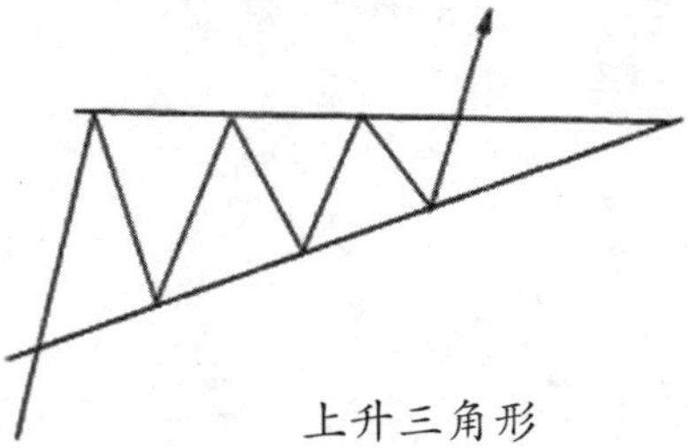

上升三角形

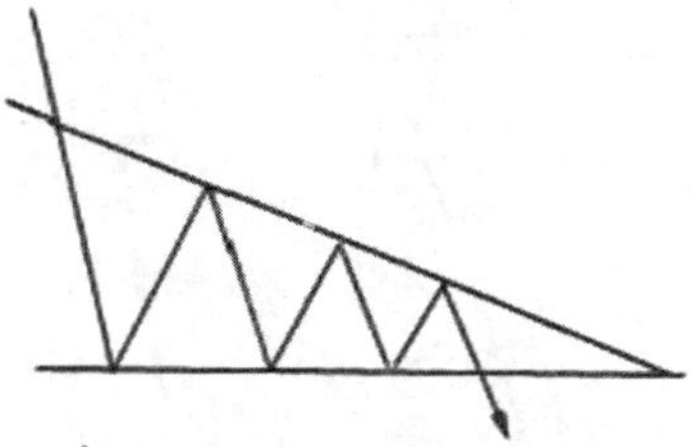

下降三角形

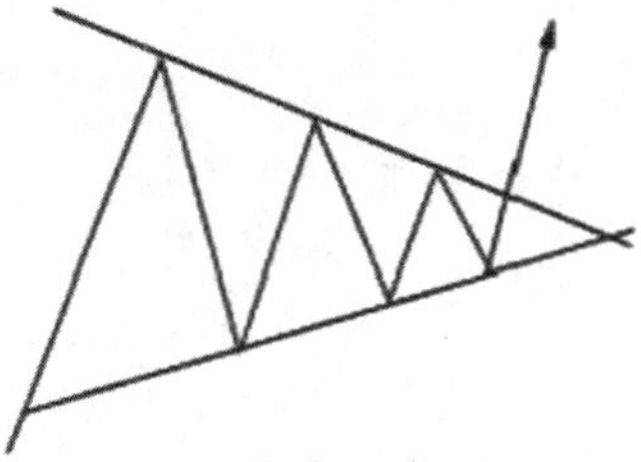

对称三角形

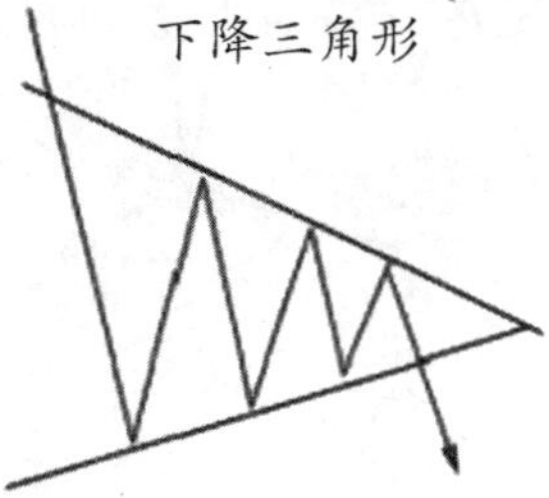

对称三角形

这里的4个三角形形态出现的频率相对较高。

这里的3个三角形形态出现频率相对偏低，且左边两个三角形在不同的阶段出现时，突破方向也有较大可能出现差异，即在某些时候也可能作为反转形态出现。右边的扩散三角形作为反转形态出现的概率较高。

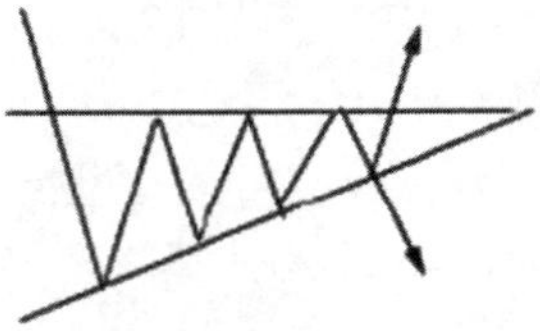

上升三角形

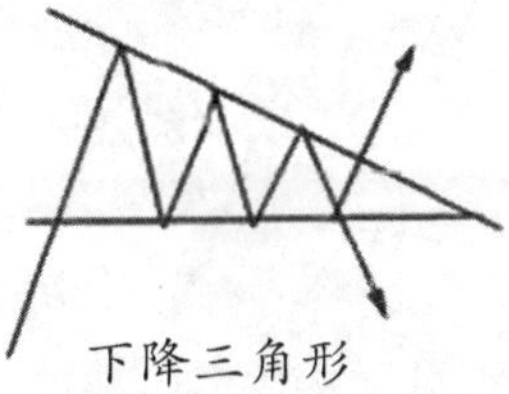

下降三角形

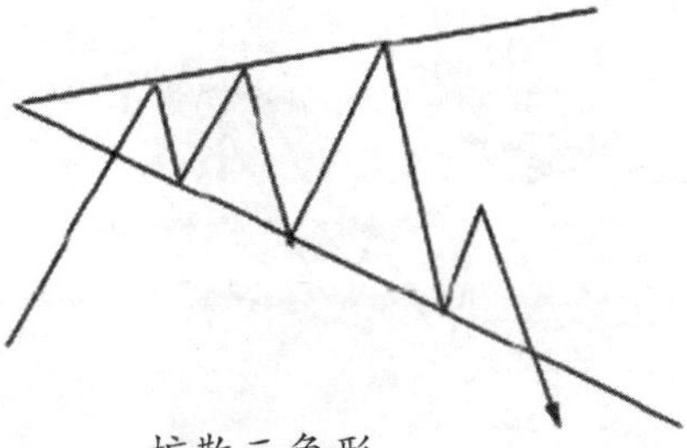

扩散三角形

（10）三角形内部结构。

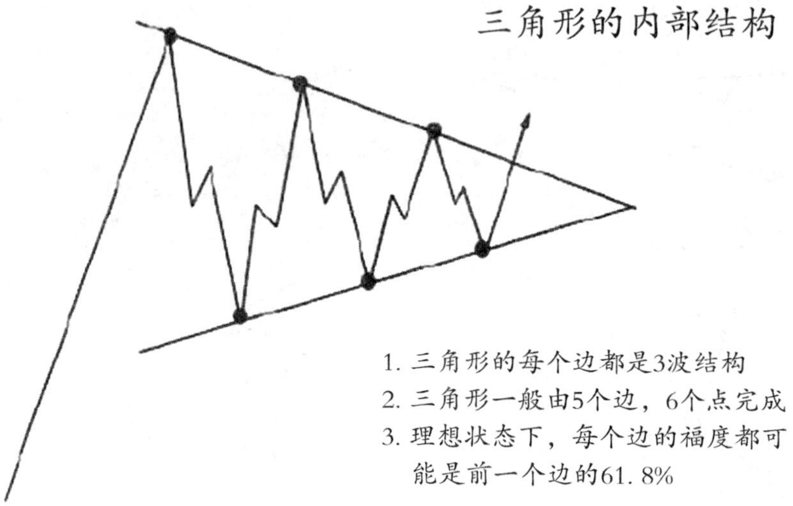

（11）三角形突破。

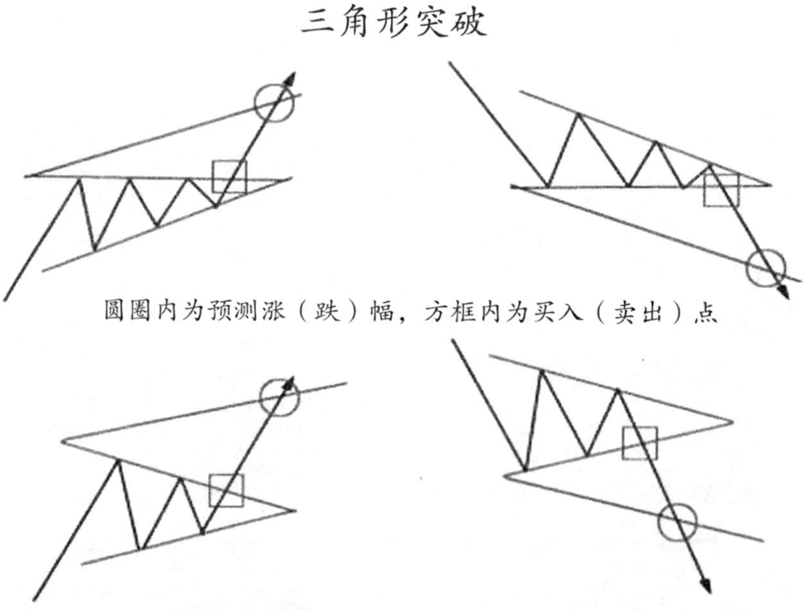

（12）三角形操作法。

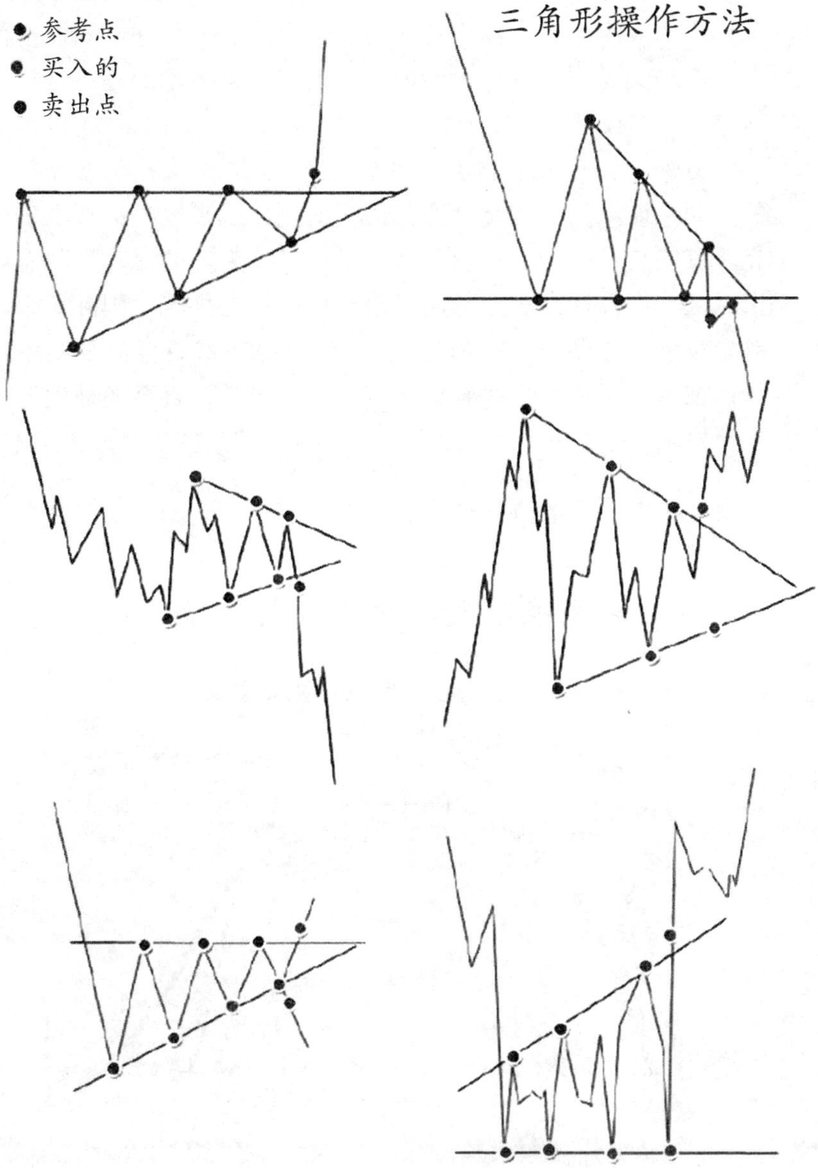

以上图形为市场中比较常见的几种技术形态的图形，具体的市场价格运行形态显然要比这些总结提炼出来的经典技术形态更复杂；比如头肩形，市场中往往会有复合头肩形形态，因此，面对复杂的市场交易图表时，灵活地运用这些经典技术形态进行重新组合是很重要的技术分析能力之一。

另外，需要强调的是，由于技术形态来源于投资者交易心理的变动；而人的心理是会变化的（即进化或衰退）；加上价格是否充分仅映交易心理，取决于市场是否具有充分的流动性与有效性；所以，你会发现，在成熟的、流动性极佳的外汇、国际黄金、原油等市场中，这些技术分析比较有效；而在A股这样的控制型政策市场，技术分析和指标等辅助工具，基本失效，甚至还被主流资金用于“控制”大众的一种工具——因为大众将这些工具用错了地方。

附图：葛南维八大买卖法则图解。

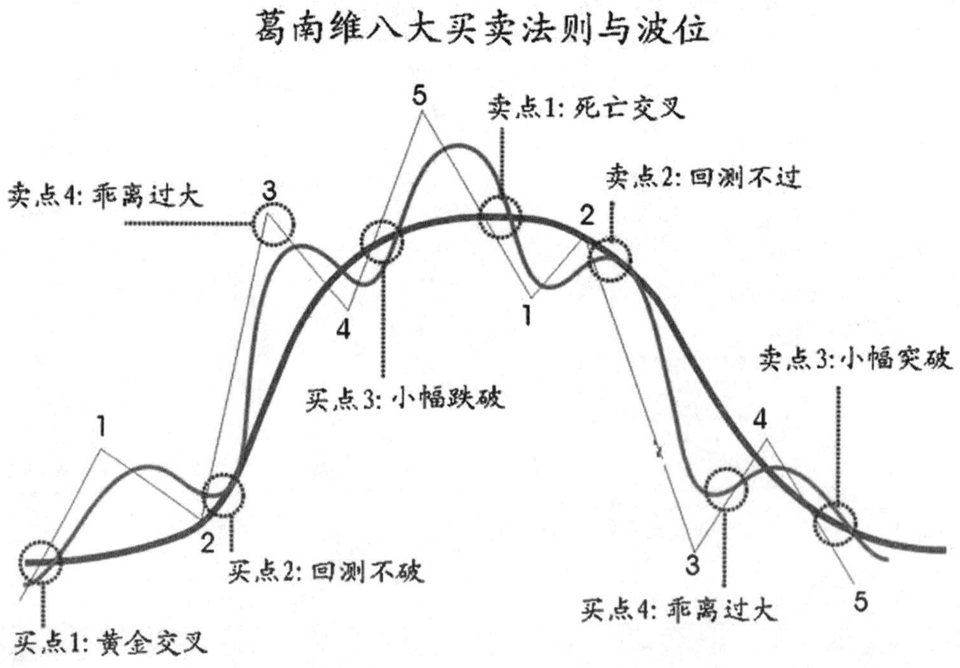

葛南维八大买卖法则的买点1、2、3

买点1: 黄金交叉

长期MA走平，短期MA持续上扬，完成黄金交叉代表趋势可能反转，价作小修正，完成后上攻为买点1

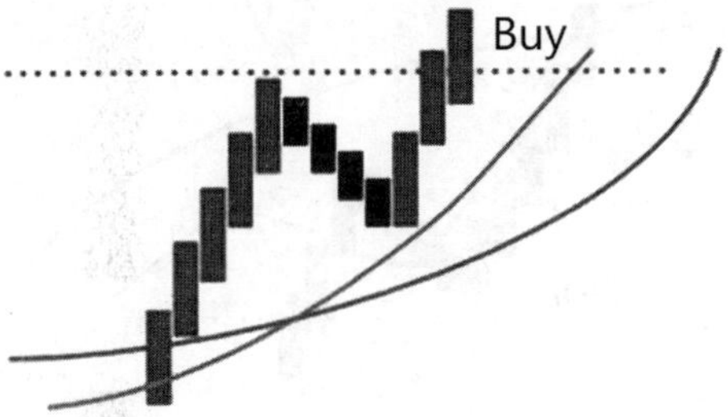

口诀:
长走平，短走升，黄金交叉，
价突破---买

买点2: 回测不破

短期MA走平微幅下弯，回测长期MA不破，长期MA持续上扬代表趋势持续，修正乖离完成后上攻为买点2

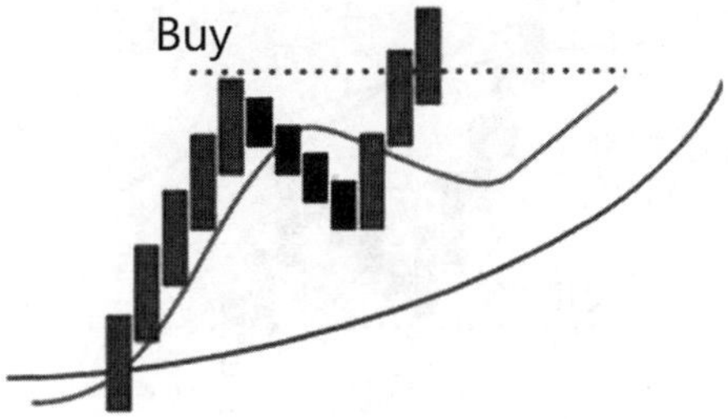

口诀:
短走平，长走升，回测不破，
价突破---买

买点3:

短期MA下弯与长期MA交叉，长期MA持续上扬代表趋势持续，修正乖离完成后上攻为买点3

为何讨论较强和较弱，因买点3以第4波及第B波最有可能，故要记着可能第5波会失败，随时跑路

跌破立即拉上来------较强

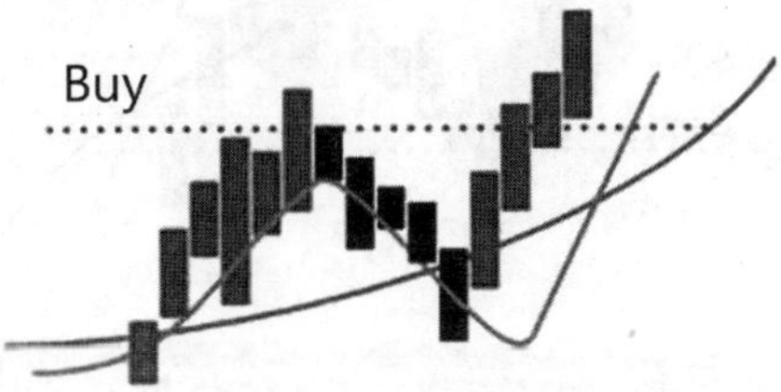

跌破整理后才拉上来------较弱

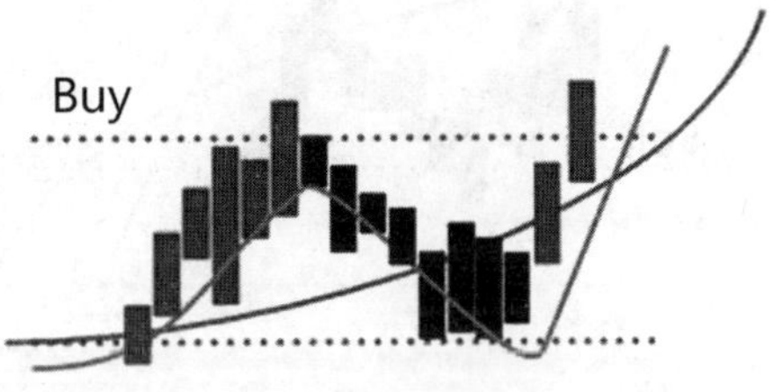

口诀:
短走跌，长走升，小跌破，
价突破----买

葛南维八大买卖法则的卖点1、2、3

卖点1：死亡交叉

长期MA走平，短期MA持续下弯，完成死亡交叉代表趋势可能反转，价作小修正，完成后下跌为卖点1

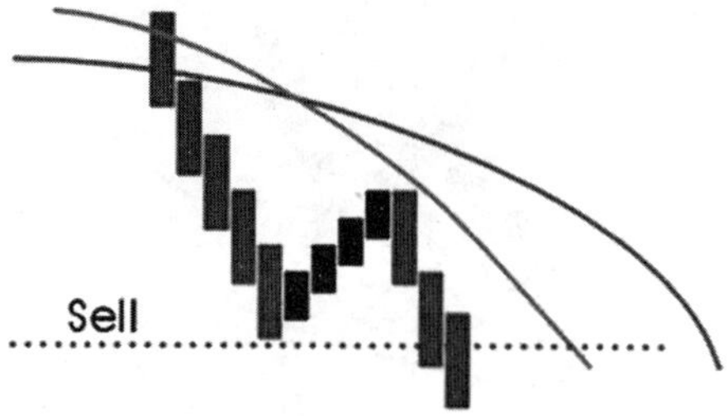

口诀：

长走平，短走跌，死亡交叉，

价跌破----卖

卖点2：回测不过

短期MA走平微幅上扬，回测长期MA不过，长期MA持续下探代表趋势持续，修正乖离完成后续跌为卖点2

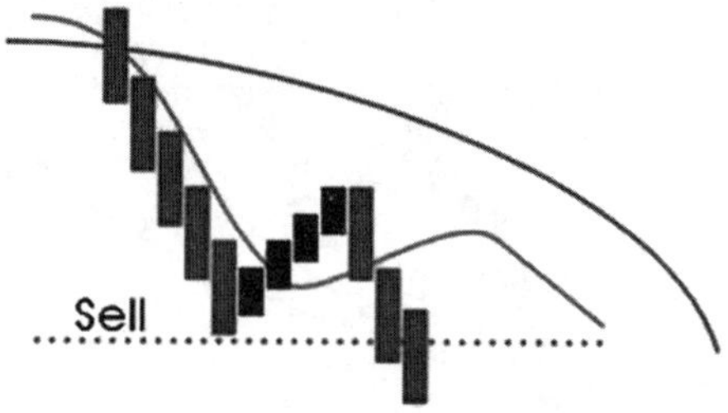

口诀：

短走平，长走跌，弹不过，

价跌破----卖

卖点3：小幅突破

短期MA上弯与长期MA交叉，长期MA持续下跌代表趋势持续，修正乖离完成后下跌为卖点3

为何讨论较强和较弱，因卖点3以第4波及第B波最有可能，故要记着可能第5波会失败，随时跑路

突破立即续跌------较强

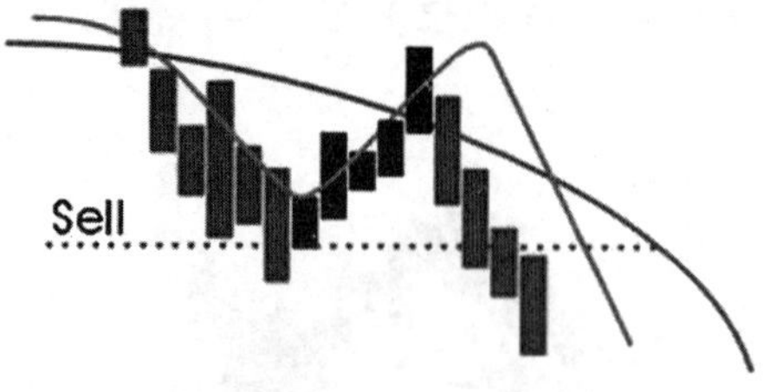

突破整理后才跌------较弱

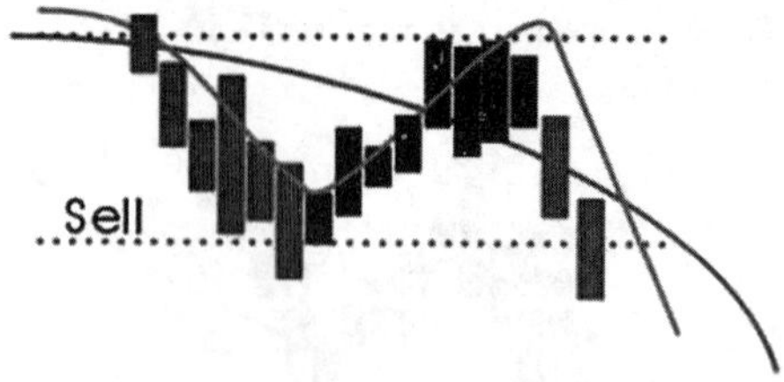

口诀：

短走升，长走跌，小突破，

价跌破----卖

葛南维八大买卖法则中的乖离过大处

买点4：乖离过大

乖离过大的买卖点为“逆势而为”，看口诀超长即知，非有短线战技者不适用，一般建议

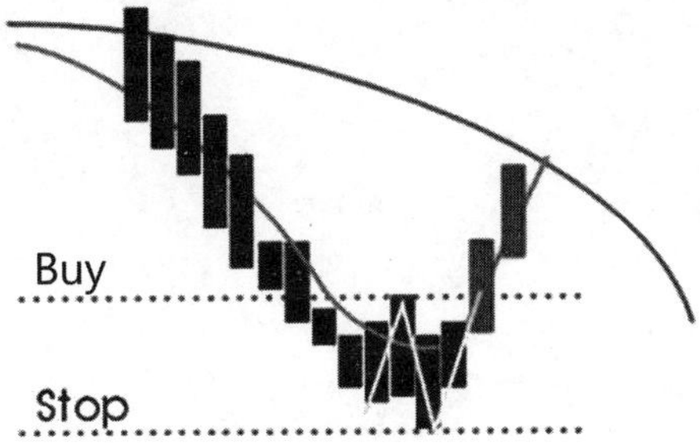

口诀：

乖离大，抢反弹，末跌高，被突破成正N，手脚快，守停损，赚即出

卖点4：乖离过大

在此以调节顺势单为主就好，不要贪心抢短

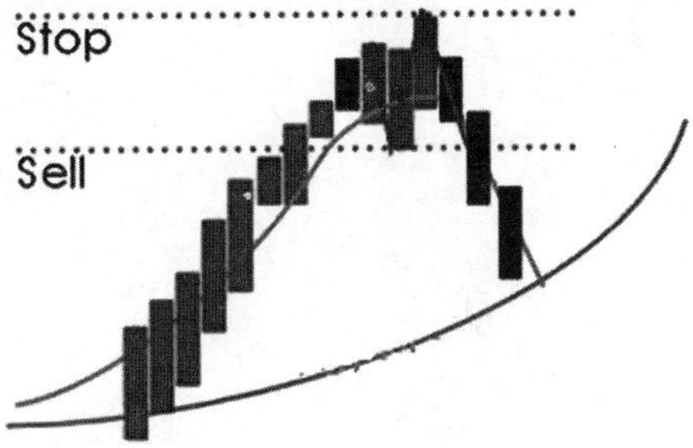

口诀：

乖离大，抢回档，末升低，被跌破成倒N，手脚快，守停损，赚即出

第三章

基本面分析和技术分析的强弱优劣

经常听到一些投资者抱怨技术分析方法不可靠，有的甚至认为技术分析方法没有用。笔者认为，一些投资者之所以产生这样的抱怨，是因为他们对技术分析方法不能正确认识和理解，而且在市场实践中错用了技术分析方法。

技术分析方法是市场经验的科学总结，经过现代市场几代人的研究、创新和发展，技术分析方法体系愈加成熟和完善。因此，正确认识和深入理解技术分析方法的特点，掌握每一种技术分析方法所适用的市场环境，是有效应用技术分析方法的关键。

一、你的技术分析，为什么不赚钱

1元 X 1元
＝10角 X 10角
＝100角
＝10元

亏钱——懊恼——痛苦——继续亏钱，这是输家的亏钱模式。

少量赚钱——快乐——总结进步——继续赚钱——更进一步地完善交易系统——更好地赚钱，这是赢家的赚钱模式。

那我们怎么从亏钱模式跳到赚钱模式？很多人在赚钱的时候盲目崇拜技术分析，在亏钱的时候又把它贬的一无是处。归根到底，还是我们没有真正地理解技术分析的思维模式。

技术分析的思维模式是逻辑推理的可能性，是对概率事件的一种推理。它的表达方式是："如果A，那么B的可能大于C的可能"，而不是我们所认为的"因为A，所以B"。正是因为如此，技术分析可以解释一切的价格现象，这样常常成为人们攻击技术分析的借口。在技术分析的眼里，看到了全部的可能性——价格或者上涨，或者下跌，或者横盘，这三种可能性，在技术分析眼里，平等对待，只是出现的可能性的大小不同。也正是因为如此，技术分析最适合于市场本身的特征。

因此，技术分析的交易者从不抱怨市场，如果市场运动方向和概率吻合，那么他将继续原来的推理来操作；如果不吻合，那么他将解读为前期推理的失效，例如假突破，而后他将根据新的时间重新调整方向。因此技术分析交易者并不需要走在市场的前面，只需要跟随。

所以，技术分析交易者也不需要太多的理由、依据去挖掘价格背后的东西，不需要花费太大的精力研究所谓的基本面，而是盯住价格波动的本身。要学好技术分析，重要的在于调整我们自己的思维模式，这是头等重要的大事。

技术分析是一种理论，而不是我们所认为的工具，它提供给我们一个新的看待市场的角度和方法。要想运用好技术分析，如果没有从思维的角度去思考它，而是花费工夫去推翻它，实在是没有意义的。

二、基本面分析其实也是在预测

先说说技术分析吧，技术分析就是根据现在预测未来，其假设的前提是"趋势是会继续的，趋势是不会随便掉头的，趋势是需要力量来改变的"，但趋势是不可能永远延续的，趋势是永远会改变

的。因此我在操作时，应该依据当前的趋势决定方向，跟随趋势方向进行交易，但如果承认预测就等于承认了不确定性，这也就承认了技术分析交易的未来永远是不确定的。

接下来说基本面分析，市场上大部分的专业研究员他们做的研究工作都差不多，无非是对未来经济形势、行业发展以及公司前景预测，但其对于未来的数据例如CPI数据、产品价格、企业盈利情况等，这些数据也同样也都是预估的，既然承认了也是预测，也就是承认了市场的不确定性。在了解了基本面分析的逻辑思维体系和研究框架结构之后，其实基本面和技术分析研究没有什么区别。至于两者对于未来预测的准确率谁高谁低，现在还是无法下定论，这样也解释了为什么那么多基本面研究的大佬也会看错方向的原因了。

在技术分析的交易系统中，预测所占的比重很小，它最终能帮我们赚到钱的基础不在于"预测的对错"，而在于"处理的艺术"。而基本面分析中，方向预测的权重非常大，这也解释了一旦基本面分析的交易者的资金曲线往往会有很大的波动，一旦预测错误，交易的结果经常会惨不忍睹。如果能有一套有效的技术分析交易系统并严格按照操作执行，资金面曲线比基本面分析者好看得多。

可能有人会说：当基本面和技术分析都发生共振的时候再入场交易，那就是确定性的机会了吧。事实是这样的吗？假设此刻技术面成功概率是70%，基本面成功概率是80%，这两者相加起来成功的概率也不会超过80%，因此交易的结果仍有可能落在那20%区域内。所以基本面和技术面共振这种说法不过是交易者的自我慰藉而已。

技术分析交易者承认“市场是永远正确的”，他们所做的就是跟随市场趋势赚钱，而基本面分析交易者如果在面对基本面和市场走势相背离时，承认错误对于他们来说是需要勇气的。因此如果仅仅通过基本面的研究去预测市场未来的方向，那么这个预测的结论是不能带给投资者绝对的信心的，只有从市场错误的角度去研究基本面，然后通过市场走势的趋势性研究去交易。也就是当个股的走势与基本面发生了严重背离时，根据趋势分析进行操作。

《孙子兵法》有云：“昔之善战者，先为不可胜，以待敌之可胜，不可胜在己，可胜在敌，故曰，胜可知而不可为。”金融投资市场就是战场，如何让自己立于不败之地，如何在不确定性中寻找确定性，这也是我的《裸K线操盘技法》系列丛书的宗旨。

三、你以为你以为的技术分析就是你以为的吗

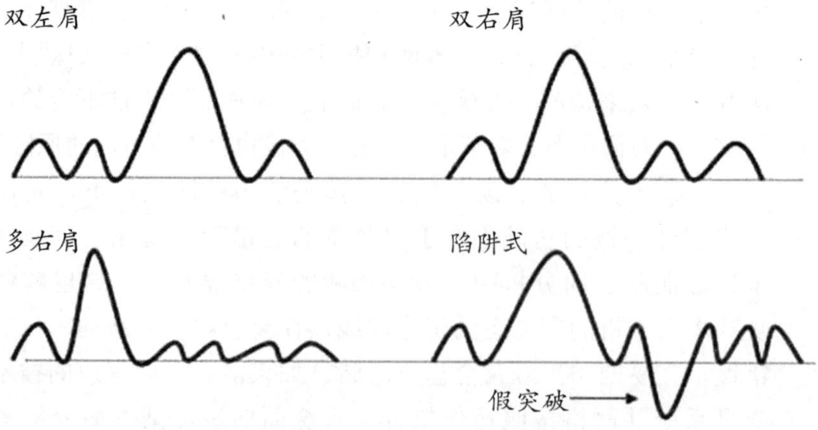

1. 过分依赖技术分析结果

一些投资者认为技术分析方法应该是准确无误的分析工具，所以迷信某一种分析方法得出的预测结论。一种技术分析方法不是万能的，它可能只适合于某一市场环境，而对于另一种市场环境无能为力，甚至会导致错误。

2. 把某种分析方法作为市场预测的万能工具

很多投资者这样认为：每一种技术分析方法都可以应用到任何市场环境中。例如，他们不管市场是有趋势还是无趋势，都要看移动平均线，或者不管波浪形态清楚与否，都执着地数浪……很明显，移动平均线方法一般适用于有趋势的市场，但如果用于振荡盘整市场，它提供的买卖信息则大多是伪信号，投资者如果用这些信息做交易，就会受到“左一巴掌，右一巴掌”的惩罚，一些投资者在交易中“买也赔钱，卖也赔钱”，原因概出于此。

波浪分析方法是投资大师们公认的、最好的、最有价值的技术分析方法之一，但它也不是万能的。实践中，我们经常看到，有时市场波浪行进形态很清晰，非常易于辨认和数浪，但当市场过于强势时，由于波浪的延伸、再延伸而使数浪者迷茫；当市场处于无趋势的盘整时期，由于调整浪存在多重性和多种结构，使得数浪变得十分复杂或容易数错。

3. 忽略市场环境，错用技术分析方法

有些投资者不考虑市场环境，片面、习惯应用自己所熟悉的技术分析方法，比如习惯应用移动平均线和KD指标等，对其他分析方法的应用缺乏研究。有的还习惯使用单一的分析方法，忘记了道氏“不同分析方法要相互印证”的教诲。

技术分析的开创者认为，历史会重演，但不会简单地重复。技术分析仅仅是一种预测，是一种概率游戏，交易计划中的止盈和止损就是为了应对预测结果正确与错误的准备措施。同时，每一种技术分析方法都有其适用的特定的市场环境，而非所有的市场。

例如，趋势指标（移动平均线、MACD等）适合于有趋势的市场使用，盘整市场对于摆动类指标（强弱市场、随机指标等）更加适合，而在有趋势的市场行情中应用价值降低。

因此我们应正确认识和理解技术分析，掌握技术分析方法的应用特点，针对不同的市场环境，选用不同的分析方法。

四、如何将基本面分析和技术分析结合

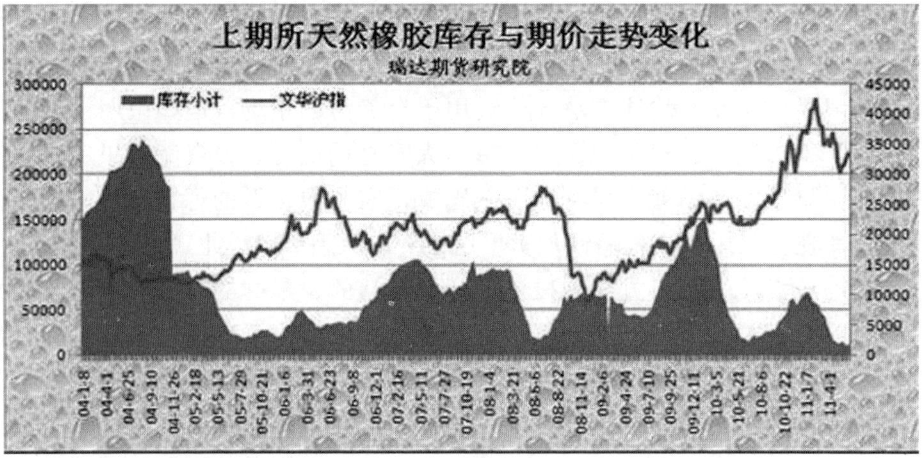

图3-1

在期货市场中，我们经常会看到以下三种情况：

（1）投资者重基本面分析、轻技术分析，造成大比例亏损；

（2）投资者重技术面分析、轻基本面分析，过于犹豫而错失行情；

（3）投资者将基本面分析与技术分析交替使用，但结果导致判断标准混乱而致亏损。

基本面分析和技术分析其观点和理论各有优缺点，也都有对方无法取代的优势，同时对于自身缺点也是客观存在的，这就需要对方的理论来弥补。如果能将两者完美地结合起来，有助于提高行情分析判断的成功率，更有助于抓住大行情，能够保住自己的生

命，不至于像流星一样瞬间陨落，你的投资生涯将会跨上一个新的台阶。

大家在实际交易中，经常遇到这样的交易困惑：持有了一个单子，已赚10%，你到底走不走？走吧，后面还有70%，错失了后面大行情，懊悔，愤怒，自责；不走吧，大部分时候，行情又回去了，又坐了一趟过山车，最后把到手的大把利润又吐回去了，甚至还可能倒贴钱，后悔，总是想“要是不贪，早点止盈就好了”。

投资者之所以存在这些交易困惑，就是因为你不知道这波行情到底是基本结束，还是要继续，不知道后面还有多大行情，才导致了你的徘徊与迷茫。如果你知道后面还有70%左右的行情，当然不会走，坚定持有；如果你认为后面的行情不大了，即使走，也赚不了多少，当然可以撤，也会后悔。

解决这个问题，技术分析是做不到的，需要基本面来弥补，因为基本面决定着未来，大行情的背后必然有基本面的依据，否则不会有大行情；而技术分析仅印证着过去，是滞后于价格的，所以很难判断未来。这是两种方法的本质和区别。

某些技术派常常认为：基本面都会反映到技术面上，盘面上的价格已经消化了一切信息。这句话是技术派们自认为可完全抛弃基本面的理论依据。其实这句话，只是道氏理论的第一个假设，记住，只是假设，道氏理论并没有把它当作真理，而后来的技术派们没有深入思考，就简单地当作了真理，背了下来。

“基本面都会反映到技术面上”，这句话表面上看起来好有道理，实则不太正确，何为技术面？技术面当然是指盘面上的走势，而盘面上的走势是复杂多样变化多端，同样一个基本面，从初始点到终点，是简单的，但是从初始点到终点的过程是任意的，可以直接拉上，还可以进一步退两步，还可以缓慢上涨，还可以震荡一些时间再上涨，还可以无序震荡大部分时间，然后迅速拉涨，等等。而你仅仅以“技术面”来笼统地代表各种各样的走势，就是错误的，因为在这各种各样的走势中，例如突破的多种多样，只有少部分的突破才能符合你的入仓条件，不可能每一个突破都做，这是不可能的，意味着同样一个基本面，从初始点到终点是已定的，但由于这个路径中的多种多样，技术上有可能发出你的入仓信号，也可能发不出你的入仓信号。所以，你如何简单地说“基本面都会反映到技术面上”？

许多人，不仅技术派，还是基本面派，会认为技术派和基本面是冲突的，是矛盾的，其实这是片面的理解，实际中两者可以很好地融合为一体，不矛盾，相互补充，相得益彰。

基本面可以让我们选择出未来最可能有行情的几只股票，然后咬定青山不放松，集中精力消灭它们，如果触到技术面所设定的止损位，照常止损，但不会轻易转移到其他品种上，等到技术面再次回复，再次入仓。而这一项，技术面都无法做到，不仅没办法选出最有行情的几个品种，而且在所有品种面前，很容易轻易地转移到其他品种。

同时，可以利用基本面判断未来是否有大行情，那么在持仓的过程中，在计算还远未达到目标位的时候，不会因为赚了10%或者20%，就轻易止盈，同时盘中可以任凭清洗，都无法动摇自己拿大行情的决心。技术分析无法判断出是大行情，所以只能按照常规的系统来操作，盘中的风吹草动，日K线上的反转信号都可以让你提前止盈，持仓没有信心，任何的反弹或调整，都会让自己揪心、难受。当止盈后，行情又突然前进了一阵，你更不敢进。这不是你的问题，是方法的问题，因为技术分析考虑的是常规，所以技术分析强调一致性原则，而大行情是特殊情况，不是常规，所以很难让你有信心，这是技术分析本身的缺陷。研究基本面，目的为了能在遇到大行情的时候抓住，即要弥补技术分析无法抓住大行情的困惑和难点。

五、交易的三重境界和技术分析的四重境界

交易的三重境界就是：简单——复杂化——简单化。起初，交易者对什么都处于不明状态（工具、市场、人性、主力、宏观、微观、止损、资金管理），看到K线图就会用最直接的看涨或看跌去理解。然后开始接触了各种造成思维混乱的知识和理念，开始变得

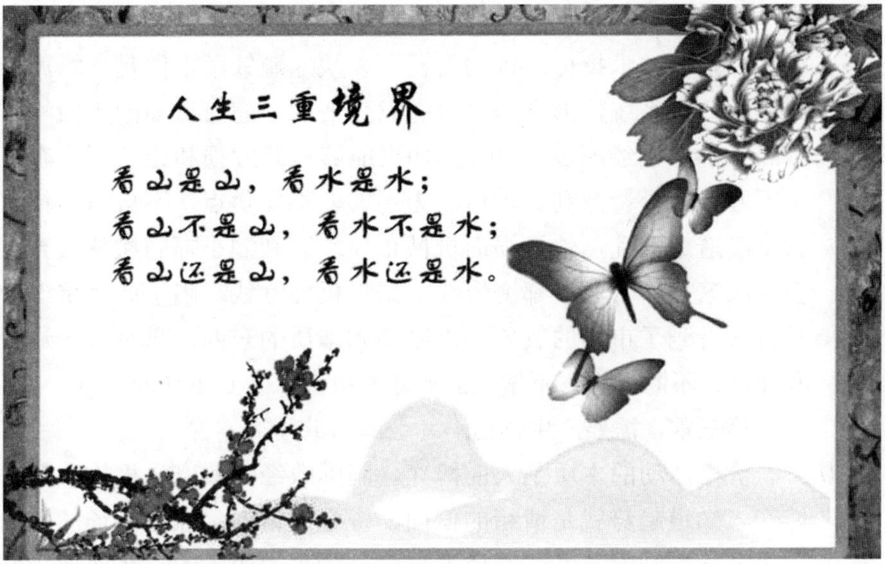

图3-2

非常复杂。最后只有悟性高的人，才能走出这个囚笼，回归简单。比如，可能最后你还是会经常使用某种偏爱的技术分析系统，但到底是均线，还是MACD，或者单纯的裸K线实际上已经不重要了，在经历过忘却以后，无法忘却的也就不必刻意去忘却了。

下面简单地介绍一下技术分析的四重境界，如图3-2所示。

第一重，处于“看山是山看水是水”的境界。

涨和跌随心想，过去几天涨就觉得未来还会涨，跌得多了一反弹就觉得会反转。只会买，不会卖。苦学各种指标，不断地捡起，又扔掉，时间久了产生技术分析无用论的想法，但又无法真的抛弃，因为过去努力获得的认知已经根深蒂固。有的人一辈子走不出来，对于玄而又玄的技术理论钻研越深，错的越离谱。为什么会这样？因为我们从没有思考过价格规律的本质，从没有怀疑过自己学习的技术和理念是否有人赚过钱，目光短浅只想挣钱而不能忍受亏钱。这类人突破的最好契机是亏钱到绝望之时，恐怕到了这个时候，会彻底离开市场。

第二重，关注价格的中长期走势，培养大局观。

大量复盘，研究历史走势规律。总结出了许多高胜算的形态结构，并辅以技术指标。以为自己可以快速赚钱了，但是市场属于混沌复杂适应系统，形态是可以随意转变的。随着认知的不断深入，判断正确率已经超过了50%。如果能够截断亏损和让获利飞奔，偶尔不亏钱或少量盈利。可惜毅力不够，不知卖点，不自信而持有多只个股造成混乱，怕亏损而机械止损，因利润小幅回撤就放弃大机会，频繁操作，波段都变短线，结果仍然亏钱。陷于此“重”的交易员只看到了市场的表象，没触碰到本质的东西。只有真正进行自我怀疑、不断反思、不偏执的人才有机会上升到更高的一重。

第三重，需要产生顿悟，才会跨入此境界。

价格波动的本质是人的博弈，国际政经、政府、机构和散户的博弈。知道趋势就是情绪的偏向、资金的偏向。抓住市场的主情绪和先人一步制定策略。知道消息面是为主力服务的：在底部大利多才是真的利多，在顶部利多的消息是诱多。在底部利空的消息仍是利空，在顶部利空的消息是用来砸盘。知道基本面变好而价格迟迟得不到反映，是因为价格还没到启动的时候。知道价格早早的就上了天在等着基本面变好，可能仅仅是炒作预期。知道上证指数的底部是要看中国经济脸色。知道波段的起点、中点和末端包含了时间因素和对应的资金管理。这个阶段停留得越久，钻研得越深，越觉得市场是散户的绞肉机，索罗斯说“世界经济史本来就是一部基于假象和谎言的连续剧”。你虽然赚了钱，你的人生观和价值观也发生了重大的改变。你知道没有几个人能在市场里赚到钱，你不会愿意跟周围的人谈论交易。每当有人在你面前显摆时，你知道他最终的结局。此阶段与前两个阶段有着绝对的界限。需要顿悟，需要大幅度做减法，精炼交易系统，所用工具已经非常简单，或许1根K线而已，周期只看日级别以上，交易次数每月低于2次，关注的个股只有2、3个。赚大亏小，心态从“耐心”转入“静心”。

第四重，每年就交易几次，每次都会赚钱赚到不好意思。

要想跨入此阶段，必然要超越博弈，从广度和深度上对价格的波动进行更深入地思考。 道法自然，顺势者昌，逆势者亡。有时为了市场可能会放过对手，或者停止做空避免危害国家经济，有时又会无情地把挑战者消灭。这些少数派是引领市场的主流。他们主要关注：未来的大趋势？如何“如影随形”跟踪大趋势？如何用禅提高“喜心”境界？用太极阴阳把握大波段？关心其他“狼王”的做法？这个趋势中的情绪如何引导？如何框定对手？等等。

终究，技术分析是后验的，对于过去的归纳请尽快忘记。从当前的时点去推测未来，将有多种运行轨迹，通常无法预测未来的轨迹将如何，但理解越深刻，能把握的就越远。若问价格明天会怎样波动，后天呢？波动！那大后天呢？还是波动！未来呢？会涨！

第四章
趋势跟踪，穿越牛熊的利器

在学习“趋势跟踪”的过程中，我们会发现，交易是一件非常简单的事情。而简单体现在哪里呢？那就是他们所秉持的基本理念一定是简单的，他们所采取的交易策略一定是易懂的。只不过，真的要把这些领悟融入到生活之中，还是需要下一番苦功的。

一、不确定性是趋势跟踪的前提

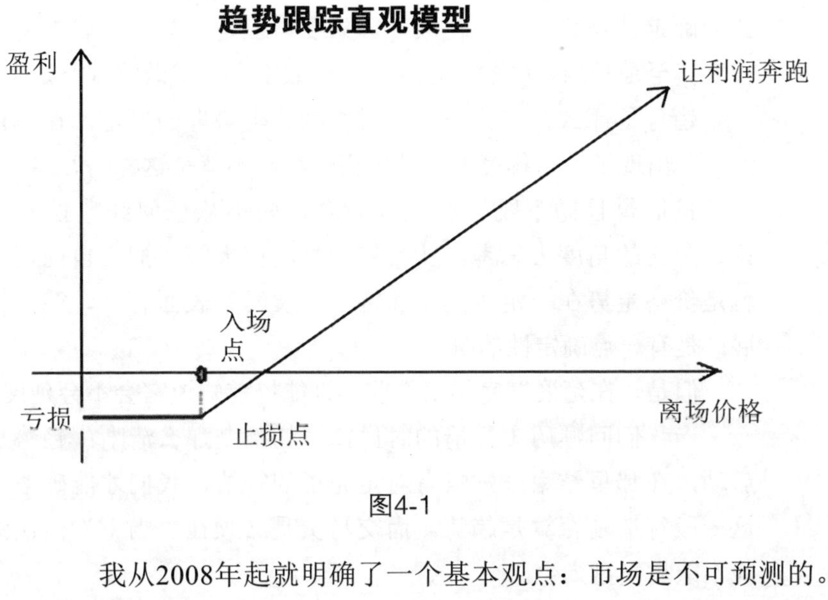

图4-1

我从2008年起就明确了一个基本观点：市场是不可预测的。然而在之后的岁月里，我还是不得不花费了数年的时间，才将这个观点真正地吃透。这个观点就像一颗原子弹，看似体量很小，可一旦在你的脑子里扎根，就无法阻挡它的生长。

经过不断地反思、领悟和实践，这句话的力量就好像一场连环爆破，一层又一层的冲击波泛滥开来，其威力是极其巨大的，大到可以改变一个人的世界观、人生观、价值观。可以说，如果把我目前所有的理念、言辞、行为都进行回溯，必然回到这6个字上去。

在钻研交易之道的这些年中，我见过很多交易者，其中大部分是失败者。偶尔有几个人，忙活了几年、十几年，依然在门外瞎转悠——有时候赚点儿，有时候赔点儿，凑合着能做下去。

我发现这些人最大的共同点，就是都在寻找确定性。他们试图发现市场的运行规律，并按照规律去预测行情。具体的表现形式可能有差异，比如说有的人信奉某个市场大师；有的人研究某种神秘法则；还有的人沉迷于开发指标。凡此种种，说穿了是害怕不确定性，想要“人为制造出”确定性罢了。

这是一种执念。

除此之外，还有一种人，他们抱着一种看似正确却非常有迷惑性的想法，那就是强制将“趋势”和“确定性”捆绑在一起。仿佛认为确定性是趋势的内在秉性，只要自己是顺势的，就拥有了某种程度甚至是相当程度的确定性了，就敢重仓，就敢特别坚定了！

趋势是什么？趋势是一种对“既往走势”的界定。在一定的时间内，出现了一定程度的有效价格位移。不就是这样吗？

我们暂且抛下既往的刻板观念，先不从任何经典技术分析理论、定义的角度去思考。让我们暂时清空大脑，扪心自问，趋势不就是价格走势在一定时间内保持了延展吗？表面看来，能够保持延展，是有一点确定性的呀！

但是，在延展彻底结束之前，谁能提前知道它会不会延展呢？

当我们回顾历史行情的时候，一切都是那么清晰：趋势从这里启动，在那里结束——只有对走完了的行情，我们才能确凿地判定这一段行情是否算是趋势。而交易员是必须在“当下”做决策——他不能靠复盘为生。

在趋势逐渐形成的过程中，在每个不确定性的当下，谁能知道趋势会延续、停滞，还是反转？——不能，没有人。如果有人宣称他知道答案，要么是个骗子，要么他自己都不知道自己是个骗子。

已经走完的趋势，跟我们其实没有多少关系。我们只能活在当下，我们总是生活在过程之中。每个交易者都好像一个在市场中长途跋涉的旅人，双脚不断地起落交替，从来没有一刻，两只脚都在地上站稳。我们一只脚踩着过去而又要马上离开那里，一只脚悬在空中而又要马上落向大地，这个姿态的意义就是——我在过程中。

过程中的不确定性，才是真正有意义的。如何处理这个过程中的不确定性，才是交易之道的真谛。

二、时间周期是趋势跟踪的基础

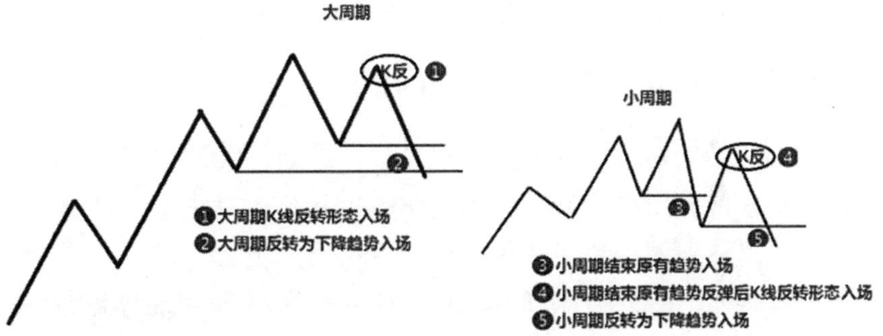

图4-2

作为以技术分析为核心手段的交易者需要明白一些基本的道理，其中一个就是要通过技术分析解决交易的方向以及判断行情的级别。

如果方向和级别定了，那么你的进出场在时间框架上的依据也就有了，而这些都与时间周期是息息相关的。可是我们经常能看到各个时间周期的走势是相反的，小周期中的趋势有时在大周期中是个调整，小周期中趋势突破的失败可能是大周期调整结束的进场点。如图4-2所示。

月线、周线、日线、小时线等等，每个时间周期之间是依次连续的，我们在做交易的时候主要关心的是上下两个时间周期的走势，切不可从月线图直接越过周线跳到日线图或小时图中去看。时间周期其实就是我们看待市场走势的一个模式，打个比方：周线图就是望远镜，日线图就是走近一点儿看，那么小时图就是放大镜，15分钟图就是显微镜了。

那么大小周期在同一个图表上是如何关联的呢？它们之间的关系是怎么样的呢？接下来说一下关于时间周期的基本原则。

1．大周期管着小周期

大周期没有走完，则小周期不会结束。这就相当于大周期是总体战略，而小周期就是具体行进路线。也就是说如果日线的走势没有走完，那么小时线最后还会按照日线的方向继续前进。如果我们准备进场的话，请看一下上一个周期（大周期）是否配合？再看一下小周期是否也支持？这样做是对交易信号最好的过滤，盈利的胜算会大幅提高，因为你手上不可能有逆势的单子。

2．小周期的行情汇总成大周期的走势

如果小周期走势表现异常（运动方式的力度和强度），会提前告诉大周期可能发生的变化。也就是说，在某种时候，小周期表现出特别的走势，和大周期形成相反的走势，而且走势很强，表现为斜率、K线力度、时间上的持续性，那么有可能导致趋势的反转。

如果大周期和小周期的方向不一致时，如周线和日线发生了矛盾，一般会发生以下几种现象。

（1）震荡。

相当于大小周期之间在打架，表现在图表上就是无趋势。这个时候我们需要耐心等待，因为趋势交易者最麻烦头痛最容易产生亏损的就是这个时候，我们称为形态或者不可交易期，也就是说价格的波动没有规律，无论在大小周期上都不存在明显的价格趋势，如果在这个地方管不住自己做单往往会反复止损。

（2）下一个级别进行调整。

在调整完毕后继续按照原有趋势前进，也就是本级别的时间周

期的方向。这个时候趋势再起，也是我们的本交易周期的进场点或者加仓点。低周期的调整我一般不会离场，等其调整完毕加仓。

（3）引发更大级别的调整。

也就是导致自己交易周期的趋势发生改变，比如说我做小时线的，那么15分钟图上表现出一波和小时图相反的趋势，而且时间长幅度大，导致我小时图的趋势发生改变，这个时候要注意日线图，如果在小时图上发生突破失败或者进展不顺利的时候往往就是上一个级别的进场点。

（4）直接导致大周期趋势的反转。

如何提前知道会发生以上的现象，并能及时做出仓位调整呢？这就要看小周期具体前进的运动方式，具体表现为运动的斜率（速度），K线的形态（力度），量能的配合和动能（每单位量对价格的影响，也就是加速度），这些都能体现在行情前进中的强度、力度和后续的延续性。

这些调整点的出现往往会在时间和空间上有某些特征，在一些关键的时间节点和空间节点上我们要保持足够的警惕！

认识到时间周期的重要性，更加有利于分析和跟踪价格变动的合理性，从而极大提高你的胜率，也是在何时进场何时离场方面真正做到标准化的第一步。其次，交易者可以根据自己的性格，选择适合自己的交易周期。

三、跟随而不妄动是趋势跟踪的核心

我们知道不管是做长线还是短线，盈利的原因都是因为做对了一个阶段的趋势，而市场的趋势会往哪里走，以怎样的形态怎样的速度走，我们一般都只能在事后才完全知道。（图4-3）如果我们能够紧跟市场的步伐，即使是事后知道它在哪里，也能获得不错的收益。于是趋势跟踪的理论成了不少投资者认可的投资方法，不少投资者也用此方法获得了盈利。

孙悟空虽然法力高强，却不是西行的领路人。法力，不等于领

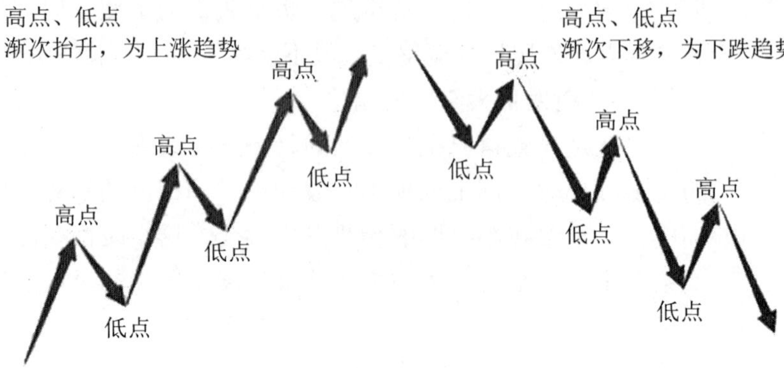

图4-3

导力。趋势跟踪也是如此，交易员或许能力很强，但必须向悟空学习，正确定位自己。我们是跟踪者，是从属，是附庸，是被动的随从。趋势就是我们的领导，无论何时，唯领导马首是瞻——即便有时候他也会犯错。

趋势跟踪的核心就是你一直紧跟着市场，永远只比它慢半拍，永远不去预测它的下一拍，只是一直跟着没有跟丢就算赢了。就好像你要跟踪一个重要人物，他从家里出来后往一个方向走了，你就要跟着走，不要判断他往那个方向去，是真心还是假意；中间他停顿下来吃饭，你最好也停顿下来，因为你不知道他吃完饭后继续往前走还是会回家，或是继续停留在饭店内；或者他中间折返了，你最好也随时准备跟着他折返，因为你还是不知道他是忘了什么东西在饭店去取一下马上就回来，还是直接回家了，或者也不回家继续往反方向走；保证不跟丢他的唯一方法就是一直跟着他，而不是判断他下一步会去哪里，然后选个自认为合适的路口等他。

在一个规定的阶段内，只要你一直跟着他，跟上了就是赢了，就完成了任务，就可以获得酬劳，中间他的折返、停顿或许让你不舒服，但你为了不丢失他、为了不失去最后的酬劳而必须陪他折返、停顿。

金融市场投资本来就是一个游戏，一天、一周的涨跌根本无关基本面。不过是事后牵强附会的解释罢了，金钱不过是一串数字，游戏的筹码而已。你拿得起，必须放得下。如此你心中、眼中才会只有趋势、把握趋势。从此摆脱套牢之苦！

金融投资说穿了就是一个数字游戏。当你有一个交易系统的时候，感觉交易挺无聊的，每天就是守着电脑看信号，有信号就操作，没信号就等待。看着资金数字起起落落，在不经意的某一天就发现自己成百万或者千万富翁了。

四、亏小赢大是趋势跟踪的精髓

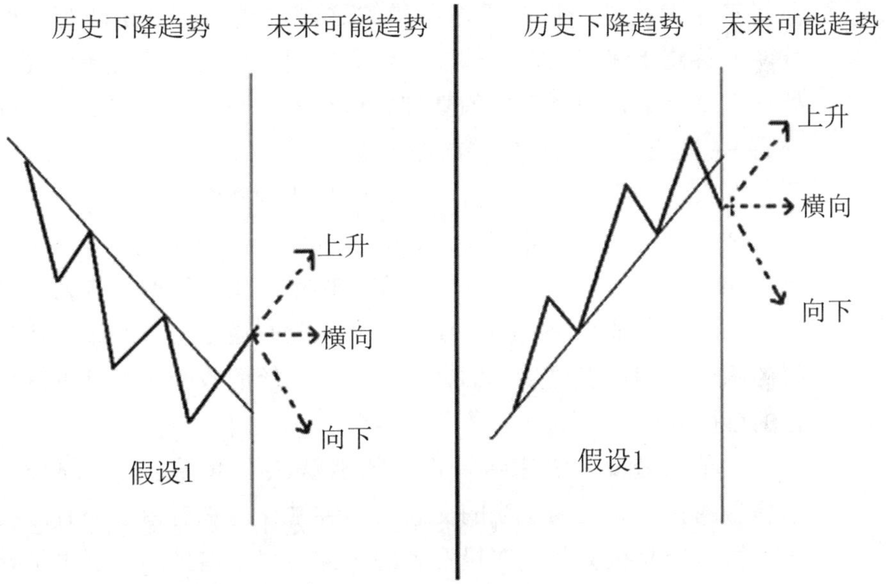

图4-4

千万不要认为具有获利能力的交易系统可以保证你每笔交易都成功！任何的获利都是由亏小赢大组成的，任何交易系统都有弱点，亏损不可避免。对于趋势跟踪系统来讲，它不要求盈利的次数大于亏损的次数，它只要求不断地用小的止损去寻找大的获利机会，这样的系统需要使用者做好不断接受小额亏损的准备。而对于短线交易系统来讲，它更注重追求赢利次数大于亏损次数，它追求准确率。所以，投资者在选择交易系统时一定要清楚哪种系统适合自己，切不可盲目选择。短线交易要求投资者密切关注市场的一举一动，波动就是利润来源，在交易中不能有任何干扰；而趋势交易则相反，它忌讳仔细盯盘，仔细盯盘会破坏对趋势的整体把握，波动是亏损之源，他只需关注市场的趋势是否改变即可。但市场上大部分投资者都是用仔细盯盘的方式来企图获取趋势利润，这导致他们对短线和趋势都无法把握。

系统交易的本质是处理正在发生的情况，而不是处理未来将要发生的情况，它是根据交易信号来交易，而不是预测市场来交易。但股市中有很多人是花费太多的时间来应对未来将要发生的情况，而对正在发生的情况却不知所措。这导致他的交易无法有效地进行。他总想走在市场前面却忽略市场的现实情况，从而使他的交易处于虚幻之中，缺乏现实的基础。这有违交易系统的本质。正确的交易思想是运用交易系统的前提！

在系统处于亏损时期时，不要轻易认为系统需要改变或更换，亏损是正常现象，必须接受，此时应告诉自己如何提高处理困难的能力和耐心。而在系统的获利时期，切不可耍小聪明，认为可以运用自己的交易能力来提高系统的效率，此时遵守纪律胜过一切！系统的困难时期可以提高你的交易能力，系统的收获时期则可以考验你的自律精神！

对于系统交易者来讲，市场的涨跌已不重要，重要的是对交易信号的执行。因为系统的交易信号经常会与你对市场的看法相矛盾，很多交易机会就是在投资者的犹豫彷徨中错失的，这也是导致使用同样的交易系统其交易结果大不一样的关键所在。市场无论是涨还是跌，系统在关键时刻都会发出交易信号，认真执行交易系统可以大大简化我们的交易，使交易变得更加简单有效，这也是为什么交易系统这么重要的根本原因。

首先来说，绝对不存在完美的方法系统，你必须在熊掌和鱼之间抉择，这也是为什么绝不存在所谓交易圣杯的原因。更快更及时更灵敏的信号，同时必然带来更多的假信号和更多的止损。但更稳定、更安全、更可靠的信号，必然要放弃一大段行情，或者只把握更少的交易机会。系统各有利弊，长期来看，大体上各种方法系统的效果和收益率都是相差无几的。所以方法、系统根本不是问题，问题是如何坚持系统，并做好资金头寸管理。

阻止一个人成功的东西全都在内心，经验决定了情绪，情绪决定了行为。再好的方法系统也有亏损，而且是经常性的亏损，而这些亏损经历很难使一个心理正常的人无动于衷，看着自己经常亏损，任何一个人的心脏也受不了。但你必须接受这些亏损，如果你动了小聪明，想在以后的交易中偏离方法系统，避免损失，或者想及早平仓锁定利润，我保证……你一定会错过后面大幅获利的真正的机会。

五、为什么趋势跟踪策略不能长期坚持

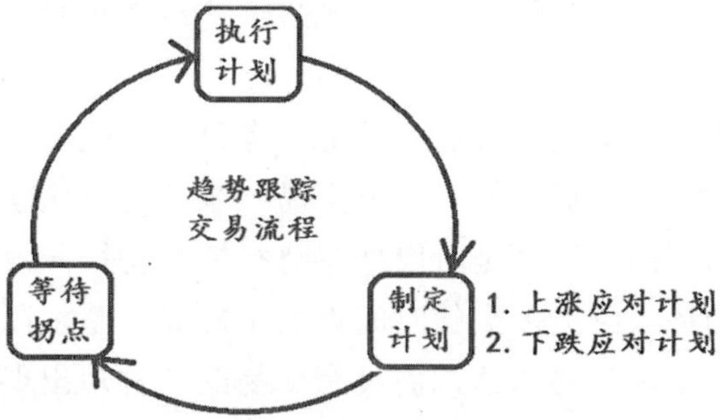

图4-5

金融市场是博弈的市场，但趋势跟踪系统以其简单的操作和高盈利率，保持多年长盛不衰（图4-5），国外有相当多的一部分交易者都以中长线趋势跟踪作为主流策略，但为什么最终期货交易盈利者只有10%不到，这确实是一个令人深思的问题。解决这个问题，就要研究趋势跟踪系统潜藏的陷阱。

陷阱一：系统的不完美与微利性（优化陷阱）。

金融市场具有高度的防御机制，因此任何交易策略要想长期盈利，必须是微利的，甚至忍受较大的回撤，较低的收益风险比。否则，对于一个高收益风险比的系统，市场就会自动摧毁之，使其无

法长久。这也是为什么很多经过过度优化拟合而做出的交易策略始终无法获利的根本原因。

从国外趋势跟踪基金特别是交易时间超过20年的基金业绩来看，交易宽广的市场品种组合，运用良好的资金管理与风险控制，每年平均收益率也仅10%～15%，但最大回撤却可以高达30%～40%。收益风险比如此差劲儿的微利系统，相信不可能有人能够满意地用于实盘。于是优化之，缩短交易周期，优化各种参数，加入各种限制条件，最终获得一个自己非常满意的资金曲线，却不知道，由于市场强大的防御机制，对于一个门槛较低却拥有高收益的系统，能够长久盈利的可能性几乎为零。

陷阱二：策略需要的资金与实际拥有的资金不匹配。

趋势跟踪系统尤其是中长线趋势跟踪系统，必须交易大组合，才能用一个市场的盈利去弥补另一个市场的亏损，并且最好能够使用资金管理来控制每笔交易的风险。这也就是我之前提到过的“风险压缩”的概念。

但通常期货交易者拥有的资金有限，因此最多只能交易1～2个品种小型组合，更多的人只能交易一个品种，这就很容易出现一个问题，所有的品种都是阶段性趋势行情的特征，没有哪个品种会永远出现趋势，绝大多数的时间都处于震荡盘整阶段，可能你交易的品种没有出现趋势行情，而没有交易的品种却出现了趋势性行情，当你的注意力集中到出现趋势性行情品种的时候，之前没有趋势的品种可能又出现趋势行情了……但是如果你想要交易市场上的几个最主流的活跃品种就会受限于你资金不足的问题。

既使有一天你具备了足够的资金可以交易更多的品种了，可是当个别品种出现持续亏损，或者盈利快速回吐的时候，账户资金曲线还是有可能陷入长期盘整甚至稳定下跌的阶段，交易者同样也要忍受回撤期的煎熬，而且当你具备更多资金的时候压力往往更大。

陷阱三：情绪性陷阱。

由于以上两个陷阱的存在，对于意志不坚定的人来说（99%的交易者意志都不坚定），必须会进行手工干预。系统盈利时通常不会手工干预，手工干预经常发生在亏损期，扳回损失的愿望强烈，从而陷入亏了再亏的恶性循环，最终可能会造成不可挽回的巨大损失。

综合以上几点，趋势跟踪系统潜藏着诸多陷阱，但正是这些陷阱的存在，使得趋势跟踪系统才可以成为一个长期有效的正期望值系统。

要想运用趋势跟踪系统最终赚到钱，需要仔细思考策略与资金的匹配问题，长期坚定地执行策略，控制好情绪，而且需要有一整套完善的策略管理机制，更为重要的是此时此刻考验交易者的就是对金钱和期货交易的理解深度了……想明白了，可能这一关就过去了，想不明白那也就OVER了！

放弃确定性，放弃预测，接纳无常，接受不完美。这是成功交易的起点，也是终点。以这样的态度去交易，逆来顺受，乐天知命，内心才能获得平静。

“此心安处是吾乡”，交易可能是一场终生的修行。那些饱经市场磨砺的趋势跟踪交易者，往往有着一颗沧桑的心。或许，他们就好像一群已经死过很多次的人，所以他们懂得了，该怎样活着。

顺天应时，随遇而安，与每个趋势交易者共勉！

第五章
交易三步骤：分析、等待和买卖

很多初入市场的交易者都自然而然地把分析和交易混为一谈，把分析的结果当成交易的论据，但最后的结果往往差强人意。到底我们错在哪儿呢？也许只有在经历多次跌宕起伏的牛熊转换之后，才能对交易的真谛有正确的认识，而我们需要做的是在这之前，能够留在市场。

一、学习技术分析，走出技术分析

看到身边有很多朋友一门心思地扑在均线、K线、通道、指标上，并且越来越投入时，我总想和他们说点儿什么，这样也就有了这一篇章节的内容。

相对于基本面分析，技术分析在市场细节的把握上要有非常大的飞跃。由于技术分析在交易上的巨大帮助，也导致非常多的精英人士投入大量精力到这个领域，这最终导致了我们可以很容易地找到很多有关技术分析的书籍和各种不同的理论。这些理论涉及的范围非常之宽，有很多甚至发展到了四度空间，或者玄学的地步。非常有意思的是似乎每一种理论都有非常强的实证支持。这也使得很多人把技术分析作为自己的全部追求。

在这里，我并不是批判技术分析没用，我想说的是我们不应该完全沉迷于此，在大量技术分析的同时，应该记住我们的最终目的是走出技术分析。

技术分析研究的主体是市场以及在这个市场进行交易者的心理活动所能达到的一种市场极限，它的运动形式和节奏以及它的运动方向。因此，从这种程度上它比基本面分析更加接近真实，因为它更加接近市场本身，这也构成了在日常交易方面，技术分析所能达到的水准基本面分析却很难达到。当然还有一个原因是因为技术分析在某种程度上更加偏重于定量分析，而基本分析更加偏重于定性分析，就交易来说，对于特别是金融杠杆使用非常多的期货交易市场，定量分析在很多时候要比定性分析更加有实用意义。

但在我们看到技术分析长处的同时，要永远记住的一点是市场决定技术分析，而不是技术分析决定市场。

我们经常会看到一些非常经典的顶底形态，也会看到许多非常经典的整理形态，我想表达的不是经典的顶底形态导致了市场的下跌，而是市场下跌这个过程中形成了这些经典的形态。市场买卖双方在一个时间过程中，对于当前的价格位置会有一种非常微妙的心理思维定式，混合各种不同的消息和数据，整体的市场人群会进行各自不同的反应，然后反馈到市场最后逐渐导致买卖交易双方在交易力量上的变化。对于市场来说，只要买入力量大过卖出力量，不管什么样的消息和数据，市场一定还会上涨。但这些数据和消息会慢慢影响到市场交易人群对于自己所处位置的重新考虑，并最后反过来影响这种买卖力量的总体关系。在这种力量转化的过程中，在技术分析上我们就会看到这些经典的形态。所以，并不是因为M头导致了市场下跌，而是市场下跌必然经过这样一个过程，买气由强转为弱，卖气由弱转为强。而头肩顶只是说明这个转化的过程更加复杂一点儿，买力和买气比M头更加强一点儿而已，而V形顶则说明买卖双方的转化因为价格位置以及某些因素的介入力量转化变得更加突然和快速。

而相应的整理形态实际上也表示着市场双方在交易上由力量在某一个波动空间里的大体平衡，但在交易方向上观点的不一致，最后演变为一致的过程。而这种一致最终导致原来买卖双方在一个交易区间力量的平衡转变为新的不平衡，最终反映到市场里，就达成了技术分析传统意义上的突破。

这种交易观点由不一样转化为一样的过程必然会导致某种形式的价格的收敛形态，这导致了我们可以看到的广为存在的各种三角形的整理形态。而其他如扩散三角形、矩形的整理形态，它们最后突破的效果很多情况下不太好，经常会看到突破失败的情形存在。这也实际映射了市场交易双方的观点其实在这个过程中没有得到有效的一致化。

永远会是市场决定市场而不会是技术分析决定市场。这个说法会引导我们进入市场到底是什么的问题，大家要记住，市场是一个本身不会产生财富，而只能完成财富转移的某个特定人群博弈的场所。进入这个场所的所有博弈人群都希望通过这个场所得到财产而不是失去财产。但最后结果总是会和大部分博弈人群的想法不一样，市场总能顺利地完成财富转移，而这个转移过程的完成一定表明至少有70%的投资人最后错了，亏钱了，他们的财产被重新分配了。想象一下，我们就知道要让这些人群中的精英心甘情愿地成为被分配对象可不是一件容易的事情，市场唯一能做的就是通过各种各样的方式让大家出错。欺骗，欺骗，再欺骗，利用，利用，再利用将永远是市场唯一的主题。我们看到的在底部的“之”字形调整一般应对的就是本来对市场判断准确的投资人最终因为频繁的上下价格运动失去持有信心和耐心的最好的写照，而扎空和诱多相对应的也就是让市场中的某些投资人失去耐心和信心的过程。因此，重要的还是市场本身。

在进入技术分析这个领域的时候，我们要记住，它只是帮助我们了解市场的一个手段和工具，最重要的依然还是市场本身。

二、用规则去约束交易而非技术分析

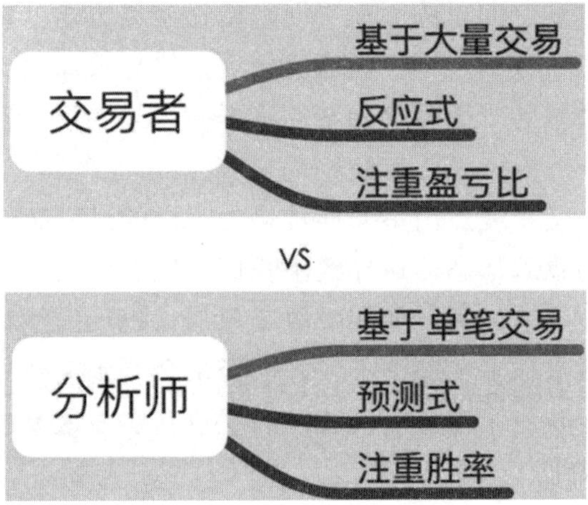

图5-1

我在刚入市的时候，明白顺势而为的交易原则，可最后却做得一塌糊涂。开始时还记得要顺势，头几笔都是顺势仓，可是从那笔重仓亏损之后，我就像中了邪一样顽固地认为行情“一定会跌”，顺势交易的原则早被抛到了脑后，所有的“分析” 结果都一边倒似的认为大跌一定还在后面，我不断地放空，又不断地止损，数笔亏损后终于发现我在一轮明显的上升行情中做空，我突然想到了自己还一次又一次地告诫自己：一定要顺势而为。我早被行情和自己的“一厢情愿”搞晕了。

“分析”本是个中性词，并无褒贬之意，但在股市中则有些不同。我们几乎所有人都犯了一个相同的错误，将“分析行情”作为自己的基本交易方法。可以这样说，在进入期市的第一天起，我们就开始接受错误的交易习惯，使用这种主观性很强的分析工具和人性的情绪化特点结合起来，最终造成了完全主观化的判断，判断的结果被自己当时的情绪所左右，同时会带有强烈的主观意愿偏向。这种错误的交易方法将绝大多数人挡在了成功交易的大门外，更遗憾的是我们在分析自己的错误时很难想到问题竟会出在这里，以“分析行情”来作为交易手段无疑是最大的交易误区。

对行情的分析是比较难的，分析不是不可以，优秀的分析，可以提高交易的成功率，减少止损的次数，大的行情，还是应该靠基本面的分析判断的，但是在交易的时候，我们不能依赖分析，甚至不能偏重分析，因为分析总有对错之分，如果你分析错了一次，而你又依赖分析进行交易，会导致你固执、过于自负甚至陷入幻想，使你被套了也不止损，因为你相信你的判断是正确的，套得越深，你反而会不断加大仓位，最终导致不知所措，最后暴毙身亡。

另外，对行情的分析是比较难的，特别是对于基本面的分析。在现实中，大家都能体会到，期货公司或证券公司发布的预测报告，对行情的分析，没几次是对的，大概率成为反向指标，因为当大家都看多的时候，该买的人已经买了，推涨动力不足，行情差不多就见顶了。对技术的分析，要求更好的经验，所以容易犯抄底摸高的毛病，错误运用技术分析。

更何况大部分人的分析都是毫无逻辑的，缺乏正确思维模式。例如有很多人竟然整天讨论“庄家、主力、资金”等已经过时的庄家思维，因为我们根本不认识庄家，不认识主力，我们根本不知道他们下一步的动作，整日讨论这些，就是典型的毫无逻辑的分析，而且还自以为满足。

制定规则，可以避免情绪化，人性的情绪化特征是交易的大敌，而制定并严格遵守规则恰恰是最好的解决办法。

与分析师经常做的行情预测相反的是，优秀的交易员只遵守规则，而从不依据预测来交易。优秀的交易员不一定是一个优秀的分析师，优秀的分析师同样不一定是一个优秀的交易员，二者由于所处位置的不同，在应对市场时所采用的方法也具有本质上的区别，使用分析和使用规则在这两类人中具有很强的代表性。所谓“会说的不会做，会做的不会说”大概就是在说这个道理了。从前还是个新人时就注意到这样的一个现象：在公司里大谈“主力”，大谈

“行情走向”，能够发表“精辟分析”的人通常操作是很糟糕的，而公司里经常盈利的一个客户却总是很沉默，问其怎么看行情，总回答：不知道会怎么走。和我聊起来也总是在说一些诸如顺势之类的理念性话题，与其他人的行为形成了鲜明的对比，当时还以为他是不愿意透露自己的想法，后来自己经验渐丰才明白他没有撒谎，完全是在说大实话。

如图5-1所示，大多数散户交易者都介于分析师和优秀交易员之间，操作中既存在一些规则，但同时又充斥着大量的主观化分析和毫无正确逻辑可言的“预测”，还有对所谓“主力”动向的臆想，而主观特征极其明显的“分析”正是导致逆势操作的主要根源，抄底、摸顶的恶劣操作习惯无一不是来自“分析”的结果。错误的操作方法导致的结果必然是持续的亏损，对大多数散户而言，资金是经不起折腾的，屡战屡败、亏多赢少，最终信心丧尽后出局也就在情理之中了，能够理解一些基本生存原则的老散户，尽管可以相对长时间地留在市场，但根本上错误的交易方式仍然将其排除在成功的大门外。

三、交易的大忌是贪小便宜吃大亏

图5-2

金融投资是一项你不真正参与时相对简单，可你一旦参与其中就相当复杂的金钱游戏。如果想长久地生存、持续地获利，你就必须完全弄懂交易的本质，真正掌握一套适合自己的正确的投资理念和投资方法，那么金融市场就是你的提款机，否则就是吃钱的老虎机。

绝大多数人做交易是没有多大前途的，因为这种魔鬼技能太简单了，简单到大多数人都视而不见的地步。投资交易是一种原始的低层次的世界，人类总是用高级的眼光来看待低层次的世界，将无比简单的东西无限复杂化，这就是绝大多数人最终不能成功的最主要的原因之一。

不要总期望着每一次都盈利，而是完全按照一套优秀的交易系统紧紧地跟随市场趋势，用不断的小额亏损去测试和捕捉大行情。只要你有勇气并且不断地重复上述操作，你就一定能够战胜市场，积累财富，这就是交易的本质。

交易本身就是一个不断的试错过程，以较小的亏损换取较大的盈利。交易就是一种严格控制亏损比例，并紧紧地跟随市场走势，用不断的小额亏损去测试和捕捉大行情的操作管理。

回顾以往的交易，亏损的发生绝大多数都是周期混乱、不按交易系统操作、大周期的下单点过早所导致的。所以只要固定周期，完全按照交易系统进行操作，交易的亏损是不可能发生的。

交易系统设计的要点就是简单清晰、信号唯一，复杂的系统是根本不实用的。在高手眼中，即使是简单的MACD指标，同样可以盈利。只要你完全跟随MACD操作，并在交易中严格控制盈亏比，做到盈亏比为3∶1或者更大，用不断的小额亏损去测试和捕捉大行情。在投资高手们的手中，即使是正确率小于50%的系统，照样赚大钱。

但问题是，即使很多人知道了这个秘密后，仍然赚不到钱，这是为什么呢？原因就是因为人类的天性：恐惧、贪婪、自作聪明和急功近利。

投机就像山岳一样古老，所有市场上的期货品种K线走势都相差不大，因为K线走势的背后是一个一个独立操作的投资者，千百年来，人性没有变，K线的走势也不会变。

人的天性总是在系统出现不断亏损时感到恐惧，并且由于恐惧不敢紧紧跟随系统信号进行操作，甚至开始怀疑交易系统，终止交易——恐惧！

有些投资者总觉得这样的赚钱方法太慢，总希望寻找一个更好更快的赚钱方法，就像猴子掰苞米，找到一个放弃一个，他们一辈子都在这种寻找中度过——贪婪！还有的就是——自作聪明！

对于一个已经验证成功的交易系统，最正确的做法就是放弃自我，完全按照系统信号进行交易，才能取得最大收益！所以，完全按照同一个指标（同一个时间周期），在设定合理的盈亏比的情况下，不要错过任何一个信号，用小额的亏损去测试捕捉大行情，这就是交易的本质！这也是投资交易成功的秘密！

四、耐心等待市场真正完美的趋势

图5-3

一个真正的投资高手，在投资交易中，只选择低风险相对收益又高的机会。而且他们交易次数很少，往往一年只交易几次。

耐心等待市场真正完美的趋势，不要做预测性介入；“时机就是一切”，在恰当的时候买进，在恰当的时候卖出。耐心、把握时机这也是利弗莫尔获得成功的诀窍。

“交易不是每天要做的事情，那种认为随时都要交易的人，忽略了一个条件，就是，交易是需要理由的，而且是客观的、适当的理由。除了设法决定如何赚钱之外，交易者必须也设法避免亏钱。知道什么应该做，跟知道什么不应该做几乎一样重要。”

我用一句股市俗语来解释：会买的是徒弟，会卖的是师父，会空仓的是祖师爷。祖师爷在寻找，在等待他看得懂的最完美的机会，最安全的势或者位置。不相信吗？天天买卖股票的，99%是失败者。一天倒N次期货的，99%一样是失败者。金融市场不是怕没有机会，而是太多的机会。就怕你的钱，莫名的亏光了。漫无目的地跟着小势开仓，不过是被多空来回的杀，赚了，以那点儿小势的时空，也不过是点儿毛毛雨。

要想在投资交易中成功，首先是要保存自己的实力，先保证自己不被市场所消灭。在此基础上，再赚取利润以求发展。最后才是追求和谋取暴利。这就要求我们在投资中做好两件事：一是减少交易次数，频繁交易是初学者亏损的最大原因。二是采用合理的资金管理以减少亏损和追求资金的最大收益。而长线交易可以有效地减少交易次数，顺势加仓可以保证投资者小亏损大盈利。

很多投资者总是忽视资金管理在证券投资交易中的巨大作用。华尔街短线高手比尔·威廉姆斯说过：在你学会合理使用资金管理之前，你只不过是一个微不足道的小小投机客，你永远都抓不住商品交易的魔戒，一会儿在这里赚钱，一会儿又在那里亏钱，永远都不会赚到大钱。只有你彻底掌握了资金管理的诀窍后，你才会成为真正的大赢家，建立起庞大的财富堡垒。

而乘胜追击式顺势加仓法正是高手秘而不宣的复利交易法。长线交易、顺势加仓，是投资交易赚大钱的关键。这是几乎所有投资大师都正在使用的交易方法。

短线交易只能是高手，长线交易才能成为大师。做中长线的目的是为防止无谓的损失。

投资交易并不在于交易哪个品种，而在于你是否有获利的能力。

也许只有在一段灰暗的人生后，一段刻骨铭心的记忆后，我们才会找到真正的自己，脚踏实地，一步步走自己的路，做自己看得懂的行情。我们唯一能找到的就是：练好基本的技术，给出合理的止损，做你确定的行情，有把握的行情。把每一次交易当成是你生命的一部分来对待！财富的累积就是从你一次一次，一步一步做自己有计划有把握的交易开始的。

五、将知识转化为能力的投资者才是合格的投资者

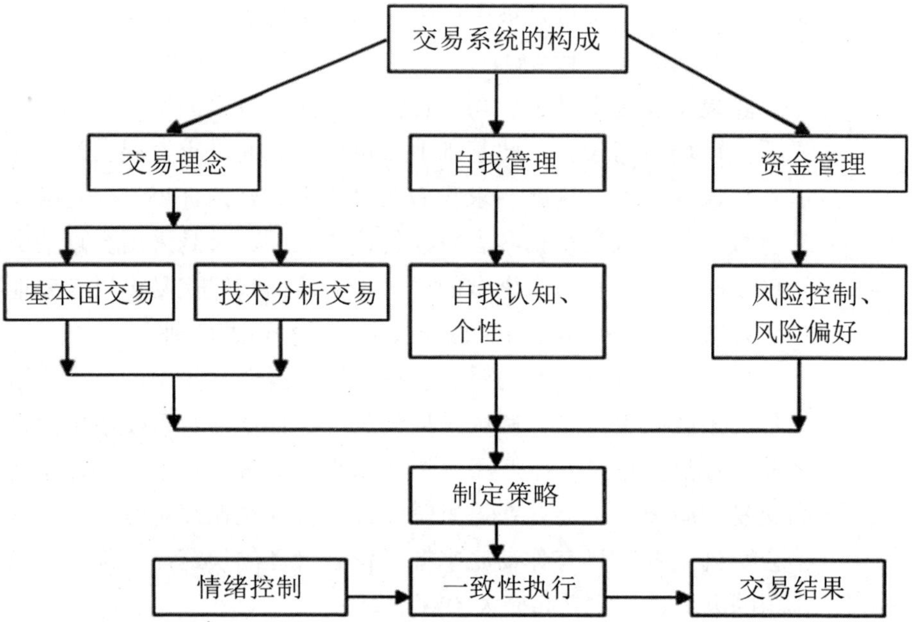

图5-4

在证券投资市场上打拼过几年的投资者都会逐渐懂得：在证券市场上赚一次钱很容易，难的是能够长时间持续稳定地赚钱。往往要经过几次巨幅亏损后才会幡然醒悟，要想在证券投资市场中获利，就必须学习和掌握证券投资的基本知识和基本技能。

证券投资交易理论有很多种，包括波浪理论、道氏理论、混

沌理论、江恩理论、K线理论。在经过多年的实战和深入细致的学习分析后，我发现这些理论都存在一个很大的缺陷，就是这些理论始终无法解决股票交易中非常关键的精确交易定位问题，对股票价格的走向没有一个准确而客观的判断，致使交易者无法对操作精确量化。

只有技术指标符合交易精确定位的要求，因为技术指标的优点是显而易见的，它有明确的开平仓交易信号。于是我就将研究重点放在技术指标上，经过多年地深入研究后发现，似乎每个指标都可以大幅地盈利，这使我欣喜万分，似乎终于找到了证券投资交易的秘密。但最终的交易结果却彻底粉碎了我的发财梦，在实际交易过程中仍旧亏损累累。

事后，我对股票行情走势进行了大量的复盘和模拟，令我感到奇怪的是：在模拟交易中即使使用相当简单的均线系统，收益也会和实际完全不同，总体盈利相当的大。但为什么在实际交易中却产生如此大的亏损？对此我在很长的一段时间里百思不得其解。经过反复地复盘和模拟，最后我突然发现：自己在实际交易中虽然自觉地运用了技术分析指标，却由于不懂得证券交易的一致性和连贯性原则，导致投资交易失败。从而使我常常在交易时感到非常困惑和矛盾，使原本应该很舒适的交易变得异常艰难。

由于思路和交易理念的极度不清晰，导致在操作周期上也极其混乱，操作中经常转变交易周期。在很多时候，经常出现按照日线指标入场，却以30分钟指标出场等多种情况。这种指标系统的不一致，交易长短周期的不一致，致使操作极其混乱，缺乏交易的一致性和连贯性，是最终导致交易巨额亏损的最根本的原因。

经过长时间的深思我终于明白了，要想在投资市场上长期稳定地获利，就必须规范自己的操作程序，建立一套适合自己的交易系统。如图5-4所示。

对于金融投资行业来讲，没有适合自己的交易系统就根本无法战胜市场，无法做到长期稳定持续地获利。而这正是大部分投资者徘徊在天堂与地狱之间的根本原因。

在交易方法没有上升为系统交易前，没有人能实现稳定盈利的目标。系统交易是交易的最高境界，因为它完全排除了人为的主观看法，是彻底将投资者从一名观众转变为演员的关键。

证券投资交易说白了就是一种概率游戏，如果没有固定的交易系统，只凭感觉或者消息进行开仓、平仓，就不能保证概率的一致性，也就很难做到长期稳定地盈利。坚守程序，就是坚守以往大多数相同的情形和结果。稳定盈利要靠系统程序来保证。

对于有了一套完整的交易系统的人来说，如果出现了严重亏损，那么就是他们没有完全按照系统指示的信号操作。很多人把这种情况笼统地归咎于缺乏纪律和执行力不佳，总是在加强执行力上下功夫，但是最终效果却始终不太明显。其实执行力除了和习惯有关外，还和一个人的性格有关。符合自己性格的系统执行起来就相对容易，而不符合自己性格的交易系统执行起来就相当困难。由此可见，交易系统必须和自己的性格相适应。因此，我们不但要有一套稳定盈利的交易系统，而且该系统还要适合自己的性格。

交易的一致性，其重要性在于它遵循着通常的情况，站在最大盈利的可能性上。投资讲究的是“一个指标，一个理念，最终形成自己的绝招”。不要因为系统存在多次的连续亏损就轻易放弃一个良好的系统。

成功的交易除了拥有一套适合自己的交易系统之外，还必须有与之相适应的交易纪律。交易者在拥有自己的系统后，预测行情的涨跌已经不重要了，重要的是对交易系统的信心和纪律。投资的主体是人，系统只是人手中的枪。能否成功，主要看投资者是否具有驾驭系统、遵守系统纪律的能力。

知识和能力是两个不同的范畴。知识属于认知领域，而能力属于实践领域。只有将知识转化为能力的投资者，才是一个真正能够在交易市场上获利的合格的投资者。

第六章
建立适合自己的个性化交易系统

哈姆雷特曾说："生存还是毁灭？这是个问题"，投资市场作为一个零和游戏，大部分人必将走向亏损，这也是投资交易的内在规律之一。投资者只有通过对市场和自我的深刻了解，才能建立一套适合自己的个性化交易系统，并坚定、及时地执行，同时客观、冷静、耐心地对待交易过程，才能真正做到"知行合一"。

一、知易还是行易，知难还是行难

明朝思想学家王阳明，作为中国历史上真正做到立德、立功、立言的"三不朽"者，精通儒、释、道三家之学说，上马能战，下

马能文。他曾官至明代南京政府的兵部尚书，是中国历史上一位难得的全能大儒。他创立了著名的心学，提升了人的主体意识，强调主观(感受个体)在认识和实践中的决定作用，对生命存在的意义做出了深刻的哲学反思。

世上的事物固然客观存在，但就主观个体而言，客观事物是须经过主观的接触感受才能产生认识价值的——这是王阳明对“心学”大旨之形容。

“知行合一”，系王阳明学说的核心思想，影响深远，强调将知与行合到一处，有良知之驱使的行为才是良行，能践行的认知才算是真知。这里的知，就是指知善知恶的良知。人与其他动物的一个重要的区别就是人可以意识到并判断自己的行为，能够辨别善恶，并做出合理的选择，而不是单纯为自己的本能和物欲所驱使。

“知行合一”就是强调心与身的一体化，就是剔除狂妄、自大、幻想、侥幸、迟疑诸般妄念后的良知本能还原，就是禅宗提倡的“平常心是道”。其最高境界就是良知良行合一的“人”——“三不朽”者。

知与行，对投资世界而言，相当于同一事物的两面性。“知”是理论体系，“行”是系统实践，“知”来源于“行”，服务于“行”；“行”是“知”的目的，检验着“知”。

“知”不仅包含对市场的了解，更重要的是对自己的了解，包括人的性格、优点和缺点对于投资的影响，通过对两者的了解，找到个性化的稳定盈利的整体解决方案。

“行”则是指使用不同的分析方法预判行情的走向，并做好资金管理和风险控制的预案，有切实可行的交易计划；在交易过程中，如何使用自律他律，使得自身的投资行为符合成功者的特征；从而真正的实现投资的稳定盈利，实现价值及价值增值的过程。

知易还是行易，知难还是行难？我认为都难。

真正了解市场价格变动的规律，难！

真正了解自身的思维、情绪、行为，难！

真正掌握能盈利的投资系统，难！

真正找到适合自身个性的投资系统，难！

有了投资系统，能真正长期、坚定、完全执行，难！

正因如此，这个市场里，大部分人尚没有进入稳定盈利阶段。也正因为如此，你我只要真正能做到知行合一，我们就有了核心竞争力。

二、为什么有些人交易会稳定地亏损

有的人看重K线，有些人看重分时，有些人看重均线或技术指标，但如果以此为交易的核心，必然会陷入只见树木不见森林的表象，就像有人认为美国强大是因为它有航空母舰，殊不知印度也有航母，却很少有人说印度强大。

美国的强大，是因为它有一套完整的强势规则体系，这套体系是通过近百年的发展完善起来的，例如完善的法律法规和法制文化、创新知识产权的保护、科技力量的进步、拥有国际货币地位的美元、地球上最强势的军队，这些都是其霸权得以实施的保证。无论其中任何一项，都不足以成为长久制胜的核心力量。即便把它们组合到一起，也不能成为坚实可靠的力量。无论K线、分时图、均线、盘口语言，都不能成为长久稳定获利的法宝，即使把它们都组合到一起，仍然不能保证长久稳定获利。

那么什么是坚实可靠的力量呢？唯有规则和系统。

规则是交易系统的核心，理念是交易系统的基础。在金融投资市场上，大部分是不断亏损的，因为他们没有一套切实可行和坚定执行的交易系统；一小部分人，时盈时亏表现不稳定，是因为他们有时能坚持对自己有利的策略，而有时则做不到；只有极少数人能稳定盈利，是因为他们根据自己的品行特征和交易理念，建立了适合自己的交易规则、策略乃至完整的交易系统，并且最重要的是他们能够坚持使用它。

所以，市场有人用日K线、周K线或均线稳定地通过长线操作赚钱，也有人只看连续数日分时走势的连线，完全不考虑长期趋势赚钱，还有其他的波段操作、T+1交易等类似的方式，这些都没问题。但通过大量的时间交易，稳定获利的永远是少部分人。导致他们失败的，不是他们交易时间周期的不同，而是他们是否选择了适合自己的交易周期，为之建立了优势的规则。并且最重要的是，当他们长期坚持使用这些规则时，就能够稳定获利了。

当然了，任何方法都不是完美的，每种方法都有其优势或劣势的一面，都有其适合的市场环境和交易氛围。稳定的获利者懂得，要坚持其有优势的一面，回避劣势的一面。但如果你妄图在市场的每一个阶段，都能灵活地利用不同的操作手法盈利的话，可能你最终也会一无所获。

比如中华武术，其中门派繁杂，各归其宗。其中有内家（行意）、外家（通背），有南拳、有北腿。内家讲究以静制动，以柔克刚。外家讲究以暴制暴，一刚克百柔。南方人人小灵活，与人搏击多依赖手部动作，袭击对方薄弱之处，在此基础上发展出来了南拳，讲究硬桥硬马，别具风格。北方人四肢强壮有力，与人搏击偏重以势大力沉来击倒对方，在此基础上出来的北腿，大开大合，高举高打。

如果你一会儿练习行意，一会儿练习南拳，一会儿练习北腿，行家一看，必定大笑。为何？因为这三种完全是三种理念之下的产物。

所以说，根据自己的性格特征和投资理念，选择适合自己的操作系统，并丰富和完善它，切不可朝令夕改，而是不断地坚持下去，最后的赢家中必定有你。

三、自律——让我永远受益的法则

富兰克林说过：“我从未见过一个早起勤奋谨慎诚实的人抱怨命运不好；良好的品格，优秀的习惯，坚强的意志，是不会被假设所谓的命运击败的。”

自律是对自我的控制，自信是对事情的控制。控制自己，控制自己的欲望，只有控制自己的欲望才能成功。再好吃的东西，如果你吃饱了，就不要再吃一口，多吃一口，小来说你会撑着，大来说，你会生病。交易的根本，就是我们一定要找到自己稳定获利的交易系统，并严格坚持它。

这是对心灵历练的过程，这是使你的心更加成熟和勇敢的过程，这也是把欲望管理和时间管理的过程。有人说做交易是找死，捕捉交易是等死，既然如此，做不做都是死，何必恐惧这条路。

饮食男女，人之大欲。欲望连同本性，不必畏惧，但过度的欲望会吞噬你。从人生的角度，一定要懂得节制，不要肆意地放纵欲望。同时，更不要为自己的欲望找借口，不要借口生活压力而放纵欲望。严格要求自己，时间长了，自律自然会成为一种习惯，一种生活方式，未来的你会感谢现在的你。

从理性角度来看，欲望管理更能良好地降低期望值。一定程度的禁欲和自控是必要的，这是防止欲望值过度膨胀的有效手段。欲望永无止境，中彩票的极度兴奋也只会连续18个月，最幸福的方式是，让欲望一点一点的释放，让欲望匹配你的现实。

《道德经》第十二章："五色令人目盲，五音令人耳聋，五味令人口爽，驰骋打猎令人心发狂，难得之货令人行妨。是以圣人之治也，为腹不为目，故去彼取此。"圣人教导我们，减损"五色""五音""五味"的外在欲望，摒弃"驰骋打猎""难得之货"的行为诱惑，采取虚心、内敛的处世态度，应该如清理院子一样剪除杂草杂念，专注于自我成长，"为腹不为目"，才能永葆内心幸福所在。

尝试做交易计划，写交易日记，控制注意力，盘前盘后分析，今日事今日毕，构建自己的时间管理系统，平衡好投资、工作和家庭的关系。注意节奏，研究时间管理，慢慢地就会从烦琐的事务中抽身出来，考虑人生和生活的目标，你就有一种"心如止水、有条不紊"的感觉。

华人前首富李嘉诚以勤奋自律著称。他的作息时间非常有名：不论几点睡觉，在清晨5点59分闹铃响后起床；随后，读新闻，打一个半小时高尔夫，然后去办公室，开始工作。数十年如一日，自己近乎自虐。

自律决定了个人机器的运转，决定了你的执行力，决定了你能否成为更好的自己。

四、驾驭交易的心法在于拥有交易系统

在投资的世界里，交易的结果不仅仅体现了交易者的知识水平和分析能力，更为微妙的是交易者的品行趣向、哲学价值观、艺术

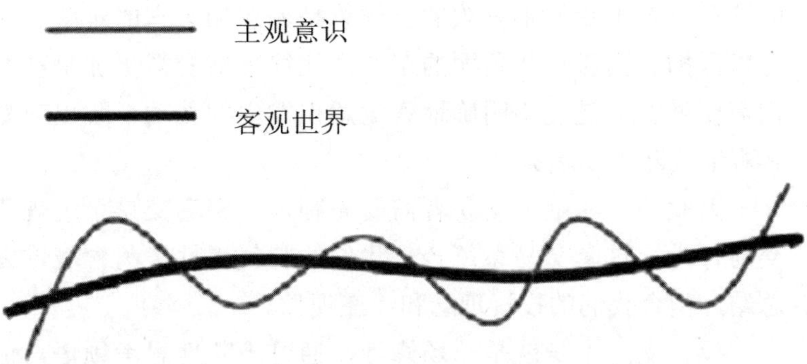

图6-1

素养以及宗教信仰都会对其产生决定性的影响。

当我们在建立头寸之前，一般人都能保持相对客观，但不可能绝对客观。每个人看待市场的方向都会受过去所有经验积累的影响，乐观的人擅长做多，悲观的人热衷于做空。

而一旦我们在拥有仓位之后，甚至无法保持相对的客观，大多数人绝对主观。我们的理智被我们的仓位所牵绊，先入为主的态度，总是在捕捉对我们的错误决定给予支持的幻影，让我们无法对市场的波动做出公正客观的评价，此时的智力完全不能被信任。

此时的大脑思维在这样的一个前提下展开工作，它排斥任何相反的观点，对于任何不利于自己仓位方向的盘面迹象和信号视而不见，此时的思维具有明显的倾向性。因此交易前的计划，交易系统至关重要。

一旦进入市场，头脑思维变得完全不可靠，完全无法信任。例如止损，我们常常无法执行事先计划好的止损，而且还会为自己不止损找理由，为自己的行为合理化，放纵自己，等等，放大止损，有了第一步就有第二步，最后造成重大亏损。

头脑还有一种倾向，应该去做而不想做的事情你也会推迟，这样是一再被推迟的原因。同时无意识的冲动也会对交易产生巨大的杀伤力。

在交易中的这种主观意识，在我们的日常交际和工作中也是很常见的，对于我们不喜欢的人所做的任何事都会多多少少带有明显的偏见，对于我们不喜欢的工作总是刻意加大它的难度。如果我们可以压抑、回避这些负面的东西，往往事情变得更加糟糕。因此我们需要做的就是能够明确地察觉意识发生的波动，跳出交易之外，客观地判断市场趋势。

因此在交易中，交易者需要先制定一整套交易系统规范自己的交易行为，这套交易系统合乎我们的脾气秉性，蕴含着过去经验的总结，契合我们的投资理念和“三观”。

投资交易本身就是一场修行，通过不断地思考领悟，也能帮助我们更加了解自己，了解交易的真谛，坦然接受交易的不确定性，也让我们有了驾驭交易系统的心法。有了交易系统，即使你身在赌场也不能算是赌徒了；没有系统，即使你是治国的君主，也不过是一名赌徒而已。

五、让冷静思考减轻你的交易烦恼

交易和人生都是一个道理，长期的人生历练和社会经验总是极力阻止我们犯错，但我们偏偏还是去犯错，唯一的收获是成长。长期生存的关键就是在你亏掉老本之前尽量犯错，这样你还有机会东山再起。在模拟测试时犯错，实战时就可以实现我们很好的业绩。在风险最小的时候尽量犯错，这也是成功的重要原因。

但是什么导致我们犯错呢？是什么导致我们苦恼，从而没有遵守原先的机会和持续可靠的交易决策呢？

当市场变得低迷并开始震荡时，估计交易者变得不耐烦了，他们开始冲动交易。当市场反转时，交易者会感到郁闷并进行盲目交易。因为市场波动触发了交易者的情感体验，所以交易者就认为市场波动导致了情感反应。

那么是不是所有的交易者都会做出同样的情感反应呢？当然不是，一名交易者，发现市场在中午变得低迷，开始震荡，如果他能够将其视为一个机会来更新计划并对下午做好准备，那么低迷的市场就不会让他感到丝毫烦恼。此时他可以利用市场的震荡机会梳理一下头绪，下午头脑自然变得更清醒。这样低迷的市场既没有影响我的情感，也没影响我的交易行为。

只有对市场波动有了正确的认知，我们才能出现正确的行为反应。就像我们通过平面镜看事物，可以看到事物的全貌，当我们透过哈哈镜看事物，那我们就会用扭曲的方式看事物。同样的，如果我们对市场波动和自身产生了扭曲的认知，那我们将以扭曲的方式进行交易。

那么我们怎么才能保持正确的认知呢？只有冷静下来，了解我们的期望和信念，做好对自身情感的自我审视。

当市场让你产生明显的负面情绪时，你可以拷问一下自己“我是如何察觉到市场具有风险的？”这样你就能关注市场和自我，就能把真正的风险和感觉上的风险区别开来。

我最近的交易就能说明这个问题，我非常希望能在资金曲线高点结束一周的交易，而且在星期五上午的交易中赢得了不错的利润。市场在下午出现了小反转，随后市场波动了几分钟，此时我发现自己开始感到了紧张。我马上问自己“是什么原因让我紧张的，为什么我会感到如此不安”，思考片刻，又回顾了一下市场情况，我告诉自己，这笔交易其实非常好，一切都在计划中。并且在重新计算了总体仓位和平均成本后，然后少量加仓。这样既避免了市场波动所引发来的冲动交易，同时将潜在的危险转化为机会。

当你在厘清了可能误解为危险的正常波动后，下一步就是找到这个正常波动的交易机会，重新评估原先的观点，甚至可以反转仓位。确认错误认识，将错误转化为机会，这是两个步骤。在写交易日记时，要重点关注你的这个思考过程和情感变化，并将其转化为你实战时的交易习惯。

六、观望也是策略，等待亦是常态

见过狮子是怎么捕猎的吗？它耐心地等待猎物，只有在时机最恰当的时候，它才会从草丛中跳出来。利弗莫尔说：“一位成功

耐心

耐心决定你的收获

想得到多少，你就得拥有多少耐心

的交易者必须像一位成功的商人，能够正确地预见未来的需求，适时进货，并耐心地等待盈利的时刻。”他反复强调耐心对于投资的重要性，其以自身的伤痛经历现身说法：1906年，他看对了股票市场空头的来临，但因为过早入市放空而全军覆灭，“正确地破产了”！

耐心是投资交易者必须具备的品质，心浮气躁，或心存杂念，都容易引出错误的决定。成功的投资者需要保持全神贯注，集中精力地观察市场的每个变化，方能做出恰当的决定。

耐心等待市场真正完美的趋势，不要做预测性介入，在恰当的时候买入，在恰当的时候卖出。交易不是每天都要做的事情，那种认为随时都要交易的人，忽略了一个条件，就是，交易是需要理由的，而且是客观的、恰当的理由。

只有在市场上，以自己的分析方法能判定明显的趋势特征，并经过自己的测试与验证的肯定的入场信号时，才能放手进场。

有人说“会空仓的是祖师爷”，这句话是有一定道理的。

利弗莫尔曾说:“我的想法从来没有替我赚过大钱，总是我的坚持不动替我赚了大钱，懂了吗？是我坚持不动。”在市场多头趋势里，你的做法就是买进和紧抱，一直到你相信多头市场即将结束时为止。

“截断亏损，让利润奔跑”，耐心地持仓，把利润最大化。不要幻想买卖到最高最低点，采用缩小时间周期，右侧出场。虽然损失了一部分利润，但可以做的持仓到趋势完结。如果大周期支撑压力点有效的话，设定为出场目标，还可以在最佳点位卖出。

同时不要着急，耐心的积累，复利才是王道。即便是小资金，只要稳定获利，一样可以滚成天文数字。25岁14万元，34岁400万元……84岁637亿元，这就是股神巴菲特的财富人生，他以每年不到30%的收益率持续获利，成就了资金的财富帝国，这就是复利的魅力。

投资是厚积薄发的行业，需要耐心学习，巴菲特99%的财富是在他50岁以后挣得的，他95%的财富是60岁以后赚得的。

从单个周期的趋势，多个时间周期的转换，到仓位和风险管理，规则的制定，形成融会贯通的知识体系，最后形成个性化的交易理念和思想。学习这个事情，就像木桶短板定理。一只木桶能盛多少水，并不取决于最长的那块木板，而是取决于最短的那块木板。缺少任何一个知识点就会失败，多次失败后往往导致对交易失去信心。在这个知识爆发的时代，知识纷繁芜杂，对错参差不齐，太多的误导，更加需要我们有理智而清晰的判断，循序渐进地学习，才能把正确的知识装进自己的脑海里。

市场并不总是充满机会，我们也完全没有必要每时每刻都做交易，耐心等待着我们所能把握的，最完美的机会出现，做最精彩的临战实盘出击！在正确时间和环境下，才能得到预期的效果。

交易是一场等待的游戏，耐心是一项重要的技巧。你能坐下来耐心等待，然后就可以赚大钱！赚大钱简单吗？简单。容易吗?这是需要交易者自己去回答的问题！

第二部分

交易理念篇

正确的交易理念是投资哲学的具体化，也是广大投资者在投资的过程中必须遵守的交易准则。

胜率与盈亏比的选择，止盈与止损的设定，仓位和风险管理，交易情绪的管理，这些交易策略都贯穿于交易过程中的每一个细节里。

只有在正确交易理念的指导下，切实可行的应用到实战中，才能成为我们在交易路上的制胜之术。

第七章
胜率和盈亏比：想要盈利的你该如何抉择

交易系统关键就是在胜率和盈亏比中间找到合理性，这是最重要的策略。只注意胜率，是错误的；只注意盈亏比，也是错误的。那么如何在胜率和盈亏比之间找到平衡呢？

一、高胜率就一定盈利？盈亏比才是王道

很多新手，都会有这样的困惑：有的职业交易员，也是经常做错，经常止损，但为什么收益还会那么高呢？

同样，很多交易者，沉湎于各种技术指标的分析判断，试图找到最有效的进场点。他们往往看重和追求的都是高胜率，他们可能花了很多精力，希望找到一种“绝世武功”，可以在投资市场无往而不胜。也许在某一段行情中你以为可以成功，而这种所谓的成功很多时候会导致信心爆棚，加大仓量，最终往往被他自认为找到的“绝世武功”搞得“走火入魔”，在复杂的市场行情中反噬其身。

在金融市场的交易中，胜率固然是非常重要的一环，如果你有超高的胜率，那么你赚钱的概率自然就高。但是，我们必须清醒地认识到：市场是复杂多变的，没有一个技术系统能保证永远适用。花太多精力在提高胜率上，可能见效甚微。因此交易者想成长，就必须走出片面“追求胜率”的误区。

有了高胜率，没有盈亏比，没有良好的资金管理，一样会失败，而且可能会失败得更惨！看得准又如何，准一次才赚5万元，一次不准可能会赔掉30万元，如此，胜率不超过85%，绝不可能赚钱，更何况绝大多数人的胜率常低于50%，所以，多花精力在扩大盈亏比和资金管理上，才会事半功倍。

事实上在交易市场中，亏损者占绝大多数，而大多数亏损者以为失败是因为没看准行情，所以将看K线功力提升就可以成功。殊不知应该去检讨为何会连续不断的小赚大赔或大赚再大赔，这些才是失败的本质。千万记住，亏损是获利的一部分，发生亏损是很正常的。争取做到“每次赔得少，每次赚得多”才是最重要的。没有一个能够有保持盈亏比与资金管理的交易策略与技巧，再高的预测准确率都是枉然。

以国际黄金为例，当金价涨到前高密集阻力区附近时做空，止损3元、止盈9元，或止损5元、止盈15元；又或者在金价跌致前低密集支撑区做多，止盈止损也采用上述方案。但无论哪一个方案（盈亏比均为3∶1），只要在10次交易中成功3次（胜率30%）就能实现盈利（不包含交易成本）。

止损：3元×7次=21元　　止盈：9元×3次=27元　　盈利：27－21=6元

止损：5元×7次=35元　　止盈：15元×3次=45元　　盈利：

45－35=10元

但如果反过来呢？胜率是70%，而盈亏比是1∶3，长期交易的结果仍是亏损的。这个例子充分说明了投资者容易忽略盈亏比的重要性。

上述只揭开了胜率与盈亏比影响收益的冰山一角。下文将做个假设性的推理统计：假定以5%为月收益目标，平均每月60次。当胜率从70%降至35%，盈亏比从0.5∶1升至3∶1，可以得出以下矩阵列表。

表7–1

胜率	盈亏比	盈利目标	盈利次数	平均盈利%	亏损次数	平均亏损%	总次数	备注
0.7	3	0.05	42	0.14%	18	0.05%	60	有效
0.7	2	0.05	42	0.15%	18	0.08%	60	有效
0.7	1	0.05	42	0.21%	18	0.21%	60	有效
0.7	0.5	0.05	42	0.83%	18	1.67%	60	风险高
0.5	3	0.05	30	0.25%	30	0.08%	60	有效
0.5	2	0.05	30	0.33%	30	0.17%	60	有效
0.5	1	0.05	30	/	30	/	60	无效
0.5	0.5	0.05	30	-0.17%	30	-0.33%	60	无效
0.35	3	0.05	21	0.63%	39	0.21%	60	有效
0.35	2	0.05	21	3.33%	39	1.67%	60	风险高
0.35	1	0.05	21	-0.28%	39	-0.28%	60	无效
0.35	0.5	0.05	21	-0.09%	39	-0.18%	60	无效

表7-1中最深色部分为无效方案，因为平均亏损百分比不可能为负数，浅色部分平均亏损达到1.67%，属于风险极高的方案。只有白色部分才是有效方案，一共有6个。如表7-1所示，就有效方案而言：

若胜率高（比如60～70%），盈亏比达到1∶1左右即可实现目标。

若胜率率为50%的情况下，盈亏比为1∶1或者0.5∶1都是无效方案。

若胜率很低（比如低于40%），盈亏比达到3∶1较为合理，若是2∶1交易风险极高。

现实：没有人能够保证一直保持高胜率。

美国一流的交易系统设计及运用专家布鲁斯从1975年就开始从

事交易，并在1976 年就进入交易系统的研究和设计领域，他曾说过，“就专业交易员而言，其获利交易百分率经常低于40%”。

专业的交易员都难以做到高胜率，更何况普通的散户投资者。而在投资交易中，胜率固然是非常重要的一环，如果能有超高的胜率，那么赚钱的概率自然就高。但市场是复杂多变的，没有一个技术系统能保证永远适用。花太多精力在提高胜率上，可能见效甚微。

二、如何做到截断亏损，让盈利奔跑

从盈亏比的计算公式（盈利/亏损）中，可以找到提高盈亏比的途径——提高平均盈利幅度，即增大分子；或降低平均亏损幅度，即减小分母。做到这两点的第一个方法是提高每笔交易的盈利，降低每笔交易的亏损，用华尔街的名言来讲，就是“截断亏损，让利润跑”。

这个方法中，投资者难以控制利润能“跑”多远，但却能控制每笔交易的最大亏损幅度，也就是常说的止损。为每笔交易设定最大的亏损幅度，或者说是定好出场条件，一旦达到条件，就算亏损也要卖出，从而控制亏损幅度，不至于大幅亏损被深度套牢。这也是止损重要的原因之一。

不过，虽然盈利的幅度难以控制，但盈亏时的持仓大小却是可控的，这里就涉及提高盈亏比的第二个方法——仓位管理。减小亏损的仓位，加大盈利的仓位，同样也能提高盈亏比。

但盈亏比是滞后指标，等你做了很多交易以后，你统计了自己的盈亏比大概是多少，这时你才会知道自己盈亏比大概是多少。

所以我们入场，很难以盈亏比来指导。你能赚多少，是市场给的，不是你算出来的。如果强制性设置盈亏比，很可能盈利变亏损，也可能踏空行情。笔者认为相对而言，设置止损容易，盈利后合理的止盈出场更难，为了更好的止盈给出以下几个建议：

（1）应该按你的交易系统做好交易计划，在你所遵循的行情判断的走势发生变化时按照止盈出场。

（2）根据交易计划盈利后，建议将成本线设置为强制出场点，至少保证不亏损。

（3）有一定的浮盈空间，可以适度拿盈利博取更大的行情，扩大盈亏比！再结合自身情况进行匹配选择，最终慢慢完善自己的交易体系！坚持执行，保证交易的一致性！

三、交易中正确的资金管理模型应该是这样的

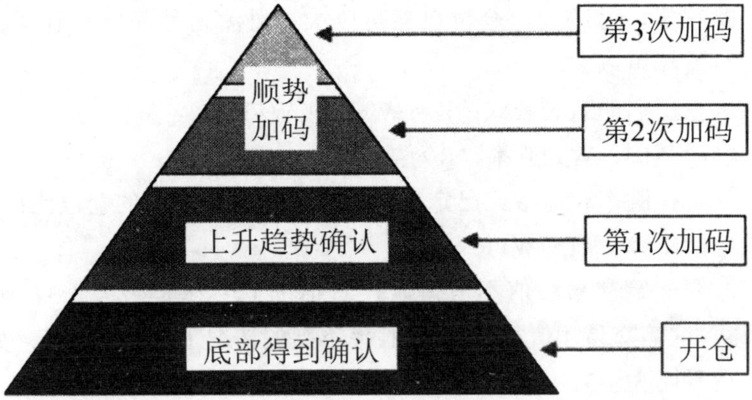

金字塔加码

图7-1

根据图7-1所示，在这里笔者做个简单介绍。

1．我们的底仓通常应该是多少

大部分人认为：在胜率一定的情况下，仓位越大，则赚的越多。 在交易中，并非仓位越大，你赚得越多，事实上，合适的仓位大小，与做单胜率和盈亏比有一定的关系。假设我们做单的胜率是50%，第一次做对，第二次做错，第三次做对，第四次做错，我们的仓位分别是100%、50%、25%和10%四种形式，大家看以下四种操盘的结局：

（1）100%仓位的很早就死掉了，简直瞬间死亡。

（2）50%仓位的，账户一直没怎么动，虽然没有死，但也没什么盈利。

（3）10%仓位的，能稳定盈利，但是赚得比较少，赚了6%。

（4）而赚得最大的是25%仓位的，盈利20%左右。

现在大家应该明白了，为什么不能重仓了么？因为即使你的胜率高于50%，甚至达到了90%，那么你即使前面9次都对了，最后一次输掉，也是满盘皆输，账户清零。何况你很难做到90%的胜率，而且很难连续9次都盈利。

其实最佳的仓位比例，是和做单的胜率W、盈亏比R有关的，盈亏比R就是平均一笔盈利与一笔亏损的比例，盈亏比越高，意味着你赚得多，亏的少，仓位自然可以大；胜率自然简单，胜率越有，仓位就越可以大。

著名的凯利公式：$K = W - (1 - W)/R$

其中，W为胜率，R为盈亏比。

在胜率和盈亏比已定的情况下，有一个最佳的仓位比：

$K=W - (1 - W)/R$

一笔交易，值不值得做，看他的盈亏比是否大于3，如果大于3，这笔交易才值得做。 在胜率不高的情况下，例如30%，如果你的盈亏比大于3，那么总体上也是能够让你盈利的。

如果你的胜率为30%，则盈亏比必须大于3，否则是亏钱的，意味在着胜率不高的情况下，必须抓住行情并吃掉行情，否则是赚不了钱的。从以上仍然可以看出，假设你做趋势的胜率是45%，这是做趋势的正常水平；你的盈亏比是3，这也是做每笔交易要求的最小的盈亏比。从计算可以看出，你的最佳仓位为26.67%。假设你做趋势的胜率为40%，这是做趋势的更常见水平；你的盈亏比是5，这也是做每笔交易要求的通常的盈亏比。从计算可以看出，你的最佳仓位是28%。我们从常见的胜率和适合的盈亏比，可以看出，最佳仓位就是在25%左右。因此，这就是我们为什么要求做趋势的底仓在20%～30%之间的原因。

（1）为什么不能重仓？

首先，看对方向，赚不来钱。频繁止损，每次亏损较大。由于杠杆较大，时机对期货极其重要。在一个行情的上涨趋势中，行情上下震荡4%，是很常见的。但如果你重仓，甚至满仓，那么4%的波动，会导致你账户损失超30%，损失较大，因此可能在没等到4%的时候，你就被迫出局。结果震荡之后，行情又延续着原有的上涨趋势。结果看对了方向，但没赚钱，而且还亏了不少。事实验证：80%的止损都是能抗回来的。

其次，遇到黑天鹅，可能让你多年来的盈利“一夜归零”。黑天鹅虽然极少发生，但一年发生几次，也很正常；你虽然好多年成功躲避，但几年遇上一次，也正常。你此前即使赚了几十倍、几百倍，但是一旦遇到一次黑天鹅，没给你离场的机会；或者你失去理智，不忍心砍掉。短短的几天，连续地跌停，足以回归到零。

最后，重仓。一次止损，亏损较大，你的心态可能变坏，重仓后，回撤30% 就常见，你的心态容易非理性，急于赚回，结果陷入了越急，越亏，越亏，越急的恶性循环。

（2）在什么情况下可以重仓？

从凯利公式可以看到，当你的胜率极高，而且盈亏比极高的情况下，你的最优仓位才是你的重仓。

但是凯利公式有一个缺陷，因为其忽略了一个条件，那就是止损的绝对值，公式里没有止损的绝对值。即使你的盈亏比很大，比如是50%，你的胜率也很高，比如是80%，那么此时你可以重仓。一个极端，如果你的止损位是50%，而且连续两次止损，则你就爆仓了。

需要满足以下四个条件，才可以考虑重仓交易：

第一，方向判断的胜率要高。

确保止损的次数要少，使总回撤较小（有效性很高的机会）。在这种情况下，你判断的胜率很高。当出现多个理论共振，则此时胜率高。

第二，即盈亏比高。

对于当时的一笔交易而言，盈亏比是很不确定的，当时只能确定的是胜率和止损，而无法确定未来的盈利，因为我们常讲，我们赚多少，是市场给的，赔多少，才是我们自己可控的。

因此才有了“让利润自由奔跑”这种说法，就是因为某一笔交易，单纯地根据技术分析，我们是无法判断出未来的盈利幅度的，也就无法判断出当时某一交易的盈亏比。 因此，盈亏比这个概念具有事后的意思，事前很难知晓。

单纯的技术分析无法提前知道某一笔交易的盈亏比，这个主要依靠基本面来判断，因为基本面决定未来的价格方向和幅度，所以这个需要基本面来协助，单纯的技术分析做不到。

第三，1手的止损幅度很小，确保每笔止损小。

每笔损失= 1手止损幅度×手数（仓位）≤3%。

1手的止损很小，即使仓位很大，仍然能保持将总损失控制在某个范围内。因为止损幅度过小，可能会出现频繁止损，从而导致的结果是：每笔止损虽然很小，但止损次数却很多，例如止损5次，才能逮住一次行情，那么意味着总损失15%以上，回撤15%（如果每次亏5%，连亏5次，那就是25%，回撤太大）。

因此要提高胜率，确保总回撤较少，因此方向判断的胜率要较高。这个取决于你对关键点的把握， 把握得好，就可以实现胜率高和止损很小这两个条件。

第四，重仓必须在日内有安全盈利时。

如果隔夜万一出现了所谓的黑天鹅，此时国内停盘，虽然你设的止损位很小，但此时此刻，你无法止损，那么第二日开盘，价格必然远远离开你的止损位，所以原本你设的小止损位就无用。

因此，从上面可以看出，当出现有效性很高的突破，同时能够保证止损的点位很小，即使连续止损几次，也不产生大影响的情况下，日内你还有安全盈利时，你才可以重仓隔夜做趋势。所以可以看出重仓的条件是极苛刻的。

2．如何加仓：采用倒金字塔加码

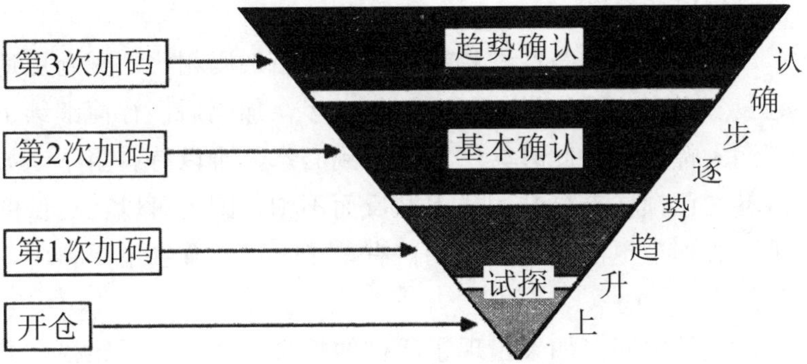

倒金字塔加码

图7-2

如图7-2所示，做短线不适合加仓，趋势适合加仓。通常有以下几种情况，需要进行加仓操作：

（1）当基本面发生了变化，而技术面还没有体现时——众所周知，投机市场并不总是理性的，常常有它情绪化的一面，比如当基本面向好时，图形常常要再震一下，可能还要跌一下，反之亦然。这时，既想占据有利的位置，又不愿冒更多的震荡风险，就要采取分次投入的技巧。

（2）技术面出现了信号，但并不确定，把握还不大，一方面不想错失机会；另一方面，判断失误的时候，使亏损较小。

加仓方式：仓位应该越加越小，而不能越加越大。例如：倒金字塔加码，15%～20%的底仓，再加10%，再加5%。

因为在一段上涨波段中，上涨幅度是已定的（虽然我们不知道）。价格越往上涨，涨的空间肯定越小，转为下跌的概率越大。如果越加越大，那么你单子转为亏损的风险越大。

假设前面你轻仓，10%的仓位，上涨10%，赚10%。但是如果你加仓20%，到30%，那么此时价格下跌3.3%，那么你的利润就会全部吐出，稍不留神，还会亏损。

但是如果20%的仓位，上涨10%，此时赚了20%，此时你加仓10%，到30%。那么此时价格下跌3.3%，你回撤10%，还盈利10%。只有下跌7%，你的利润才会回吐完毕。而在下跌7%之前，你有足够的时间提前离场。

需要说明的是：做趋势，与金字塔加码相比，减仓更适合大部分投资者。如金字塔加码，例如做多，加码后，行情继续下跌，则利润大幅回撤，此时会严重影响到心态，难以持有单子。如果逐步减仓，已锁住部分利润，下跌反而不怕，因为可以在更低的仓位接单，心理上更舒服，反而能持有单子。虽然金字塔更科学，但减仓更舒服。

但是中间，如果出现了所谓的把握性大、盈亏比很合算、止损很小的机会，则你的加仓可以大点，可以不符合倒金字塔加码，此时你的加仓就当成进仓。

四、如何做到有舍有得：高胜率和高盈利率

如果一个股票软件向你推销，宣称他们的交易软件胜率超过了90%，能够使你快速暴富，你相信吗？

如果你有这么一个软件，并且按照软件所说的操作，只要你能连续5年盈利，胜率超过70%，那么请你一定要告诉我们。

这几年，我在股票和期货市场，认识的足以称为高手的，除了价值投资与套利者，一般胜率也就30%左右。而对于股票市场，中线高手胜率会高点，但是短线高手的胜率一般也就在50%～60%。

为什么市场上真正的高手胜率都是那么低？而那些宣称胜率超过90%的软件，却没能使你获利呢？

对于股票，能否让你持续盈利的成败因素是仓位管理。而将所有操作过程归总，就是出场问题。出场点决定了你的胜率以及盈利率，更是决定了高胜率与高盈利率成反比。而我们普通大众，似乎只将注意力放在了进场点的选择。我曾问过很多群里的朋友，你们会在哪里出场。结果没有人敢，也没有人能明确告诉我们在哪里出场？一笔交易，你不知道何时结束，在哪里结束，你就不知道你的预期盈利率是多少，甚至有些人连预期风险是多大的概念都没有！你怎么敢进行交易？你怎么知道这笔交易值得你去做？

我们说过，不要把你的资金安全不当回事，要不市场自然会惩罚你。

为什么这些股票软件敢宣称超过90%的胜率呢？答案在于，高胜率可以通过迅速的兑现较小的盈利来实现。一旦亏损被套，便放任不管，任由亏损放大。通俗地讲，就是放任亏损与截断盈利，从而来实现所谓的超高胜率。任何一个交易员，都能够通过这种方法得到一个足够高的胜率，然而这却是违背交易本质的做法。

为什么你会去追求高胜率、追求成功率？因为，从小你的父母，你周围的长辈朋友，整个大环境都给你一种暗示，那就是不能犯错！一旦你犯了错，周围的人就会给你惩罚，这就是你成长的环境，决定了你观念里认为你不能犯错，这正是阻挡你通往交易大师之路的绊脚石，让你永远都找不到交易的真谛！这就是盈利者不会告诉你的秘密！

追求高胜率，忽视高盈利率，这是广大投资者的普遍行为。为何会这样？因为胜率短期内便可知道，然而盈利率却需要经过一个长周期的计算与统计才能知道。由于胜率的高低与进场点的选择关系更重大，而盈利率的高低与出场点的选择关系更大。所以普通大众倾向于追寻极高的胜率，将努力的方向致力于方向的判断与进场点的选择。电视里、报纸里、书中，还有各位炒股高人以及所谓的股评家都在竭力宣传他们神奇的进场方法，神奇的方向选择方法，比如什么高胜率必涨策略，什么九阴真经秘籍啊，等等。这就是普通大众长期亏损的原因。而对于极少数能长期稳定盈利的成功交易员，则反其道而行之，他们专注的是高盈利率，专注于研究如何出场，专注于仓位的控制管理。一笔交易，未进场之前，风险已经知道，他们通过恰当地控制风险，控制出场点，扩展延续他们的盈利率！记住，永远都把出场放在第一位！

正确的学习交易之路，从来都是学习通过仓位管理，控制风险；再从出场入手，提高盈利率；最后才研究进场，提高胜率。这是盈利者不会告诉你的秘密，更是交易者的圣杯！

很多投资者，交易了几十年，也没参悟出自己持续亏损的原因。因为金融市场，本身就是7输2平1赢。每一笔交易，都是交易者的心在与市场对话。就像我们说过的，每一位大师都是在交易着他们的理念！

五、成功的秘诀＝简单的模式重复做

市场用最朴实无华的现实告诉了我们颠扑不破的真理：投资市场永恒的规律是90%的人都亏损的规律，任何人都不可能改变投资世界的自然法则，因为这是投资世界永恒的铁律！并不是说这个神秘的行业像传说的那么难，而是因为我们绝大多数人都有着一种无法抗拒的天性——怀疑系统。正是这种致命的天性最终导致我们投资的失败。而信任系统恰恰是交易中最重要的一环。

信任和严格遵守一个良好的交易系统是艰难的，现实中，总会因实际交易中的种种不如意而变得难以执行。

投资的成功就是简单的盈利模式重复做，而且是大量做。只有这样才能显示出这种模式的大概率特征，才能实现稳定盈利。任何一个期望值为正的系统，只要我们一直坚持，并加上合理的资金管理，都可以让我们大幅获利。

很多人就是因为怀疑和不能坚持按照一个良好的交易系统操作，才被永远地挡在成功的投资市场之外。市场总是逼着我们改变自己的交易策略，一旦改变，必输无疑。

交易的全部秘诀就是：始终如一地坚持自己的交易系统。

投资的成功重要的不是看你的工具有多么强大和优秀，而是你能否用好你的交易工具。在通往财富梦想的道路上，最有效的策略就是专注和坚持一个良好的交易系统。专注和坚持可以产生不可思议的力量。当你真正做到这一点时，就可以创造你自己都不能相信的奇迹。

任何领域的伟大都来源于一个人坚持到所有障碍都被克服之后的能力，由于普通人完全缺乏这种决心和能力，因此他们几乎注定只能是普通和平凡。

成功的交易者有着一种与普通交易者完全不同的思维方式和交易态度，那就是所有的成功交易者都坚信：坚持使用一个成功的交易系统是小人物成就大事业的不二选择。怀疑自己的交易系统是投资毁灭的开始。

试想，如果我们有着正确的交易理念，能够深刻的理解成功的交易其实不关乎趋势多空的判断，而在于严格地遵守纪律。那么我们还会在系统发出做多信号时对趋势的多空摇摆不定吗？如果我们能够深刻地理解了交易和趋势无关，只与交易信号有关，我们还会心神不宁地看外盘、听消息、在盘中随意地操作吗？如果我们深刻地理解了投资盈利的交易哲学，亏损只是我们捕捉成功的必由之路，还会不接受亏损、而去追求和寻找高胜率的交易系统吗？如果我们懂得了所有的交易系统只能捕捉特定的一段行情，任何系统都不可能将所有的波动一网打尽，懂得做得多不一定收益就多的道理，我们还会贪婪地想拥有所有的利润而频繁操作吗？

交易与其他无关，与系统的交易信号有关。趋势的方向根本就和你的成功无任何关联。什么看外盘、听消息、问专家，这些除了使自己更加焦虑外，对我们的成功交易没有丝毫的帮助。只要系统显示的是做空信号，哪怕全世界的人都看多，我们也只能做空。严格地按照系统操作才能保证亏损最小化、利润最大化。期货界有一句名言："一个优秀的操盘手是一个没有观点的操盘手。"

一套良好的交易系统是起点，执行力是难点，对自己切实可行的交易策略是重点。通过不断细化和完善交易系统的细节，以适应自己的交易性格，让自己的执行力大大改善。交易的时候如行云流水、心理没有丝毫的压力，交易变得舒适和自然。

很多人拥有盈利的交易系统却根本无法执行，很大程度上是因为他们怀疑系统，对自己的交易系统没有坚定的信念。"我们不但要有交易系统，还要有信念系统。"

在交易中我们如何对自己的交易系统形成坚定的信念呢？答案很简单，那就是熟悉系统、理解系统、融合系统。交易技术和交易哲学是互为一体的，是交易哲学思想的具体体现，只有这样的技术才能根深蒂固，应用起来才能行云流水，而不会障碍重重。

投资者只有将操盘技能训练成一种交易习惯，训练到极其熟练以至于不经过思考的境界，才能真正抵制住盘面这种迷人的诱惑，才能完全达到按系统信号操作而不变的能力。

投资就是一场马拉松，而不是一场百米赛。在这场旷日持久的比赛中，看的不是谁跑得最快，而是看到底谁跑得最稳。投资是一种游戏，轻松、简单和按部就班才能在竞争中达到盈利。如果你在每天的交易中都感到焦虑和恐慌，心神不定，那么肯定是你的交易方法和你的心率没有和这个品种形成共振，达到一种默契的境界，这样你就很难达到投资获利的目的。

坚决按照系统操作，看着可以轻而易举能够赚到的钱却不去操作，这有悖于人性的贪婪。交易就是这样，在不断地和自己的人性作斗争中逐渐成长。只有你将原本不舒服的交易变得逐渐自然流畅，你才能够成为一名成功的操盘手。

第八章
如何正确地理解与使用止损

为什么大部分股民在股市中赚的还没有亏的多呢？因为大部分股民都不懂得止损。

股民总是不明白止损的重要性，在应该止损的时候犹犹豫豫不敢出手，当再次下跌时又总是后悔不易。为什么不静下心来，好好学学如何止损，把损失控制在最小的范围之内，将主要的精力放在盈利之上呢？

一、为什么我们不容易止损

在实际的交易中，如果我们每次都止损，止损后，行情都会

验证我们止损的正确性。例如上涨中，行情下跌，我们止损，止损后，行情确实下跌了较远，至少可以提供给我们更低的入仓成本，甚至转势。我们每次都避免了大幅的亏损或回撤，就会形成自我的强化，对止损的重视程度不断加强和提升，自然而然，每次止损都会很坚决，因为近段时间的止损情况显示，不止损，就意味着大幅的亏损或利润回撤，当然趋利避害，我们会选择止损，而且异常坚决。

残酷的现实是我们大部分时候的止损都是错误的，即价格达到止损价后，行情在大概率上是又能够回去的，这包括两种情况。

第一种情况是，止损后的痛苦。

即止损后，行情又回去，无意识地会想到“如果不止损，就不会亏损了”，导致我们出现假止损，特别连续出现几次这种的情况，会让我们想抽自己，压力倍增，自己骂自己傻，于是在下一笔单子，就容易出现“不止损”的行为。

第二种情况，就是不止损所带来的甜头。

价格达到止损价后，我们没有止损，结果行情又回去了，我们尝到了甜头，暗自高兴，幸亏没有止损，少亏了一些钱，特别出现几次，自我加强，在这种甜头的诱惑下，我们很容易就会产生不止损的行为。

但在实际交易中，我们的止损结局往往不是这样的。例如在上涨中，行情下跌，达到了止损位，常见的是：这笔止损，我们止对了，止损后，行情下跌不少；这笔止损，止损错了，止损后，行情很快就上涨了回去。一旦有一些止损，从结果来看，是错误的，行情都可以回去，这就会为我们的侥幸心理提供了空间，因为既然有一些止损，如果不执行的话，行情都能回去，那么在人遇到危险容易当鸵鸟的人性弱点下，自然而然，内心就会无意识地想到：“保不准这笔交易，如果不止损，行情能涨回去，先不执行止损”，于是止损就变得犹豫不决。止损，止错了；有时，止损，止对了；像随机事件一样，就变得不是很执行到位了。

特别是如果出现连续多次的假止损，例如，每次止损后，行情又都回了原位，即如果我们不止损，我们的亏损单子都能转为不亏损，或者有所盈利。最可恨、最气人、最容易让我们不止损的是，当每次我们刚一止损，行情就回去，我们正好止损在阶段性的底部附近，或阶段性的顶部附近。例如上涨中，下跌打了我们止损，就在打了止损后，很快行情又迅速上涨，此时如果我们再追的话，追价显著高于我们的止损价，根本来不及追，也不甘心去追，甚至开始怄气。在这个时候，我们的内心就会感觉到很不爽，感觉到自己像是一个傻子，于是就就开始怀疑止损是否有必要，就会无意识中产生“要是不止损就好了”的心理。如果连续出现几次，则这种“不止损”的想法，就会自我强化，逐步占领大脑，占据主导，于是在下一笔交易，很容易出现“不止损”。

在实际交易中，残酷的现实是：我们大部分的止损都是错误的。因为长周期看，无论股票，还是期货，价格都在一个大的范围内上下波动，毕竟单边的大趋势很少发生，注定在大部分的时候，甚至绝大部分的时间内，行情都在一个大的范围内上下波动，只不过在这个大的波动区间内，会出现波段式的趋势行情，我们可以复盘，就能发现这个问题；即使不看长周期，从中周期来看，大部分行情也是上下震荡行情，趋势行情是比较少的，毕竟震荡行情占到2/3。这意味着，大部分时候，除非我们不幸多在顶部附近，或空在底部附近，否则的话，我们在行情中间，无论多，还是空，大部分时候，我们的单子即使被套，也是能抗回来，还能获得一些利润。这意味着，如果我们死扛着，轻仓死扛，大部分的行情，都能抗回来，这就容易给我们造成“不止损”的证据和心理阴影，是我们不容易去执行止损的一个残酷现实。

综上来看，由于单边大行情是比较少的，大部分行情都是震荡行情，长周期来看，大部分时候行情都是在一个较大的范围内上下波动，即使有趋势，也是波段式趋势，单边大行情是比较少的，这意味着，行情达到止损价后，大概率上是能够再回去的，时间或长或短，这就为你不执行止损，或止损犹豫不决的行为，带来了肥沃的土壤和历史证据，当然，同时也会带来强大的侥幸心理，这就是一个残酷的现实。

二、止损永远是对的，哪怕事后是错的

止损是个天大的问题，因为股市中处处有风险，我们可能会时时犯错，所以我们不得不拿起止损的武器。会不会止损、重不重视止损，是决定投资命运和最终结局的大事。

我觉得止损是股市第一重要的问题，它甚至比会买更重要，因为止损本质上是对股市的敬畏、对不确定性的承认、对市场的尊重。

会不会买只是我们能赚多少的因素之一，而会不会止损却是我们能亏多少的全部因素，赚多少还取决于市场，亏多少几乎全部取决于自己。

我认识一个高手，他的观点是止损永远正确，哪怕事后看是错误的。一开始我觉得这个观点有点儿极端，后来我慢慢悟到这个提法其实很深刻，是参透了股市玄机之后的肺腑之言，是大彻大悟后的觉悟之语。因为只有如此才能从灵魂深处接纳止损，而不是口头提提。只有接受止损永远是正确的观点，我们才能在止损问题上摆脱扭扭捏捏、瞻前顾后和犹豫不决，才能把“侥幸”“赌一把”“再等等”“期待奇迹”这些思想从潜意识深处赶尽杀绝，才能建立真正的止损思想。

很多人不愿意止损就是不愿意为止损付出哪怕一丁点儿的成本，希望所有的东西都是免费的，所有的好处都占尽。这怎么可能？很多人不去止损其实是害怕止损错误，而荒唐的是这种人对

已经发生的错误可以不管不问，反而担心未来还不一定会是错误的止损。

更何况，止损是用来终止错误的最好手段。所以我坚信，止损永远是正确的。即使止损错了，也顶多是少赚一些，而没有止损则可能无法避免最终破产的命运，前者才是股市安身立命之本。

至于止损错了，股票又反弹了怎么办？我再买入就是了。止损是一回事，再买入是另外一回事，这是两个独立的逻辑，是两笔独立的操作，它们不能互相抵销。我这样做的目的就是贯彻止损永远正确的思想，把止损变成一种习惯。

请记住：在没有学会止损之前，你只不过是在博傻。

三、这个抢银行的故事教给我们什么

下面是一个关于抢银行的故事，很有意思。

早期抢银行没有什么技术含量，一般在天黑以后进行，趁着夜色用炸药或者硝化甘油炸开金库（有可能把钱烧毁），拿钱走人。从1920年左右开始，美国的银行业发生了技术进步，普遍安装了报警系统和水泥加固的防炸金库。一时之间劫匪也没什么办法，但很快抢银行的技术也升级了。

新的劫匪改在白天抢银行，劫匪们钟表般的专业精神连警察都佩服。这个技术进步归功于绰号“男爵”的Baron Lamm。Lamm是德国人，曾在普鲁士陆军服役，被开除后移民美国。1917年在犹他监狱内服刑期间，他想出了一套抢银行的新思维：使用军事原则。他认为抢银行不是枪和胆量的问题，而是技术问题。他发明的这套系统后来被称为“Baron Lamm Technique”。如表8-1所示。

（1）提前几周的准备。

（2）首创“casing”：去银行踩点，画图，甚至假装记者去了解银行内部运作。

（3）给每个人分工：谁放哨，谁在大厅，谁干金库，谁开车。

（4）事先用仓库演习。

（5）严格执行时间，规定的时间一到，不管拿没拿到钱都必须离开。

（6）侦查确定不同天气情况下的逃跑路线，并计算时间。

（7）在车的仪表盘上粘贴精确到1/10英里的地图。

Lamm把抢银行变成了艺术。从1919年到1930年，Lamm集团在全国范围内抢了数十万美元。其中1922年在Denver的联邦造币厂90秒钟内抢走20万美元，这可能以单位时间抢钱最多而载入史册。这是一套极其成功的犯罪系统，一直到今天还活跃在抢银行的第一线。

表8–1

条例	“抢银行”	投资交易
第（1）（2）（3）（4）条	事先不厌其烦的准备工作，考虑到所有可能性，一切意外都有预案	最专业的高手从不指望临场发挥，随机应变是外人看来的一种错觉
第（5）条	时间就是生命，如果因为执着于一次行动，导致时间拖延而被捕入狱，可能就永远失去了翻身的机会，该条实际上就是这个抢劫计划中的止损	止损永远正确，即使止损错了，也顶多是少赚一些，而没有止损却可能无法避免最终破产的命运
第（6）（7）条	高效率的逃跑措施保证了成功的大概率事件	严格按照交易系统和止损措施，从而保证高胜算的交易结果

最后，说一下Baron Lamm的结局。1930年，他和同伙在印第安纳州的Clinton镇抢完一家银行撤离时，车胎爆了。对这样的小意外，Lamm显然早有预案。他们很快抢了一辆车，但这辆车很特殊，上面有个限速装置，时速不能超过35英里。于是他们又抢了一辆车，但这辆车的水箱漏了。他们又抢了一辆，但这辆车只剩下1加仑汽油。最后，在警察的追击中，两人投降，Lamm和司机被击毙。

Baron Lamm的一生，对止损做了完整的诠释——建立在正期望之上的止损，才有意义。

四、鳄鱼法则，你不得不会的投机艺术

止损，对于股票投资者而言，这个字眼听起来令人很不舒服，也不太受他们的欢迎。如果你也非常厌恶这个名词的话，那你的投资行为就已经埋下了重大隐患，就像一颗定时炸弹，迟早要毁灭你的投资生涯的。

其实，止损对于一个职业投资者而言，是一系列操盘程序的重要一环，没有任何感情色彩，只是预订计划的一部分，就像玩电子游戏一样自然，按照设计好的程序去执行任务，冲关夺隘，壮士断臂，无比自然。

由于人性天生的弱点，时时不自觉地影响我们的操作，一次大亏，足以输掉前面99次的利润，所以严格遵守止损纪律便成为确保投资者在风险市场中生存的唯一法则。止损是证券投资的一项基本功。美国投资界有一个有用而简单的交易法则，叫作“鳄鱼法则”。所有世界上成功的证券投资人在进入市场之前，都在反复训练对这一原则的理解程度。这源自于鳄鱼的吞噬方式：猎物愈试图挣扎，鳄鱼的收获愈多。假定一只鳄鱼咬住你的脚；它咬着你的脚并等待你挣扎。如果你用手臂试图挣脱你的脚，则它的嘴巴便同时咬你的脚与手臂。你愈挣扎，就越陷越深。所以，万一鳄鱼咬住你的脚，务必记住：你唯一生存的机会便是牺牲一只脚!若以市场的语言表达，这项原则就是：当你知道自己犯错误时，立即了结出场!不可再找借口、期待、理由或采取其他任何动作，赶紧离场！其实，不论是股市、期市、期权交易，其交易技巧在这一点上都是相似的。在证券市场上生存，有时需要耐心，有时需要信心，但耐心、信心不代表侥幸，不懂得止损的投资者，不就是输在侥幸心理上吗?

我要强调的止损是讲究科学的，懂得科学止损才是股市获胜的根本保证。在这里我给大家介绍几种止损策略，供大家参考学习。

（1）限价止损、限价止盈原理。

传统止损和止盈的方式，是以固定价差做止损和止盈的。

（2）跟踪止损原理。

这是一种动态止损方法，止损价位会随着盈利的增加而变化，这种方法可以最大限度实现“让盈利奔跑”。股票开仓，设置跟踪止损后的最高价每上涨一个价位，止损平仓价就跟着上涨一个价位，当价格从最高价回撤了设置的止损价差时，触发止损。如图8-1所示，为做多跟踪止损示意图，做空则相反。

最高价：此最高价是从设置止损后开始记录的，不一定是开仓后的最高价。

（3）保本策略原理。

股票开仓后，在“开仓均价+设置的保本价差”位置产生了一条保本线，最新价超过设置的保本止损线后，再回落到这个保本止损线时才触发止损。这是一种现代人的止损思想——盈利状态下止损，目的是保住赚到的利润，在这里我们通常称为“保本”。如图8-2所示，为做多保本止损示意图，做空则相反。

那我们在这里对比一下两种不同止损策略的效果。

仓位情况：多头持仓，开仓价为1000。

守擂方　限价止损+限价止盈：

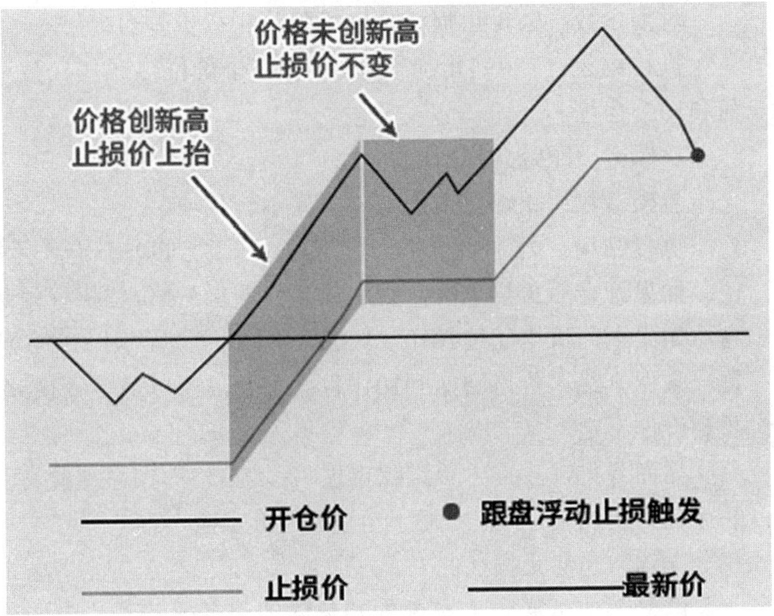
价格未创新高
止损价不变
价格创新高
止损价上抬
开仓价
跟盘浮动止损触发
止损价
最新价

图8-1

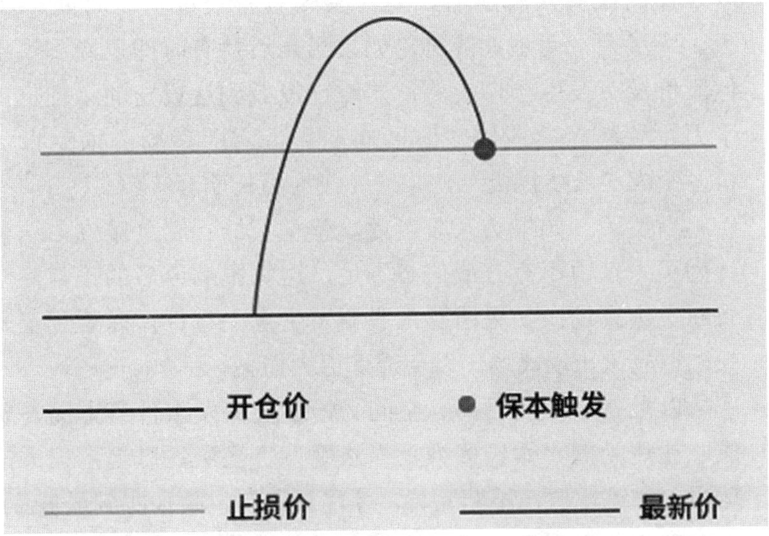
开仓价
保本触发
止损价
最新价

图8-2

盈损参数：限价止损价差=5　限价止盈价差=10

执行结果：在995止损平仓，止损5个价位；在1010盈利平仓，盈利10个仓位。

攻擂方　跟踪止损+保本策略：

盈损参数：跟踪止损价差=5　保本价差=10

执行结果：开仓后价格一直下跌，下跌到995开仓，亏损5个仓位。如果开仓后价格上涨，则从最高点回撤5个价位执行跟踪止损平仓，如果期间价格超过1010（1000+保本价差），则在1010位置会设置一条保本线，价格回撤到1010也会平仓，所以最多亏损5个价位，盈利价位不定。

显而易见，攻擂方“跟踪止损+保本策略”在盈利能力上对市场的适应力要优于守擂方“限价止损+限价止盈”。

（4）趋势止损法。

以某一实战中行之有效的趋势线或移动平均线为参考坐标，观察价格运行，一旦价格跌穿该趋势线或平均线，则立即离场。

（5）时间周期止损法。

我们在买入股票前，要对买入股票设定持有时间，如1天、3天、一星期、两星期等等，如果买入后持有时间已经到设定期限，但股价没有发生预期走势，同时也没有到达设定的止损位，这时，千万不要转换持股的“时间周期”，立即离场，以免将“短线投机”变成“长线投资”，并最终成为“长期套牢”。

当然了，如果买入股票后，感觉不好，寝食难安，这说明自己认为买入理由不充分或信心不足，这将影响今后的正常操作，故应果断卖出离场；如果所买入股票发生重大事件，以至于买入理由消失，也应该止损离场，以免遭受更大损失。

以上就是我从时间、空间、情绪及突发事件等方面，研究并形成职业化了的“假氏多维止损法则”。当然，以上止损方法要综合运用，熟练掌握，不断完善，才能最终将风险控制到最低程度。

准确判断形势，密切跟踪个股，精选买点，设好止损，严守纪律，适时了结，周而复始，获利能力将逐日提高，市场中就会增加一个游戏高手，股市赢家。股市当中，业余炒手破产的捷径就是：

“赚就跑，赔就守。”而专业炒手不断强大的法宝则是：“截断亏损，让盈利狂奔!”当然，止损绝不是目的，但对于职业炒手而言，止损理念的彻悟和止损原则的恪守却是他们通向成功之路的基本保障。在实战中，这一理念的不断贯彻将使职业炒手的出手成功率不断提高，出手点愈加精确，虽然不一定能做到“百战百胜”，但却一定会做到“百战不殆”，止损规则设定的终极目标必将显现出来。

五、止损很重要，止损策略更关键

1．止损的关键点

（1）必须设定止损点。

永远不要没有设定止损就开始交易。没有只赚不赔的股票，投资股市要时刻提高风险意识。最起码的风险意识就是买入前确定自己可以赔多少——设定止损点。

你要知道，并不是你的良好判断及预测让你在市场上取得成功。在交易上，关键还是在于执行层面上的事件。

（2）设置止损要求分好类。

如果中线，可以设的大一点，短线可选择小一点。还有设置止损首先要了解它的目的，你是为了防止大的损失呢？还只是作为一个短期的目标。如果比较倾向于前者，那么设置时应该尽量避免市场行情能轻易达到此点位。

（3）坚持预设的止损点。

能够严格自律地做到这一点的投资者很少。因为在止损点卖出股票就是要坦白地承认自己错了，而大多数散户对持有的股票往往过于自信，面对判断失误，依然心存侥幸。

从本质上讲，止损和止盈都是对行情一种被动的处理方式。当我们在做足研究功课的基础上有能力，同时也有时间来对待行情时，我们可以根据行情变化而主动为之，把止损策略作为最后的补救措施。

当然如果我们对行情有足够自信和感觉，感到自己的计划有修改的必要，还想继续测试行情的可能性，那么我们可以主动不执行。但从历史概率上来看，这种策略充满了风险，最大的风险在于自己在这个过程中不可能保持足够的清醒和理智，所以这种策略应慎用。

没有人想亏损出局，但如果市场和个股状况发生变化时，止损无疑是减小损失的一种最佳选择。

2．止损的原则

第一，必须在入市之前确定止损盘，之后可以安心观察大势的发展。

第二，确定止损盘之后，千万不可随意取消，或在失利的情况下将止损盘下移。

第三，要注意利用“众地莫企”的原理。如果大部分人都将止损盘设立在一价位，你就要远离这个价位止损，以避免被一网打尽。

第四，入市方向正确时，可以将原定止损盘的止损价位随大势的发展而逐步调整。

3．止损的误区

（1）不知道怎么设定止盈止损。

买卖的时候没有明确的想法，只知道现在忽然放量拉了，赶紧进，怕错过时机，放量跌的时候害怕主力出货，赶紧跑，或者已经亏损了，妄想某天突然大涨，给自己解套，但事与愿违，一直跌不停，导致亏损太多，已经无法下决心割肉。

（2）机械的设定止盈止损目标。

有朋友说，我不贪，赚5个点必走，后面的和我无关，或者亏5个点必跑，这样我就不会亏了。也有设3个点、8个点的。这样的机械设定固定点位，就可能出现前脚刚走，后面涨停的情况。

有人说金融是一场赌博，但是我并不觉得，我反而觉得是一种博弈，就像下象棋，你永远不知道对手是出哪一颗棋子，但是你要看准那个盘面走向，决定好自己出哪一颗棋子，心态一定要稳。不要贪婪，也不要慌乱，像走人生路一样，走好每一步棋，不要想着一夜暴富，而要把精力放在一个长远的规划上，稳中求进。这就是巴菲特的名言：要学会止损，不要做赔本的生意，人生无乐乐无常。

第九章
在交易中如何利用加减仓助你一臂之力

所谓仓位管理，绝非平常我们所说的是满仓还是70%仓位。通俗一点说，仓位管理就是在你决定做多某个投资对象时，决定如何分批入场，又如何止损或止盈离场的技术。如果通过抛硬币决定做多还是做空，在这样的随机决策下，通过好的仓位管理技术依旧可以赚到钱。

一、仓位管理技巧之凯利公式

在第十八章“赌场里不想让人知道的秘密”中，对凯利公式进行了简单地说明，现在我们先对其了解研究一下。

假设赌局一：你赢的概率是60%，输的概率是40%。赢时的净收益率是100%，输时的亏损率也是100%。就是，如果赢，那么你每赌1元可以赢得1元，如果输，则每赌1元将会输掉1元。赌局可以进行无限次，每次下的赌注由你自己任意定。问题：假设你的初始资金是100元，那么怎么样下注，即每次下注金额占本金的百分之多少，才能使得长期收益最大。

对于这个赌局，每次下注的期望收益是下注金额的60%×1－40%×1＝20%，期望收益为正。也就是说这是一个对赌客占优的赌局，而且优势占得非常大。

那么我们应该怎么样下注呢？

如果不进行严密地思考，粗略地想象一下，我们会觉得既然每次赌的期望收益是20%，那么为了实现长期的最大收益，应该在每次赌博中尽量放入更多比例的本金。这个比例的最大值是100%。

但是显然每一局赌博都放入100%的本金是不合理的，因为一旦哪一次赌博赌输了，那么所有的本金就会全部输光，再也不能参加下一局，只能黯然离场。而从长期来看，赌输一次这个事件必然发生，所以说长期来看必定破产。

这就得出了一个结论：只要一个赌局存在一下子把本金全部输光的可能，哪怕这个可能非常小，那么你永远都不能满仓。

因为长期来看，小概率事件必然发生，而且在现实生活中，小概率事件发生的实际概率要远远大于它的理论概率。这就是金融学中的“肥尾效应”。

继续回到赌局一。既然每次下注100%是不合理的，那么99%怎么样。如果每次下注99%，不但可以保证永远不会破产，而且运气好的话也许能实现很大的收益。

实际情况是不是这样呢？

我们先不从理论上来分析这个问题，可以来做个实验。我们模拟这个赌局，并且每次下注99%，看看结果会怎么样。

这个模拟实验非常的简单，用Excel就能完成。如表9-1所示。

表9-1

		99% 仓位
局数	胜负	100 初始本金
1	1	199
2	1	396.01
3	1	788.0599
4	1	1568.239201
5	-1	15.68239201
6	1	31.2079601
7	1	62.1038406
8	1	123.5866428
9	-1	1.235866428
10	1	2.459374192

在表9-1中，第一列表示局数。第二列为胜负，Excel会按照60%的概率产生1，即60%的概率净收益率为1，40%的概率产生-1，即40%的概率净收益为-1。第三列为每局结束时赌客所有的资金。这个实验每次下注仓位是99%，初始本金是100。

大家从表9-1中可以看出，在进行了10局之后，10局中赢的局数为8，比60%的概率还要大，仅仅输了2次。但即使是这样，最后的资金也只剩下了2.46元，基本上算是输光了。

当我把实验次数加大，变成1000次、2000次、3000次……的时候，结果可想而知了，到最后手中的资金基本上是趋向于0了。

既然99%也不行，那么我们再拿其他几个比例来试试看，如表9-2所示。

表9-2

		99%	90%	80%	70%	60% 仓位
局数	胜负	100	100	100	100	100 初始本金
1	-1	1	10	20	30	40
2	1	1.99	19	36	51	64
3	1	3.9601	36.1	64.8	86.7	102.4
4	1	7.880599	68.59	116.64	147.39	163.84
5	1	15.68239201	130.321	209.952	250.563	262.144
6	1	31.2079601	247.6099	377.9136	425.9571	419.4304
7	1	62.1038406	470.45881	680.24448	724.12707	671.08864
8	-1	0.621038406	47.045881	136.048896	217.238121	268.435456
9	1	1.235866428	89.3871739	244.8880128	369.3048057	429.4967296
10	1	2.459374192	169.8356304	440.798423	627.8181697	687.1947674

从表9-2中可以看出，当把仓位逐渐降低，从99%，变成90%、80%、70%、60%的时候，同样10局的结果就完全不一样了。从表中似乎可以看出随着仓位逐渐变小，在10局之后的资金却是逐渐变大的。

大家看到这里，就会渐渐发现这个赌局的问题并不是那么简单的。就算是在赌客占优的情况下，在如此之大的赌局里，也不是随随便便就能赢钱的。

那么到底怎么下注才能使得长期收益最大呢？

是否就像上表所示的那样，比例越小越好呢？应该不是，因为当比例变成0的时候显然也不能赚钱。

那么这个最优的比例到底是多少呢？

这就是著名的凯利公式所要解决的问题！

凯利公式介绍：

$$凯利公式：f=\frac{p\cdot r_W-(1-p)\cdot r_L}{r_W\cdot r_L}$$

$$或者写成：f=\frac{p}{r_L}-\frac{1-p}{r_W}$$

其中f为最优的下注比例。p为赢的概率。r_W是赢时的净收益率，例如在赌局一中$r_W=1$。r_L是输时的净损失率，例如在赌局一中$r_L=1$。注意此处$r_L>0$。

根据凯利公式，可以计算出在赌局一中最佳有下注比例是20%。我们可以进行一下实验，加深对这个结论的理解。

表9–3

B	C	D	E	F	G	H	I
		10%	15%	20%	30%	40%	仓位
局数	胜负	100	100	100	100	100	初始本金
1	-1	90	85	80	70	60	
2	-1	81	72.25	64	49	36	
3	-1	72.9	61.4125	51.2	34.3	21.6	
4	1	80.19	70.624375	61.44	44.59	30.24	
5	1	88.209	81.21803125	73.728	57.967	42.336	
6	-1	79.3881	69.03532656	58.9824	40.5769	25.4016	
7	1	87.32691	79.39062555	70.77888	52.74997	35.56224	
8	1	96.059601	91.29921938	84.934656	68.574961	49.787136	
9	1	105.6655611	104.9941023	101.9215872	89.1474493	69.7019904	
10	1	116.2321172	120.7432176	122.3059046	115.8916841	97.58278656	

如表9-3所示，我们分别将仓位设定为10%、15%、20%、30%、40%，对应的列数分别是D、E、F、G、H。当我们把实验次数变成3000次的时候，其结果如表9-4所示。

表9–4

B	C	D	E	F	G	H	I
2988	1	2.09525E+22	4.65966E+27	5.61474E+29	4.09446E+23	162.2195705	
2989	1	2.30477E+22	5.35861E+27	6.73769E+29	5.32279E+23	227.1073987	
2990	1	2.53525E+22	6.1624E+27	8.08523E+29	6.91963E+23	317.9503582	
2991	1	2.78877E+22	7.08676E+27	9.70228E+29	8.99552E+23	445.1305014	
2992	1	3.06765E+22	8.14977E+27	1.16427E+30	1.16942E+24	623.182702	
2993	-1	2.76088E+22	6.92731E+27	9.31419E+29	8.18593E+23	373.9096212	
2994	-1	2.4848E+22	5.88821E+27	7.45135E+29	5.73015E+23	224.3457727	
2995	1	2.73327E+22	6.77144E+27	8.94162E+29	7.44919E+23	314.0840818	
2996	1	3.0066E+22	7.78716E+27	1.07299E+30	9.68395E+23	439.7177145	
2997	1	3.30726E+22	8.95523E+27	1.28759E+30	1.25891E+24	615.6048003	
2998	1	3.63799E+22	1.02985E+28	1.54511E+30	1.63659E+24	861.8467205	
2999	1	4.00179E+22	1.18433E+28	1.85413E+30	2.12756E+24	1206.585409	
3000	1	4.40197E+22	1.36198E+28	2.22496E+30	2.76583E+24	1689.219572	

当我把实验次数变成5000次的时候，其结果如表9-5所示。

表9–5

B	C	D	E	F	G	H	I
4987	1	6.70849E+36	1.6291E+46	1.42293E+50	7.56969E+40	1563952.945	
4988	1	7.37934E+36	1.87346E+46	1.70752E+50	9.8406E+40	2189534.124	
4989	1	8.11728E+36	2.15448E+46	2.04903E+50	1.27928E+41	3065347.773	
4990	1	8.929E+36	2.47765E+46	2.45883E+50	1.66306E+41	4291486.882	
4991	1	9.8219E+36	2.8493E+46	2.9506E+50	2.16198E+41	6008081.635	
4992	-1	8.83971E+36	2.42191E+46	2.36048E+50	1.51339E+41	3604848.981	
4993	1	9.72368E+36	2.78519E+46	2.83257E+50	1.9674E+41	5046788.573	
4994	-1	8.75132E+36	2.36741E+46	2.26606E+50	1.37718E+41	3028073.144	
4995	1	9.62645E+36	2.72252E+46	2.71927E+50	1.79033E+41	4239302.402	
4996	1	1.05891E+37	3.1309E+46	3.26312E+50	2.32744E+41	5935023.362	
4997	1	1.1648E+37	3.60054E+46	3.91575E+50	3.02567E+41	8309032.707	
4998	1	1.28128E+37	4.14062E+46	4.6989E+50	3.93337E+41	11632645.79	
4999	1	1.40941E+37	4.76171E+46	5.63868E+50	5.11338E+41	16285704.11	
5000	1	1.55035E+37	5.47597E+46	6.76642E+50	6.64739E+41	22799985.75	

大家从以上两表中可以看到F列对应的结果最大，和其他列相比压根就不是一个数量级的。而F列对应的仓位比例正是20%。

大家看到凯利公式的威力了吧。在上面的实验中，如果你不幸将比例选择为40%，也就是对应H列，那么在5000局赌博之后，你的本金虽然从100变成了22799985.75，收益巨大。但是和20%比例的结果相比，相当于没有赚钱。

这就是知识的力量！

二、盈亏结果与输赢顺序无关

1. 凯利公式的理解

凯利公式的数学推导极其复杂，需要非常高深的数学知识，所以在这里深入地研究也没有什么意义，我们只做简单地介绍。

在这里我将通过一些实验，加深大家对凯利公式主观上的理解。

我们再来看赌局二：你输和赢的概率分别是50%，例如抛硬币。赢的时候净收益率为1，即$r_W=1$，输的时候净损失率为0.5，即$r_L=0.5$。也就是说当你每赌一元钱，赢的时候你能再赢1元，输的时候你只要付出5毛。容易看出赌局二的期望收益是0.25，又是一个赌客存在极大优势的赌局。

根据凯利公式，我们可以得到每局最佳的下注比例为：

$$F=\frac{0.5\times1-0.5\times0.5}{1\times0.5}=0.5$$

也就是说每次把一半的钱拿去下注，长期来看可以得到最大的收益。

下面我们根据实验得出平均增长率r的概念。

首先来看实验一：

表9–6

局数	胜负	100%	50% 仓位
		100	100 初始资金
1	1	200	150
2	-0.5	100	112.5
3	-0.5	50	84.375
4	1	100	126.5625

表9–7

局数	胜负	100%	50%	仓位
		100	100	初始资金
1	-0.5	200	150	
2	1	100	112.5	
3	1	50	84.375	
4	-0.5	100	126.5625	

表9-6和表9-7都是模拟赌局二所做的实验，在第二列的胜负列中，实验会有50%的概率产生1，表示盈利100%。50%的概率产生-0.5，表示亏损50%。第三、第四列分别是在仓位为100%和50%的情况下，每次赌局之后所拥有的资金。

仔细对比表9-6和表9-7可以得出结论一：

在经过相同次数的局数之后，最后的结果只与在这些局数中赢的局数的数量和输的局数的数量有关，而与在这些局数中赢的局和输的局的顺序无关。例如在表9-6和表9-7两表中，同样进行了四局，同样每张表中赢了两局输了两局，但是第一张表的输赢顺序是赢输输赢，第二张表的输赢顺序是输赢赢输。它们最终的结果都是一样的。

当然这个结论非常容易证明（乘法交换律，小学生都会），这里就不证明了，上面举的两个例子足够大家很好地理解了。

那么既然最终的结果和输赢的顺序无关，那么我们根据赌局2进行实验二，如表9-8所示。

表9–8

局数	胜负	100%	50%	仓位
		100	100	初始资金
1	1	200	150	
2	-0.5	100	112.5	
3	1	200	168.75	
4	-0.5	100	126.5625	
5	1	200	189.8438	
6	-0.5	100	142.3828	
7	1	200	213.5742	
8	-0.5	100	160.1807	
9	1	200	240.271	
10	-0.5	100	180.2032	

我们假设赌局的胜负是交替进行的，根据结论一，从长期来看这对结果资金没有任何影响。

在查看表之前我们先做一个定义。假设将某几局赌局视为一个整体，这个整体中各种结果出现的频率正好等于其概率，并且这个整体的局数是所有满足条件整体当中局数最小的，那么我们称这个整体为一组赌局。例如在上表的实验中，一组赌局就代表着进行两局赌局，其中赢一次输一次。

仔细观察上表中深色背景标记的数字，它们是一组赌局的结尾。你会发现这些数字是保持着稳定的增长的。当仓位是100%时，深色标记数字的增长率是0%，即一组赌局之后本金的增长率为0%。这也解释了当每次都满仓下注的时候，在赌局二中长期来看是无法赚钱的。当仓位是50%（即凯利公式得出的最佳比例）时，深色背景标记的数字增长率是12.5%，即一组赌局之后本金的增长率为12.5%。

这是一个普遍的规律，每组赌局之后的增长率与仓位有关。且每组赌局之后的增长率越大，那么长期来看最终的收益也就越多。

根据每组赌局的增长率可以计算出每个赌局的平均增长率g。在上面的表中，每组赌局之中包含两个赌局，那么每个赌局的平均增长率为：

$$r=\sqrt{1+12.5\%}-1\approx 6.07\%$$

其实这个r是可以通过公式算出来的。

$$设\ g=p\cdot\ln(1+f\cdot r_w)+(1-p)\cdot\ln(1-f\cdot r_L)$$

$$则\ r=e^g-1$$

从长期来看，想要让资本得到最大的增长，其实只要让r最大，也即让g最大化。而最佳下注比例f其实也是通过求解max(g)得出来的。

2. 凯利公式的其他结论——关于风险

（1）$r_W \cdot r_L$ 越大，最优下注比例 f 应该越小。

（2）r_W/r_L 越大，资金的增长速度 r 越大。

（3）令 $\Delta = r_W - (-r_L) = r_W + r_L > 0$。

用 Δ 来表示该赌局的风险，那么可以得到 Δ 越大，$r_W \cdot r_L$ 越大，r_W/r_L 越小。

也即对于期望收益为正的赌局，当赌局风险越大的时候，最优的投资比例越小，资金的增长速度会越慢。

那么如何利用凯利公式在现实生活中赚钱呢？

那就是要去创造满足凯利公式运用条件的“赌局”。在我们看来，这个“赌局”一定是来自金融市场。

近期本人一直在做交易系统的研究，对于一个优秀的交易系统来说什么是最重要的？一个期望收益为正的买卖规则占到重要性的10%，而一个好的资金控制方法占到了重要性的40%，剩下的50%是操控人的心理控制力。

而凯利公式正是帮助我进行资金仓位控制的利器。

三、行情有变，仓位该如何把握

股票是一种长期投资标的，投资者需要学会、把握买卖点的同

时，另一个更为重要的操作就是仓位管理。严格、科学的仓位管理将让你的投资收益稳步增长。

1．仓位管理的重要性

（1）仓位管理就是在你决定做多某个投资对象时，决定如何分批入场，又如何止损/止盈离场的技术。做好入场、止损和止盈的每一个环节。

（2）有仓位管理专家试验过，通过抛硬币决定做多还是做空，在这样的随机决策下，依托好的仓位管理技术依旧可以赚到钱。

（3）成功的投资＝客观简明的规则＋等待机会的耐心＋控制仓位的理智＋快速止损的果断＋扩大利润的勇气。

（4）完整的投资包括大盘个股分析、何时买、买多少、何时卖等一个完整的过程。但我们大多数投资者过于强调个股的选择，而忽视了在参与过程中更重要的买卖多少、兑现利润或止损的问题。只有把投资的各个环节都尽可能执行好，才算得上较成功的投资，长期稳定盈利才成为可能。

2．仓位管理的方法

（1）漏斗形仓位管理法。

初始进场资金量比较小，仓位比较轻，如果行情按相反方向运行，后市逐步加仓，进而摊薄成本，加仓比例越来越大。这种方法，仓位控制呈下方小、上方大的一种形态，很像一个漏斗，所以，称为漏斗形的仓位管理方法。这种管理方法适合熊市的中后期和长线的投资者。

优点：初始风险比较小，在不爆仓的情况下，漏斗越高，盈利越可观。

缺点：这种方法建立在后市走势和判断一致的前提下，如果方向判断错误，或者方向的走势不能越过总成本位，将陷于无法获利出局的局面。一般情况下，此时仓位会比较重，可用资金比较少，资金周转会出现困境。在这种仓位管理方式下，越是反向波动，持仓量就越大，承担的风险会越高，当反向波动幅度达到一定程度时，必然导致全仓持有而亏损较大。

（2）矩形仓位管理法（图9-1）。

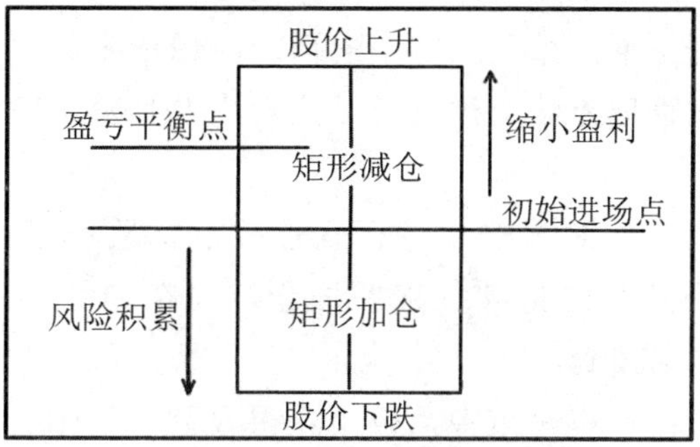

图9-1

初始进场的资金量，占总资金的固定比例，如果行情按相反方向发展，以后进行逐步加仓，降低成本，加仓都要严格按照这个固定比例进行，形态像一个矩形。如市场所说的大盘每涨跌10%加10%的仓位。

优点：每次只增加一定比例的仓位，持仓成本逐步抬高，对风险进行平均分摊，平均化管理。在持仓可以控制，后市方向和判断一致的情况下，会获得丰厚的收益。

缺点：初始阶段，平均成本抬高较快，容易很快陷入被动局面，价格不能越过盈亏平衡点，处于被套局面。同漏斗形方法一样，越是反向变动，持仓量就越大，当达到一定程度，必然全仓持有，极端行情出现时会出现一定的亏损。

（3）金字塔形仓位管理法（图9-2）。

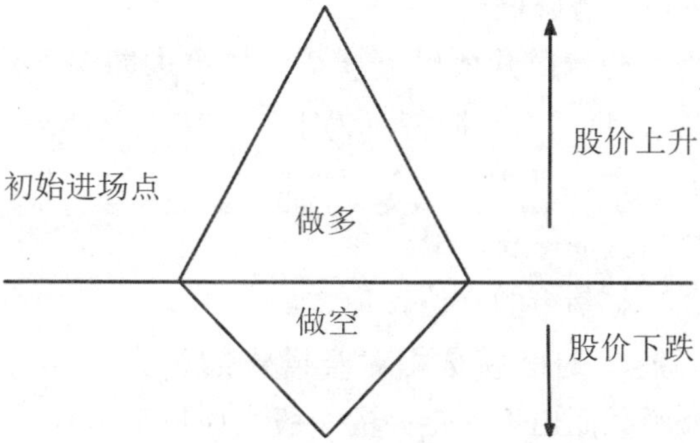

图9-2

初始进场的资金量比较大，后市如果行情按相反方向运行，则不再进行加仓，如果方向一致，则逐步加仓，加仓比例越来越小。仓位控制呈下方大、上方小的形态，像一个金字塔，所以叫金字塔形的仓位管理方法。预判市场熊转牛并且发出较为明显的信号时可用此方法。

优点：按照报酬率进行仓位控制，胜率越高动用的仓位就越高。利用趋势的持续性来增加仓位。在趋势中，会获得很高的收益，风险率较低。

缺点：在震荡市中，较难获得收益。初始仓位较重，对于第一次入场的要求比较高，需要对大势运行有较精准的把握。

3．仓位管理在牛熊市中的具体应用

（1）牛市中的仓位管理。

一般大盘和大部分个股时隔多年再度有效站上半年线、年线，加之宏观面和政策面具备牛市基础，牛市行情便逐渐演绎，全面上涨、赚钱效应不断是主要市场特征。顺势而为，持仓不动是最好的操作。

短线投资者：可满仓操作，有一定的技术分析水平和短线技巧可多做市场当时的热点龙头，但建仓后尽可能按趋势或小波段操作，不宜超短线。

中线投资者：八成左右仓位，牛市初期建立五成左右仓位，在上涨趋势的回档中不断浮盈加仓，精选兼具行业和概念看点的公司股票，以中期趋势持有为主，市场发出较明显的牛市途中阶段性调整信号时可适当降低仓位。

长线投资者：八成以上仓位，熊市末期牛市初期便建立大部分仓位。精选3只左右个股持有为主，等待大盘和部分指标股发出大趋势扭转或者市场严重高估信号的时候，仓位逐渐分批退出，如牛转熊信号得到验证，仓位退至0。

（2）震荡市的仓位管理。

区间震荡的市场是相对难操作的，大盘和个股大都来回坐电梯，能够脱颖而出不断走高的个股实属凤毛麟角。

短线投资者：建议六成以内仓位，对比较活跃的概念个股可反复操作，但如果大盘一旦打破盘整格局向下突破需选择退场。

中线投资者：三五成仓位，选择行业和公司都颇有看点的个股，这类个股在震荡行情中的表现往往会让人刮目相看。

长线投资者：下跌途中的震荡市，以观望为主，市场大方向还存在较大不确定性，并不是理想的建仓机会。如当时市场处于历史低位的估值区域，可开始精选严重低估值标的尝试布局。

（3）熊市中的仓位管理。

在熊市特征背景下，市场系统性风险释放明显，大部分个股以持续不断的下跌基调为主。顺势而为，现金为王是最好的应对策略。

短线投资者：大多数时候空仓，预判大盘严重超跌再超跌，产生修复性的技术性反弹时可在设置严格止损位的背景下短线重仓出击，一般5天以内不管盈亏都选择卖出。操作的关键在于对市场走势的节奏把握较好，具有一定的择时和选股能力，减少交易频率，提高交易胜率。在熊市中，一样可以实现盈利。

中线投资者：防御至上，耐心等待，空仓可取。

长线投资者：等待为主，提升内功，研究个股，熊市中后段可开始对长期看好的个股采取逐步建仓策略，可考虑三成以内仓位，大跌大买，一旦大盘和个股大趋势发出扭转信号继续加大配置。

4．仓位管理精华总结

（1）良好的资金管理和仓位控制是长期投资股市实现稳定盈利的重要法宝，有时候甚至是最重要的因素，投资者一定要加以重视。

（2）根据各人的心态、投资风格和操作特征，建立适合自己并不断加以完善的仓位管理系统。

（3）市场瞬息万变，要根据不同的市场特征（牛市、熊市、震荡市）选择与之相符的仓位管理策略，不可一成不变地在任何时候都应用同样的策略。

（4）大道至简，顺势而为。仓位管理时要顺应市场、顺应自己内心的盈利亏损预期，不可因市场的大幅波动放大自己的贪婪和恐慌情绪，从而打乱原本设定好的仓位管理原则。

（5）实践出真知，投资者可在投资时拿一部分资金不断尝试，寻找最适合自己的仓位管理策略。

四、做交易是不是都是亏钱的，有人赚吗

美国电影《大空头》中有这样一段情节：一个天才基金经理，擅长价值投资。他发现一个世纪性的机会：美国房地产呈现泡沫，做空房地产，有超级丰厚的盈利。他与银行对赌，把11亿美元基金资金全数投入购买房地产债券违约保险（类似做空期权）。当时美国房地产的氛围与天朝一样，认为房地产永远上升，不可能下跌。客户们都认为这位基金经理疯了，在浪费客户资金（当时基金账户确实有13%的浮亏），大量赎回，逼得这位基金经理便宜卖出期权，应付客户赎回。最后，美国房地产如期崩盘，这位基金经理的收益率是473%。因为前期应付客户赎回，亏损卖出不少期权，收益只是9.7亿美元，而同期的做空英雄保尔森，个人赚了30亿美元。

在股票市场上赚钱，其实是挺难的事。要不然，为何几百年来，总是70%～80%的股民会亏损，而且这一铁律一直未被打破。中

国的股票市场亦不例外。根据统计表明，仅有6%的股民赚钱，其中只有3%的股民赚到了大钱，另3%的股民赚了小钱；还有10%左右的股民不赚不赔；剩下的就是绝大多数的赔钱亏本的股民了。

为何只有相当少数的股民能赚到大钱，而股市里的绝大多数的人永远逃不脱亏本的厄运呢？是不是少数投资者的投资思维是正确的，是符合市场规律的，而大多数投资者的股市理念和投资手法全是错误的呢？

其实答案很简单：的确如此。

这也说明了一个古老而浅显的道理：真理往往掌握在少数人手里。股市，亦然。其实，这样的例子中外皆有。

中国古代有一个叫孙阳的人，是个相马的专家。他受邀为楚王相马，他说，千里马是有，但很少，要花时间慢慢挑选。于是，他四处相马，去了盛产骏马的燕赵寻找，未果。在他准备离开齐国的时候，看见一匹拉盐车的马，喘着粗气拉车上坡，便一眼相中这是一匹难得的千里马，于是便执意买了回来，献给了楚王。果然，这匹瘦弱、喘着粗气状似极为普通的马，经过半月的调养，成了一匹帮助楚王征战十几个国家的千里马。这就是中国妇孺皆知的伯乐相马的故事。

外国的故事比较残酷点。1600年，意大利著名的天文学家布鲁诺由于反对地心说，拥护哥白尼的日心说，主张宇宙是无限的，被教会打成异教徒，并于当年3月17日在罗马的鲜花广场上被活活烧死。后来的历史实践证明，布鲁诺的观点和主张是正确的。

这两个真实的故事，都说明同一个道理：真理掌握在少数人手里。少数服从多数，是说少数人的主张，后来赢得了多数人的跟从而已，往往不是多数人的发现。

从中外两则故事里可知：大众化投票，是既选不出千里马，也发现不了宇宙无限说的真理的。股票市场也永远是少数人赚钱，道理其实是一样的。

那么，股票市场的少数人的炒股手法和投资理念是怎样的呢？

他们通常不在意股市里所谓技术分析、股价波动、经济升降、股评和小道消息等，对市场有着与绝大多数股民不同的独特见解和操作理念，并付诸实践。

他们的手法和理念就是：不重技术分析，不在意股价的波动，不关心经济的好坏，不听信股评专家的观点，不打听小道消息。

一句话：绝大多数股民在股市的所为，他们统统不沾边。这就是他们赚钱致富的正道。

巴菲特有句话说得很直白：如果你远离股票市场那种超级敏感的心态和股市喧闹的氛围，形成你自己独特的商业判断，那么，你终将能取得成功。

巴菲特的话，总结出了少数投资者在股市里的赚钱之道。要做到这些，仓位的合理配置是前提。

五、普通投资者的杠杆如何撬动地球

交易市场上，交易者赚钱，是因为承担了风险，亏损也是因为承担了风险，这就是“盈亏同源”。赚钱，是因为正确承担了风险；亏损，是因为错误承担了风险。作为交易者，承担风险时，无法预知所承担的风险是正确的还是错误的。也可以说，收益由所承担的风险产生。收益越高，风险越大。

因为“盈亏同源”，一个系统，收益率多大，回撤就有多大。

如一个年平收益率30%的交易系统，其回撤（即亏损幅度）也可能达到30%。比如西蒙斯的量化基金，年平均收益率高达35%～40%，发生亏损时，净值也跌落到63%左右；比如索罗斯，其基金年收益率大约为20%～30%，发生严重亏损时，基金净值一度落到60%～70%。所以收益并不是越高越好。比如，一个交易系统，当年收益率为30%时，第一年为130%，第二年为169%，第三年亏损为30%，净值为169%×（1－30%）＝118.3%；当年收益率为50%时，第一年为150%，第二年为225%，第三年亏损50%，净值为225%×（1－50%）＝112.5%；当年收益率为60%时，第一年为160%，第二年为256%，第三年亏损60%，净值为256%×（1－60%）＝102.4%。如表9-9所示。

表9–9

收益率	10%	20%	30%	40%	50%	60%	70%	80%	90%	100%
第一年	110	120	130	140	150	160	170	180	190	200
第二年	121	144	169	196	225	256	269	324	361	400
第三年	109	115	118	118	113	102	87	65	36	0

在表9-9中，收益率为10%～30%，遇到回撤，变化不大；收益率在50%以上，遇到回撤，变化就大了。收益率为100%，遇上严重回撤，可能暴仓，甚至连本都亏光。

一般而言，20%～30%是合理的预期收益。超过30%，就要小心。

交易系统确定之后，收益基本就确定了。要提高收益，只有提高风险。但是，风险增加后，回撤也加大。而回撤，需要更大的收益才能恢复到原来水准。比如，回撤20%，需要25%的收益才能回补；回撤30%，需要43%的收益才能回补。

那么，在风险把控方面，有什么原则吗？

有，那就是“慎用杠杆”。

在每一次市场行情中，使用杠杆的投资者无疑都能赚到很多利润。但是，当我们观察世界上最有名的那些投资家，其中有一部分人是不使用杠杆的，如沃伦·巴菲特、李嘉诚等，另一部分人则经常使用杠杆，如著名的投机家乔治·索罗斯。

那么，杠杆在投资中到底起到了怎样的作用呢？这里，就让我们从杠杆的各方面特质入手，来更多地了解这个让人又爱又恨的投资工具。杠杆放大了长期投资中无法获得收益的风险：尽管可能增加收益，但当投资者在进行长期投资时，杠杆无疑会增加他们无法获得任何收益的可能性。

有两位投资者，都在10元价格买入某一只股票。第一位投资者没有使用杠杆，第二位投资者使用了1倍杠杆。这时，如果这只股票顺利地从10元涨到20元，第一位投资者会获得100%的回报，第二位投资者则会获得300%的回报。

但是，如果标的资产在从10元涨到20元期间，曾经下跌到4元，那么在行情结束时，第一位投资者仍然会得到100%的回报，第二位投资者却会把自己的钱赔光：因为在价格跌到4元时，他的账户就会被经纪商强制平仓，因而之后从4元到20元高达500%的涨幅，也就和他没有什么关系了。

不是杠杆造成了投机者的损失，而是投机者选择了杠杆：为什么除了乔治·索罗斯之外，我们很少在长期成功的投资者中，看到经常使用高杠杆的人？

这不是因为高杠杆本身带来的收益不好，而是因为选择高杠杆的投资者，多半投机心理较重。在这种性格驱使下，如果他们第一次使用杠杆投机失利便罢，如果第一次投机成功，那么他们通常会在未来的投机中继续加大自己的杠杆，从而往往导致最终亏光本金：1990年代中期破产的长期资产管理公司，就是一个绝好的例子。

正由于此，华尔街有一句流传了很久的谚语："华尔街有老的交易员，也有胆大的交易员，但是没有又老又胆大的交易员。"事实上，乔治·索罗斯这位风光无限的投机家，也曾在采访中透露，他在1980年代曾经有一次险些爆仓，以至于他在伦敦金融城奔走于各银行之间寻求扩大杠杆时，"心脏难受到险些倒在路上"。

杠杆的资金利率至关重要：无论是长期杠杆还是短期杠杆，资金利率都至关重要。因为，投资者的收益其实就等于标的资产的收益减去贷款的资金利率。因此，以8%的融资融券利率买入一只净资产收益率只有5%的股票，在长期来看明显是不上算的，短期是否上算则取决于投资者的运气，而有经验的投资者都知道，这往往不会特别好。

因此，如果必须使用杠杆，那么把杠杆率控制在20%以内是一个明智的选择。这种低程度的杠杆率既可以保证投资者避开绝大多数的风险，又可以使他们获得更好的投资收益，恰如餐后美味的甜点那样让人心醉。当然，如果你是一位自制力非常好的用餐者，那么这道甜点不吃也罢，毕竟自古以来，甜点都会增加肥胖症和心脏病方面的风险。

第十章
如何在收益和风险之间寻求平衡点

人类天生有一种对秩序或者规则的追求，受过一定教育的人更是如此。我们最大的问题在于，总是认为问题都会有答案，而事实上很多问题是没有答案的，金融投资这个行业，永远有未知的风险在等着你。

一、交易首先做到风险管理，然后才是追求利润

风 险

风险管理，也就是对风险的管理，就是把风险可能造成的不良影响减至最低的管理过程。首先要认识风险，我将风险分为两大

块，一块是市场风险，另一块是人性风险。当你进入市场，就必然承担着风险。我们坐飞机出行，可能会出现空难，但可以快速到达目的地。我们开车出行，可能会遭遇交通事故，但得到的是效率出行。我们来提炼一下，坐飞机——空难or快速到达；开车——交通事故or效率出行。放到交易上呢？进场交易——亏or赚。风险与报酬本来就是一体两面，或曰盈亏同源。所以，正视风险，不必恐惧，但要给予足够重视。

风险管理说到底就两个，风险来临前干什么，当风险真正到来以后怎么干。风险管理一定要有预警机制，比如，在可预计的重大风险事件来临前做好分析，事件的可能走向，每种走向对应的方向与行情级别都要心中有数。比如2014年秋天的苏格兰公投，当事件开始被市场聚焦时（风险预警要谨慎做多），英镑暴跌600点，随着预期苏格兰独立的可能性降低英镑随之反弹，出来结果的当天又下挫了250点（买预期，卖事实）。在重大风险事件来临之前分析事件的可能走向，每种走向对应的结果是什么都要心中有数，宁可错过，绝不乱做，不打无准备的战争。

那么问题来了，已知的风险事件可以做计划，那未知的呢？这个事先谁也无法预料到，以资金管理对之。总有些朋友喜欢炫耀他胜率如何如何高，看得多么多么准，如果还停留在看对次数多寡的状态，那么他要走的路还很长。

市场里95%的人之所以亏钱，主要是看对的时候拿一点儿就跑，亏钱的时候死扛，赚小亏大，系统期望值为负，最终的结果必然是亏钱。胜率不重要，重要的是盈亏比。索罗斯老人家说的更直白："我不在乎你看对或者看错多少次，重要的是你看对的时候赚了多少钱，看错的时候亏了多少钱。"

于仓位，就股票交易而言。有套懒人方法，初始仓位不超过五成仓位（根据自己的资金量和资金性质还有心理承受力自行加减），之后浮盈加仓也最好不要超过四成仓位。你可以按照3∶3∶2∶2或者5∶3∶2这么来开仓，严禁浮亏加仓。有些朋友会问，如果我分段逆势建仓不也是浮亏加仓吗？说的没错，但是你要明白前提条件，如果起初仓位只有一二成仓位，当然可以继续，因为你满足初始仓位不超过五成仓位的前提条件，后面你可以加三四成仓位。严格来说，是禁止计划外的浮亏加仓，而计划必须满足风控规则的大前提。

关于止损，止损的意义是入场前就确定自己单笔买卖的最大可承受损失，确定下限，以此为后方根据地而博得利润。上面谈到市场如果出现突发的风险事件怎么办。很简单，这时候只有两种情况：一种是打掉止损，一种是没打掉止损。意料之外的风险事件也依然在提前制定的风控规则内。打掉了不用去管，耐心等待机会准备下一次出手。没打掉的话，根据市况来确定是继续持有还是平仓。

需要说明的是，设了止损不代表就万事俱备只欠东风了，有些朋友被打止损打到手软。止损首先要符合风控规则，设止损位不是为了被打掉，止损是预防突发风险事件，同时也是在自己看错或者看对方向，但进场时机不对的情况下截断亏损。

而止损频繁的被打掉一定是止损的可靠性出了问题，提高止损的可靠性要在技术分析上下功夫，另一方面在设置止损的时候提升时间架构。相对来说，日线级别的支撑阻力位比1小时级别的支撑阻力位要可靠。止损一旦设定不可轻易挪动止损，更不可取消止损。所以进场之前一定要谨慎而有计划，机会来临就出手，没有机会要耐心等待。

二、市场永远是老大，想赚钱，先管住手

首先要明确一点，既然我们都是人，就会有人的局限性。最简单的例子，人类的眼睛只能接收可见光，而可见光仅仅是电磁波谱的一小部分。请问，眼见为实这话还对吗？如果这句话是对的，对应的前提条件又是什么？

每一个人的成长经历都是独特的，但每一个人的局限性都是必然存在的，我们大脑中的世界并不是真实的世界。所以要清楚地意识到自身的局限性，保持谦卑，时常自省。

人性风险其实比市场风险恐怖得多，爆仓和大亏基本都是这里出了问题。是什么导致了赚的时候拿一点儿就跑？又是什么使人在亏钱的时候死扛？赚了点儿钱怕利润走丢，赶紧平仓，这是被恐惧驱使。亏钱的时候死扛，总是抱有期望，总期望亏损能补回来，可能偶尔可以扛回来甚至盈利，但是你只要错一次，结果亏损越来越大，直到超越心理极限而不得不平仓或者直接爆仓。贪婪，抱有期望，骄傲自负，每一样都能让你亏大钱。

因此，投资是一个足以每天都让你人格分裂的事业，如何在充分尊重市场的基础上，保持客观、灵活，这几乎是我们的生命线。当我们能将交易盈利和人性需求（贪婪、侥幸、骄傲自负）完全分开，对自己犯的错能够承认的时候，我们就从输家变为了赢家。在转变之前，承认犯错比交易亏钱更令我们心情不快。我们总是试图做到心想事成，一切如我们所料。但是转变之后，我们会这么说，这个交易决策是我们思考后做出的，但是如果我错了，就尽快离场，因为要保住老本，以进行下一笔交易。凭借这样的生存哲学，研判正确的话，盈利总是唾手可得，研判错误的话，止损认错、遭受小亏也毫不痛苦，因为交易时认错出场对我来说是很正常的事，是不足挂齿的小事。“让自尊心见鬼去吧，赚钱才是最重要的”，能说出这种话的时刻就是成为成功交易者的时刻。

新入市的投资者最为常见的错误：一是忽视风险管理；二是交易头寸太大；三是把市场拟人化。最常见的错误是把市场视为自己强硬的对手、仇人。市场当然是完全客观的、不具感情的，不会在乎交易者是赚还是亏。99%的时间里，市场自身的力量要大过任何个人或机构的外力，市场迟早会向它该去的地方进发，市场自身形成的运动方向无人能够改变。有时即便有例外，但不会持续太久。无论何时，当某位投资者说“我希望”或“我期待”时，此时他已陷入有害的思维模式，因为他已不关注“诊断”市场的过程，而是沉浸在主观臆断和一厢情愿中。

许多投资者对万物的印象和认知就和鸭子一样。鸭子只要足够年幼，你就可以教会它们把军舰当成自己的妈妈。对于许多投资者而言，他们不太在意自己的第一笔大交易是成功还是失败，而是关注让自己大赚的第一笔交易是做多还是做空。于是就可能因此成为长期的“死多头”或“死空头”。这是非常糟糕的，做多和做空都可盈利，在交易中，任何东西在心理上给你的满足感，绝对不存在高下之分。如果存在高下之分，你的交易就会走向歧途。

三、如何理解“系统越简单越好”

一个成熟的交易系统，不是说你用它能赚多少钱，而是说你通过使用一套规则，愿意付出多少成本来换取多少利润的问题。交易系统限定的是风险，你打算亏，能够亏的成本。

只要你能控制住风险，有预期目标，也就是有合适的盈亏比，那么，按这个策略做就行了，想那么多干嘛呢？交易系统简单，说的就是这个步骤简单。

比如假突破和噪音。这个怎么解释？对于大周期趋势策略，你的风险控制，或者更直接点说，你的止损空间就已经包含假突破和噪音幅度了。这就是为什么笔者推崇克罗的止损方式——大幅度的形态止损。如果我眼下没有合适的方法防假突破和噪音，那我就把这段包含进止损空间。趋势确认总得有个方法判断吧？那就把整个确认区都算为止损空间。

空间过大怎么办？当然是降低仓位，保证你每一笔单子的风险都限定在一个可控的范围内不就行了。比如以前正常30点震荡区间，我开200手，风险成度为5%。现在行情活跃了，震荡区大了，变60点空间了，我仍然要保证每一笔风险成度为5%，那我开100手就好了。无论震荡区间变大还是变小，盈亏比是不容易变的。因为波动的形态是个自相似特性，震荡区间大，那趋势出来走的也远，震荡区小，那趋势幅度也小。积累多少能量，就释放多少能量，震荡区的波动幅度和时间与能量成正比，当然这是泛泛地说。

由上引申，系统简单是说风险度可控，盈亏比可测，而不在乎周期大小。同样5%的风险度，同样盈亏比，我可以放在日线、周线，也可以放在小时，甚至分时。趋势交易的噪音行情，被做日内的抓了，做日内的噪音行情，被做高频的抓了。所以，周期真的不重要，不是说只有趋势交易才能有大盈利。每个周期，都有自己的风险度和合适的盈亏比，甚至是可以用同一套方法。行情波动自相似，不同周期内的方法自然也可以是自相似的。

这句话是否有更深刻的含义，我的理解，交易系统的核心就是对风险的控制，而不是对盈利的控制。盈利无法精准控制，第一，行情怎么走，走到哪，不知道；第二，就算预测精准，离场失误也白费。

所以有句老话说：进场无所谓，关键在离场。进场不是不重要，你不可能随意在山顶上做多。说无所谓，就是说，你进场时的风险——止损、仓位是可控的、计划好的，所以就无所谓了。离场是说，如果行情发展如预期，那就确保离场策略按计划执行，如果中途发生变化，那就及时离场，锁定利润，别总做电梯，赚了不出，亏损才出。让利润奔跑，也是顺着行情的发展看，走一步看一步，不是行情没到目标位，但突然转势了，还主观认为趋势会延续，不到位不走，那你就等吧，最后大多数投资者一定是亏钱出来的。是趋势带着利润跑，不是你希望利润跑，这是两回事。

另外，不是说具体的分析方法简单，就说交易系统简单，方法只是系统的一部分。相反，相对复杂的方法，效果可能更好。因为对风险和预期收益都有一个详尽的评估，无论发生什么行情，心理都有数，有预案。这样，心态会平和许多，交易上也不会毛躁，效果就会好。行情不可控，但风险可控，你的系统运用起来得心应手，自然就简单了。

四、你不是一个交易者，你是一个风险管理者

重要的事情说三遍，风险控制、风险控制、风险控制！风控怎么强调都不过分。市场并不是事实，而全部是人们的观点和头寸。所以，在任意时间，任何东西可以是任何价格。一旦理解了这些，你就意识到你需要保护性的止损了。如果头寸的表现让你不理解

时，你就需要砍仓了，因为你明显不知道发生了什么事，你必须能够砍仓。很多基金经理在2008年损失了50%甚至更多，因为他们不能接受自己的错误，他们一直在计算，不停地说自己是正确的。他们忽略了重点。在计算上他们可能是正确的，但他们的工作不是计算，而是交易他们面前的东西。他们不停地说自己是正确的，市场是错误的，他们所管理的投资组合有几十亿美元的隐含价值。你的工作不是创造几十亿的隐含价值，而是让权益线从左下角移动到右上角。一旦你理解了这就是交易员的工作，你将会开始保护这条线的方向。

最重要的交易准则是第一流的出色防守，而非出色的进攻，没有好的防守，进攻将毫无意义。对于持有的头寸，每天都假设其是错误的，每天都把前一日的收盘价当作你的买入价，知道控制风险的止损点将设在哪里。在交易中，不要做英雄，逞一时之快，不要以自我为中心，不要自负，要能达到"无我"之境，总能自我反省，叩问自己，审视自己所具有的能力。不要把注意力放在赚别人的钱之上，而是要专注保护自己的钱。如果看到价格向不利于我们的方向突然运动，而且你对此无法理解，通常就清仓离场，等到以后再探寻其中的原因。另外，当市场的波动性变得很大，走势变得极为疯狂时，最好先清仓离场。当某事使你的情绪失衡，让你对周围世界的感知出现迷茫和困惑时，最好清空与此事相关的所有头寸。不要莫名其妙亏大钱。

不能有任何赌徒思维，赔钱的时候不能孤注一掷。投资是一个需要你去经营的事业，积小胜为大胜，管理风险。你不是一个交易者，你是一个风险管理者。任何一名投资者做得最差劲的事情就是不知所措，你应当知道，在任何情况下该怎么做。如何才能不赔钱只赚钱？如何摆脱失败的投资？如何保持不要从赢钱变成赔钱？方向错误的祈祷和我希望自己是正确的欲望很多时候会让损失远远大于它们的正常水平。祈祷对于投资者来说是一个糟糕透顶的词。要避免急于翻本的心理，不要为尽快扭亏而投入资金甚至投入加倍的资金来进行交易。损失达到一定金额就会影响你接下来的判断，所以在发生损失和下一次交易间你要腾出一段休息时间，这样就可以平复心情，恢复冷静。归根到底，你必须把风险降到最小，要把资金保留到为数不多的、能赚大钱的时候再用。把资金投入次优的交易，你是承担不起的，等到大的机会真正到来，你早已精疲力尽、资金耗尽了。

除了价位止损，还应该有时间止损。如果某笔头寸建仓后一周或两周账面还是亏损的，你的这笔交易很有可能就做错了。即便某笔持仓头寸账面大致保本，但是如果距离你建仓已过去不少时间，这笔交易也可能做错了。如果你认为价格将会突破，但到了时间止损的期限价格并未突破，那么就可能是做错了。价格会先于基本面做出反应。

五、要重视交易过程而非交易结果

昔善者，先为不可胜，以待敌之可胜；不可胜在己，可胜在敌。胜兵先胜，而后求战；败兵先战，而后求胜。

——《孙子兵法》

对于拿着锤子的人来说，全世界都是钉子。人类最大的问题在于认为问题都是会有答案的，而事实是很多东西并没有答案。当面对看似随机游走的股票市场的时候，我们总是希望找到某种交易策略来解释股价，但遗憾的是，并没有一种交易系统能让我们在股票市场永远占优。世易时移，适者生存，那些能够长时间保持成功的交易员最重要的生存之道是能够适应变化。

在投资的每个阶段，我们都需要一个交易策略一些标准来比较稳定地获取某一类收益，但随着市场环境的变化，我们又需要不停地修正我们的框架。

投资是由多种可能性组成的，任何交易策略，无论多么有效，都有可能在特定时间是亏损的，交易者经常混淆赢钱亏钱的交易与好和坏的交易。一个成功的交易也可能亏钱，一次失败的交易也可能赚钱。一个成功的交易在重复多次后最终是赚钱的，尽管每一次它都有可能亏钱。一个失败的交易在重复多次后最终将是亏钱的，尽管每一次它都有可能赚钱。不要混淆可能性与概率，要做时间的朋友。正确的习惯符合大多数定律。从单笔交易看，交易成败几乎全部取决于运气，这其实和统计学有关。如果你做一件有53%成功率的事情，那么单做一次的成功率就是53%，但从长期来看，你反复做这件事情，成功率就趋近100%。

交易赚钱的时候特别危险。因为你一旦初尝胜果，实现了第一个目标，那么你会希望赚更多的钱，这对许多人而言是有害无益的。究竟要从交易中得到什么，交易结果和交易过程哪个更重要，他们对此开始产生疑问，并逐步偏离交易的正道，把赚钱的目标置于正确的交易操作之上，一切只看交易的结果，忽视正确的交易操作和过程，由此走上自我毁灭之路。许多人都没有清楚地认识到他们在哪里会赚钱，哪里会输钱。一个有用的方法是，投资者可以分析他们过去的交易来分隔开“输家”和“赢家”，然后，做更多有效交易，减少失败的可能。

我们尽可能地把重点放在分析的源头上、思维的逻辑上，把交易系统的核心放在分析的正确率上、盈亏比的正确率上。

再重复一遍，重视过程，刚开始结果可能会不好，但是早晚会好；过程不好结果可能会好，但是早晚不会好。结果都是浮云，逻辑伴你一生！

第十一章
市场情绪——交易中不可忽视的神秘力量

电影《教父》里面有句著名的台词："永远不要让家族外的人知道你的想法。"情绪易于波动，喜怒易形于色的人，与其说是坦率，不如说是缺乏内心历练。在需要隐忍的时候隐忍，在该爆发的时候爆发，是一个人成熟的标志。

没有哪个人天生就能够控制自己的情绪，真正能干的人，是时刻留意不要让自己栽于外在情绪中。

一、结果交易：要么控制情绪，要么死于情绪

俄罗斯大诗人普希金，因为老婆出轨，愤怒难平，跟情敌决斗被一枪打死，享年37岁。

美国金融之父亚历山大·汉密尔顿，因为与政敌意见不合，在决斗中被一枪打死，享年47岁。

美国总统林肯，在与一位论敌决斗的时候，或许命不该绝，被围观的群众及时阻止，从此以后林肯痛改前非，发誓绝不再跟人吵架。否则，美国的历史很可能被改写。

精神病患者头脑再糊涂，也有能正常交流的时候。而正常人就算头脑再清醒，也难免有犯糊涂的时候。

一个人在盛怒之下，谁敢保证他的智商一定高于正常状态下的精神病患者。伟人尚且如此，更何况我们这些普通大众呢。

因此，我们一定要在自己的脚下，建立起自己独立的价值观大厦，知道自己需要什么，想成为什么样的人，唯有如此，当你面对别人语言暴力或者内心焦虑的时候，你的情绪才不至于顷刻间崩塌。

对金融交易来说同样如此。

股价实时盘中的波动，带动着投资者内心的波动，不时地冒出很多买还是卖的想法，尤其是面对盘中突然放量拉升或者突然的急速下跌，带给了投资者情绪上极大的冲击。这时的交易完全是被情绪所支配所买卖，而不是建立在自己客观的分析基础上。

一

我走到街上。
行人道有一处深坑。
我掉了下去。
我迷失……我无助。
那不是我的错。
仿佛永远都找不到出路。

二

我走到街上。
行人道有一处深坑。
我假装没看见。

我又掉了下去。
真难相信我竟跌落在同一个地方。
但那不是我的错。
又是花了很长时间我才爬了出来。

三

我走到街上。
行人道有一处深坑。
我看见了它。
可我还是掉了下去……那是一种习惯。
我睁着眼睛。
知道自己在哪里。
这次是我的错。
我当即爬了出来。

四

我走到同一条街上,
行人道有一处深坑。
我绕了过去。

五

我走到了另一条街上。

鲍莎·尼尔森的这篇短诗，其实是每个人每次成长的细致描述，也是无数人投资交易生涯的描述。在交易中很多人总是受到情绪的影响一错再错，一直犯同样的错。鲍莎·尼尔森的人生有五章，被情绪所主宰的交易员往往只有前三章，反复循环的三章而已。

一位进入投资市场已经有一段时间的朋友，在描述自己交易时说："像是两个自己在打仗，每次都是冲动的我打败了理智的我，当冲动的我把账户破坏得一塌糊涂后，理智的我又占上风，然后收拾残局慢慢开始盈利。但过一段时间后那个冲动的我又跳了出来，如此周而复始，在这场与自己的战争中一次次地败下阵来。”

那么在金融市场交易中，我们应该如何控制自己的情绪呢？

二、情绪控制的前提是过硬的技术

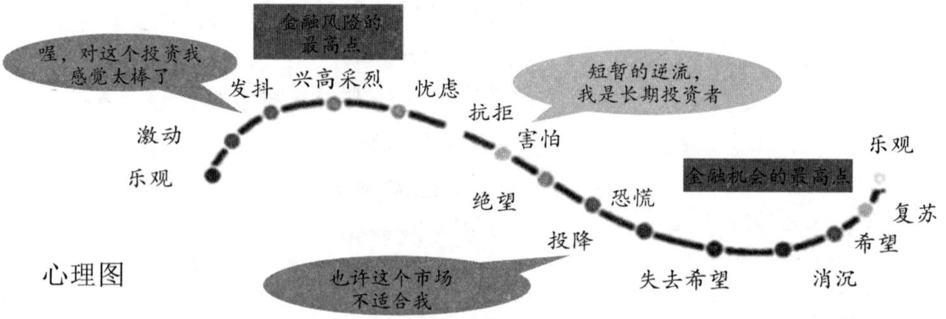

图11-1

犹豫（试探性买入）——开心——兴奋——狂热——犹豫（买盘不足较多观望）——失望(股价回落)——痛苦(股价连续下跌)——恐惧(加速下跌)——犹豫(试探性买入抄底)……进入循环！这就是用大多数交易者情绪表达的市场运行轨迹。如图11-1所示。

他们引导着整个市场趋势的走向，反过来市场趋势又引起他们情绪的不断反复，结果是资产账户的不断缩水。因此我们需要理解情绪的可能宣泄方式，做到冷静准备和自我控制，让自己从大众里面脱离出来，少点儿情绪，多点儿理性和逻辑，但做到这些的基础是过硬的技术。

没有一套适合自己个性的交易系统，无法细致而准确地判断趋势，在面对市场波动自然会流露出不自信的情绪，交易买卖完全受情绪支配，最后的结果可想而知。交易系统可以帮助我们客观地对市场变化做出反应，尽可能地规避主观性情绪的影响，技术分析市场，市场决定结果，结果影响心理。

如果你没有做好充足的技术准备，那你的操作必然会带着太多的冲动性和盲目性，加重了你的心理负担。而一旦你的结果没有符合预期，那对你的心理更是一种双重的打击，进而导致恶性的心理循环。如果把市场比作战场的话，交易者就是一个战士，他的武器如果装备精良，那么他打起仗来是不惧怕的，如果他手中没有武器，或者武器十分落后，他走上战场以后只能是与敌人进行肉搏拼杀，结果会怎么样呢?

很多投资者对于现实社会的欺骗、虚伪、狡诈感到了厌倦，喜欢金融市场的纯粹，可是真正进入了市场才发现，我们面对的市场是诡秘多变、陷阱重重的，比起俗世有过之而无不及。如果仅仅依靠我们的贪婪和恐惧进行交易，依靠我们的幻想和希望来麻痹自己，反而会使你一次次的亏损，使你陷入迷茫、兴奋、悲观、恐惧、愤怒，直到绝望的境地，如果你掌握了适合自己的技术交易系统，那么市场对你而言就不再那么深奥，面对市场所表现出来的镇定，又能促使你更加游刃有余。市场虽然是瞬息万变的，但我们总可以找到通往盈利的交易之路，并能理性地做出决断，一击制胜。

三、一名优秀交易员来自他的自信冷静客观

那么如何克服不良情绪对交易的影响呢，只有将自己的情绪控制在一个有限波动的范围，时时刻刻保持清醒的头脑，时时刻刻具备冷静分析的能力，做一个可以控制自己行为的人。当然了，想要做到这些是很困难的，因为它面对的是你的本性，你固执存在的心理缺陷和心理障碍，因此这就需要我们长期的心理训练。坚持不

断地努力，不断规范自己的交易心理，并在实战操作中得到检验和提高。

果敢而坚持不懈地行动起来吧，不要再被动得无所作为，因为这关乎于你是否能成为一名优秀的交易员。请记住，你的自信、冷静、客观、坚韧、顽强、胆大心细等良好的心理的获得不是一朝一夕得来的，它是经过长年累月进行训练的结果。

那么有什么好的心理控制的方法?

（1）积极的自我暗示。比如你做某件事的时候，如果你对自己说“我一定行的”，这就是一个积极的自我暗示。如果你垂头丧气地对自己说：“看来这个我不行的，还是放弃吧。”这显然是消极的自我暗示。

（2）建立一个符合你性格的交易系统，拥有一套经历过实战检验的规则。

（3）做好交易计划和风险管理，设置买卖点和仓位管理，设置合理的仓位和止损以减少损失，把每一次交易当成未来交易的很小一部分而已。

（4）随时观察市场处于何种状态，并了解在该状态下市场的可能变动，可以根据自己的交易系统做适当变通。

（5）为了避免过度交易，不要时刻盯着市场，这样只会给你压力。可以规定一天只在几个时段登录软件账户，其他时间远离交易屏幕。

在这个市场，你没有对手，也没有敌人，如果有的话，那就是你自己! 如果你能够战胜自己，就能在这个市场取得胜利，如果你被自己打败了，那么市场留给你的也只能是失望!

四、亏损厌恶：投资失败的罪魁祸首

很多交易者把做生意中或打工的钱拿来投资，可能他们在其他行业有很多成功的经验，或者他们本身就是某个行业的精英，他们相信在金融市场，依然能够一往无前，但这个市场一开始看起来很

简单，但它常常会羞辱他们。

人类历史上的杰出人物如牛顿、爱因斯坦、丘吉尔以及蒋介石都在股票市场中遭受失败。牛顿事后说：“我可以计算天体运行的轨道，却无法计算出人性的疯狂。”

所谓成功者，都是以众多的失败者为铺垫的，金融市场更是如此，这是市场循环的基础。只不过这个市场加速了分化的过程，在比实体产业更加短的时间内，可以让投资者一步登天，也同样可以让其快速坠入深渊。

市场中更多的是失败者，有人说金融市场是埋葬精英的坟墓，究其根本原因，即便是精英人物在投资市场中也很难超越人性中的贪婪和恐惧。

人最大的敌人来自于内心，金融投资不像社会生活的其他方面，当人们从事任何其他社会职业时，人性的弱点还可以通过某种方法掩饰起来，但在金融市场中，每个人都必然会把自己的人性弱点充分地表现出来。公开竞价就是公开显示人性，市场走势不过是贪婪、恐惧、无知、侥幸与审慎、智慧、知识、觉悟经过激烈搏杀后在盘面上留下的痕迹。

那么，导致投资情绪紊乱的诱因是什么呢？

下面我们来做一个实验。

选项1： 我们一起抛硬币，正反两面的概率都是50%。如果是正面，你能获得5000美元，如果反面，你将会损失2500美元。

选项2： 现在就给你1200美元。是的，没错，现在就给。

以上两个选择，你会选哪个？

根据诺贝尔奖得主丹尼尔·卡内曼和阿莫斯·特沃斯基的研究结果，82%的人，会选择选项2。但是根据预期效用最大化的理论，理性的投资者能够算出选项1的预期回报是1250美元（5000×50%－5000×50%），而选项2是1200美元。

那么号称是“理性”的投资者为什么还会选择预期回报较小的选项呢？

总的来说，投资者在面对众多选择的时候，尽管这些选项的预期效用几乎相等， 但是投资者会更不倾向于选择确定性更低的选项。

这就是著名的展望理论，又称亏损厌恶。我们为什么在投资中把亏损厌恶称作是一种人性缺陷呢？

很多人会说，我对亏损保持戒心，这很正常也很符合逻辑啊？是的，如果投资者能在众多的选项面前，客观有效地评价每一种结果，在预期收益最大的前提下，有效地控制亏损，这当然是最好的了。

但实际上，由于市场价格每天都会波动，在亏损厌恶的影响下，投资者能够做出最优决策的概率被大打折扣。

我们再来做两个小实验。

实验1：在100元的时候买了一只股票，结果这只股票跌到了80元。现在你有两个选项：

选项1：割肉认赔，亏损20元。

选项2：继续持有这只股票，你有50%的机会亏损20元，也有50%的机会赚20元。

你会选哪个？

实验2：在100元的时候买了一只股票，结果这只股票涨到了120元。现在你有两个选项：

选项1：获利离场，净赚20元。

选项2：继续持有这只股票，你有50%的机会亏损20元，也有

50%的机会赚20元。

这时你又会选哪个？

80%以上的投资者在实验1中，会选择选项2，继续赌一把；然而在实验2里，近80%的投资者会选择选项1，获利离场。但是在数学上，不管是实验1还是实验2，每个实验中的两个选项的预期回报都是一样的。如表11-1所示。

表11–1

预期收益	选项1	选项2
实验1	-20	-20 + 50%* 20 + 50%*（-20）= -20
实验2	+20	+20 + 50%* 20 + 50%*（-20）= +20

所以对于理性投资者而言，每个实验的选项都是无差别的。那么，为什么投资者在不同的条件下，会有这么明显的选择偏好呢？

收益带来的快乐，在感受上远小于损失带来的痛苦；预期回报为正时，投资人会选择风险更小的选项，为负时，会选择风险更高的选项。

这种由于亏损厌恶带来的决策偏见，对投资者有三种最直接的影响。

（1）忍受不了割肉的痛。该割肉的时候不割肉，没有止损的机制，导致往往将股票卖在最低点。

（2）忍受不了短期亏损。发现价值股后，该坚定持有的时候不坚定，导致无法获得价值回归的增值。

（3）浮盈过早落袋为安。该追涨的时候不敢追，一波10%的行情来了就跑，然后在市场涨到高位的时候，忍不住又跑进去。

股市中“7输2平1赢”，亏损厌恶的影响会在这以下三种情况中被加倍地放大。

（1）“心急水不沸。”频繁地查看账户，导致过多地暴露在厌恶亏损的影响中。

（2）“短视的投资周期。”由于投资期限过短，导致出现亏损的概率增加，进而增加了亏损的痛苦。

（3）“过于单一的投资。”由于单个资产的波动性很高，上上下下，增加了投资人面对亏损的次数。

亏损厌恶（Loss Aversion）每时每刻都在影响着投资人的决策。投资人在有浮盈时，会更多地偏向确定性高的选项，希望能够保住盈利；而在有浮亏时，往往会偏向确定性低的选项，希望能够赌一把，赚回来。而这种决策上的偏见，导致了投资者忍受不了割肉的痛，忍受不了短期亏损，浮盈过早落袋为安。经常买在高位，卖在低位。

亏损厌恶可以说是很多投资情绪紊乱和行为偏见的诱因：由于不能正确地权衡每种投资选项，投资人不敢轻易尝试，也不敢轻易放弃。

有人终其一生不断探索市场，却从未花时间去了解自己。有人始终不了解失败并非来自于市场，而是在市场中自己败给了自己。因此，我们需要清楚地认识到自己投资情绪的波动，监督自己的投资行为偏见，以求更好地做出投资决策。

五、从市场的情绪波动中获利：反身理论

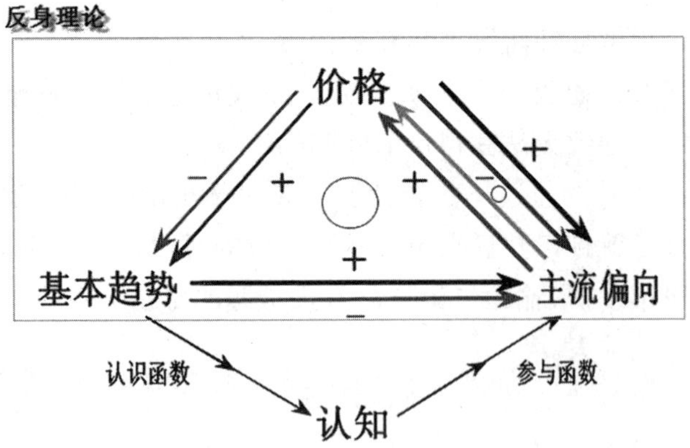

图11-2

投资者根据掌握的信息和对市场的判断，来预测市场走势并采

取行动，而其行动事实上也反过来影响、改变了市场原来可能出现的走势，二者不断地相互影响。由于投资者不可能及时而准确地掌握到完整信息，再加上投资者同时会因人性缺点影响到其认知，令其对市场产生偏见。这就是索罗斯核心投资理论的所谓“反身性理论”。如图11-2所示。

在索罗斯看来，我们的不完全的认识是影响事件的一个因素，而被扭曲认识影响的事件又反过来影响着我们的认识。这个过程就是一种反身性过程。

同样的情况发生在证券市场中，股价的变化带来企业基本面的变化，继而带动股价的进一步变化。如此循环往复。反过来，股价下跌推进的过程亦是如此。

反身性过程是一个反馈环：认识改变现实，而现实又改变认识。

在这里我们简单介绍一下“反身理论”的应用，对于索罗斯的“反身理论”感兴趣的读者可以继续做更深一步地研究和思考。

反身理论最重要的实用价值就在于利用它来发掘过度反应的市场、跟踪市场在形成趋势后，由自我推进加强最后走向衰败的过程，而发现其转折点恰恰是可以获得最大利益的投资良机。

顺势而动的跟风所形成的主流偏见对市场所形成的推动是过度反应的市场形成的主要原因，跟风者的行动虽然具有一定的盲目性，却同样能使市场自身的趋势加强。

由于市场因素复杂，不确定因素越多，随波逐流于市场趋势的人也越多，这种顺势操作的投机行为影响就越大，这种影响本身也成为影响市场走势的基本面因素之一。

风助火势，市场被投资者夸大的偏见所左右，二者相互作用令投资者陷入了盲目的狂躁情绪之中，趋势越强，偏见偏离真相越远，实际上也使得市场变得越来越接近脆弱。过渡反应的市场最终导致的结果就是盛衰现象的产生。

所以市场的趋势在表象上就有两种极度的反应：一种是盛衰过程；另一种是衰盛过程。市场趋势就是在两种趋势中不断地相互交错更替进行着。

分析一下这种盛衰现象发生的主要顺序特征。反过来，衰盛现象发生的主要顺序特征亦是如此。

（1）市场发展的趋势尚未被认定。

（2）一旦趋势被认定，这种认定将加强趋势的发展并导致一个自我推进过程的开始。随着现行趋势和现行偏斜观念的相互促进，偏见被日益夸大。当这一过程发展到一定阶段，极不平衡的条件即告成熟。

（3）市场的走向可以得到成功的测试。市场趋势和市场人士的偏见都可以通过各种外界的冲击而一遍又一遍地接受测试。

（4）确信度的增加。如果偏见和趋势都能在经受各种冲击之后依然如故，那么就是不可动摇的。这一阶段为加速过程。

（5）现实与观念的决裂。此阶段的出现标志着信念和现实之间的裂痕是如此之大，市场参与者的偏见已经显而易见了，此时高潮即将来临。

（6）终于，一个镜面反射形的、能自我推进的过程向着相反方向发生了。此时人们对市场的看法不再起推动作用，原有趋势停滞不前，另一种声音开始影响着市场，原有市场信心开始丧失，这时市场开始向相反方向转换，这个转换点叫作交点，为下跌加速阶段。

本杰明·格雷厄姆和沃伦·巴菲特投资哲学的基础是“市场总是错的”，于是他们有一套在市场犯错时进行价值投资的方法。乔治·索罗斯投资哲学的基础是“我们所有人的世界观都是扭曲的或是有缺陷的”，他基于此总结出了反身理论，利用“市场错误”获取波段性的超额利润。通过对过往交易经验的总结和对于市场现象的思考，我们不妨也尝试适当深入去探究下这个市场行为过程，形成一套适合自己投资理念的体系。

在这样一个完善体系过程中，完善自己的投资路程中需要的东西。最后在逐步形成利用掌握的知识来尝试在一些个体现象中来解释，不断地加于总结和完善，运用于投资路程中，或许你离投资成功已经不远了。

第十二章
交易让自己充实，反思让自己成长

在金融市场交易过程中我们经常会遇到这样的问题：我看对了却没有做；本来是要止损的，却犹豫了；本来不想平仓的，却平仓了，结果少赚了很多……

因此，对于交易过程的反思，对市场和自我的反思是非常必要的，而且是必须的，他让我们真正地反省自己、总结自己、提高自己，使自己处于相对客观的状态来评估自己和市场，而不是靠零碎地记忆来总结自己。

一、做投资，要跌倒多少次才能成长

中国有句俗话“失败乃成功之母”，其实这话不够准确。失败变为成功之母是有条件的，如果不给它一定的条件，它永远也不会变为成功之母的。这个条件就是从失败中吸取教训，也就是反思。

《羊皮卷全书》中说：世界上有三种人，第一种人能够从别人的经历中吸取教训，他们是快乐的；第二种人是能够从自己的经历中吸取教训，他们是聪明的；第三种人是既不能从别人的经历中吸取教训也不能从自己的经历中吸取教训，他们是愚蠢的。

失败不要紧，关键是看你能不能吸取教训，能不能进行反思，找出错误的原因，然后加以改正，使自己不再犯同样的错误。

在大海中航行，最需要注意的就是避开暗礁和险滩，如果稍有不慎，撞上暗礁或险滩，就会遭灭顶之灾。在一个人通向财务自由的道路上，也有暗礁和险滩，稍不注意也会让你碰得头破血流。大海中的暗礁和险滩能够避免，你只要按照灯塔指引的航线航行就行。为什么？因为灯塔所指引的这条航线是无数船员用生命换来的，是许多船只付出颠覆的代价换来的，按照这条航线行驶就会顺利地到达彼岸。通向财务自由途中的暗礁和险滩是可以避免的，你只要善于吸取失败的教训，就不会不再犯类似的错误。

吸取教训来自两个方面，一方面是别人的，即成功者的教训；一方面是自己的，即自己在交易中失败的教训。这两个方面的教训都是需要记取的。从自己的失败中吸取教训是聪明，从别人的失败中吸取教训是智慧。

首先我们认真吸取别人失败的教训，把别人失败的教训转为自己的财富，从吸取失败的教训中增长自己的智慧。历代交易大师成功的投资经验都是用血汗和金钱换来的，甚至生命。你吸取了他们的经验教训，在实现人生目标的征途中，就不会付出那样的代价了，可以大大节省你成功的时间和成本。

向成功者学习，不但要学习他们的成功经验，还要吸取他们失败的教训。分析他们是怎么失误的，然后吸取他们的教训，避免在你实现财务自由的路上也犯同类的错误。所有的成功者不只有辉煌的业绩、成功的经验，同样也有失败的教训。了解他们为什么会失败，失败的具体原因是什么，也就是了解了在实现人生目标的航海中，哪些地方有暗礁，哪些地方有险滩，我们就可以从容地避开了。

人们常说，不要在同一个地方跌倒两次，但是对于交易者来说，这句话基本上就是个笑话：谁没有在同样的地方反复亏损过？西方人也有类似的说法：一只狐狸不能两次掉进同一个陷阱，一头驴不会两次在同一个地点摔倒。但在金融投资领域，对大部分操盘手来说，从错误中及时吸取教训，并确保下一次不再犯，基本上是任何人都做不到的。若以上述谚语为标准，交易市场上人人都是知错犯错的“惯犯”，都是一千个耳光也打不醒的蠢人，都是在同一个地方失误两次的狐狸和驴子，正如古人云：“明明知得，又明明犯着。知得是谁，犯着又是谁。”

成功的交易者不仅需要缜密的思考，需要严苛的约束，需要内心的强大，更需要善待自己的错误，认真吸取自己失败的教训，从中找出成功的途径。年轻是要付出代价的，好在年轻是最大的资本，他们可以用时间换空间用学费换经验，但这所学校学费高昂，交不起学费的优等生比比皆是，因此要珍惜每一次交易机会，珍惜每一张失误的单子，这些都是自身增加修为和提升境界的基石。

巴菲特说：“我们并不担心犯错误，我所考虑的是未来如何做到不同。”大多数人都有重复犯错的经历，并且以后还会继续犯下去，“不在同一个地方跌倒两次”这个标准，在金融市场上没有人能够达到。不过，投资交易的特点是只要以后比别人少犯错误，同时犯错误时造成的损失越来越可控，久而久之，你就是成功者。

二、要想活下来，而且活得更好，只有不断地反思

反思是回头、反过来思考的意思，也是近代西方哲学中广泛使用的概念之一。指光的反射，作为哲学概念是指借用光反射的间接性意义，是不同于直接认识的间接认识。现在的反思意为自我反省。

如果你想在金融投资领域存活下来，并且能够活得很好，又或

者想以后以交易为生，那么我们眼前有一件重要的事情应该做，那就是反省。

人们通常把反思视为对自己的思想、自己的行为、自己的心理的思考。而交易中的反思是交易者以自己的交易行为为思考对象，用批判和审视的眼光对自己的交易理念、交易方法、交易行为、交易过程、交易环境、交易结果等进行自我回顾和分析，并做出理性的判断和选择学习的过程。自我反思是交易者的自我对话，自己挑自己交易过程中的“毛病”。因此反思对于提高交易者交易水平具有极其重要的意义。

交易日记是采用最广泛的提高投资者反思水平的策略，投资者将自己每天在交易中的所见、所闻、所感、所做不拘形式地记下来，从而实现对自我监控，对市场监控的最直接和简单的方式。从本质上讲，交易日记是把反思这一单纯的内省活动外化，通过对交易日记这一工具不断地分析、回顾、研究，以改进自己的交易行为、提高自身的反思能力。

在不同阶段，交易者反思的重点和关注的内容也是不同的，具体为：交易工具和技能的反思、交易策略的反思、交易理念和交易创新的反思。随着交易者交易水平的提高，交易反思也逐步深入，交易内容也逐步深入。反思需要外部的引导，更需要交易者通过实践不断地深化认识。

反思分为三类：交易前反思、交易过程中反思与交易结束后反思。交易反思不仅是对交易行为的回顾，更是为了指导未来的实践，让我们不再盲目，也不再愚钝。

（1）交易前的反思。

交易前的反思是指交易者在制定交易计划时的反思，包括对市场状态的判断、交易机会的选择、交易策略的选择、交易目标的制定、交易工具的选择、交易行为的规定、交易资金的分配、他人的想法等进行反思，它具有前瞻性。

（2）交易过程中的反思。

交易过程中的反思主要指交易者在进行交易时，能否根据盘面情况及时调整思路，能否灵活有效地监控、调节交易行为，对自己的参与、决策和达成状态进行反思。这种反思具有监控性，强调解决发生的交易思路和行为障碍的问题，使交易高质量高效地进行，提升交易者对交易调控和应变的能力。这个反思过程，要认真做好反思记录。反思记录内容主要包括：交易经过，总结成功的经验，查找失败的原因，记录交易心理变化的情况等。

（3）交易结束后的反思。

交易结束后的反思主要指交易者对整个交易行为过程以及市场运行情况进行思考性回忆，包括对交易的交易哲学，交易行为，自己的表现，他人的表现，以及对交易的成功、失败进行处理分析提出改进意见，它具有批判性。

三、科学反思的四个环节和三个方法

一般而言，交易者的反思可由发现问题、搜集信息与分析、提出假设、验证假设四个环节构成。

（1）发现问题。

俗话说得好："那些轻视学习，认为学习很轻松的人，要么从来没有学习过，要么从来不知道轻松为何物。"交易学习从来就不简单，仅仅有人给我们答案是不够的。如果我们想要形成自己的理解，就必须自己提出问题，必须自己思考各种问题。如果说金融市场是一座金矿，不是你到了金矿就可以得到金子，关键是问了一个什么样的问题。问题问得好，离财富就近了，离成功就近了。只有我们提出问题，才会去寻求相应的答案。而我们得到的大多数结果，就是不同提问的结果。所以，交易者反思的起点是问题。在这个过程中，交易者首先要意识到问题的存在和问题的情境，确定反思的内容，要明白自己的思想和行为如何导致了一个问题，或者如何造成了影响一次机遇的状况。这些问题可以从交易者自己的交易中去寻找，也可以从他人的经验中去寻找，建议多多利用后者，因为前者代价太大。例如：我对各个交易工具的原理理解如何？运用的又如何？我每次交易是否考虑了交易环境？是否制定和遵循了交易规则？我的交易哲学是什么？如何形成的？我对市场的理解是怎样的？是否做到了利用他人的弱点获利？在今后的日子里，我该怎样学习等？

（2）搜集信息与分析。

对于新手型交易者而言，是很难在自己的交易中发现问题的，那么就要采用学习和理解他人的方式。比如，对这个领域我知道了多少？什么样的资源或信息可以帮助我？成功者是如何成功的？失败者又是如何失败的？如何正确开始最初的学习？学做投资需要多少钱？如何在股市中生存下来？

对于适应型交易者，重点考虑策略的制定和执行中所发现的问题。比如，交易策略的种类有哪些？各个交易策略的运用原理是什么？各个交易策略下交易计划是怎样的？策略运用和执行中是否有含混不清或前后不一样的情况等？

对于成熟型交易者，重点考虑交易理念方面的问题。是什么促使你买入？在什么情况下卖出？获得良好回报时会做些什么？外在因素影响交易时该怎么办？如何管理交易资金？交易回报是否稳定等？

对于以上以及更多问题的解决，最好的方法是深刻分析产生这个问题的根源，同时明确他人解决这个问题的经验与教训。这个过程不是一蹴而就的，要经常地、系统化地进行。

（3）提出假设。

对于提出的问题，不要完全复制他人的想法，要通过自己的眼睛去发现，去寻找新的思想和新的方法来解决所提出的问题，形成解决问题的假设，从而制定出切实可行的实施方案。比如最著名的趋势交易系统中需要明白的问题：我如何发现趋势？我将在上涨的趋势和下跌的趋势中进行交易吗？市场横盘时我该怎么办？我的入市标准是什么？我如何发现趋势即将结束等？

（4）验证假设。

将解决问题的假设和方案付诸于实践前，一定要分析和实证结果与假设的合理性。并把在验证过程中生成的新问题作为下一轮反思的内容，循环往复，直至问题解决为止。这种研究和检验是要花费大量时间和精力的，正因为最初的投入巨大而且负责，所以日后交易时，方能对原始假定的合理性与逻辑性充满信心。

科学的反思方法是提高交易学习效率的保证。反思的常用方法有以下三种。

（1）交流反思法。

交流反思法是利用交易结束后的时间，通过各种形式与同行交流研讨来检查自己的交易行为，理解隐藏在交易行为背后的投资理念，提高交易能力的方法。比如论坛、聊天软件、聊天室等。需要提醒的是，交易者不可在交易时间中参与交流，因为交易时间里，我们最需要的是自己的观察、分析和理解。你一定要知道市场发生了什么，是如何开始和结束的，这个过程不能是别人所代替的，这个经验也是你必须自己积累的。

（2）日志反思法。

日志反思法是指交易结束后的任何一个时期，交易者通过复读交易日志和对照当时盘面，再现整个交易过程，让交易者以旁观者的身份反思自己或他人的交易过程的方法。比如，在今年3、4月份的行情中，有哪些机会？自己做了哪些交易？结果如何？如果重新来过，你会怎么做？通过复读交易日志，挑剔和发现自己在交易中存在的问题，让存在的问题充分暴露出来。

日志反思法重在分析总结、记下学习和交易的成功与失败，从而拥有自己的分析、感想、体会、新的认识和改进意见，使其成为今后交易的最有效借鉴，从而达到更高的一个境界。

（3）阅读反思法。

阅读反思法包括两个方面，一个是指交易者为了解决所要解决的问题，通过阅读相关的信息获取与自己过去不同的想法和理念，帮助自己接受新的信息和观点，为自己所要解决的问题提供新的解释、见解和可能的新方案；另一个是指通过阅读拥有丰富成功和失败经验的交易前辈所著的书或报告，来发现自己忽略的问题或解决自己未能解决的问题。

四、提高反思水平的10个维度

这是一个万事万物不断多变的年代，没有什么生意能够稳做三年，也没有哪个心怀梦想的人可以不通过学习，不通过对经验的总结反思而加速，回顾并总结交易过程中的得与失，优与劣，可以帮助大家更好地思考、学习，日复一日，精进不止。

（1）信息。

在做这件事时我利用了哪些信息？

其中哪些信息是最关键的？

这些信息是从哪些渠道中得到的？

哪些渠道被证明是很有价值的？

我可能遗漏了哪些信息？

这些信息可以怎么得到？

（2）预期。

在做事之前，是否对事情的过程和结果形成了正确的预期？

我为什么会形成这样的预期？

是什么造成了预期和事实之间的偏差？

我的预期是否促成或者阻碍了事情的进程？

今后应该如何管理自己的预期？

（3）结果。

怎样描述这件事的结果？

怎样评价这件事的结果？

在描述和评价这件事的结果时我用了哪些指标？

这些指标是否需要改进？

结果需要哪些改进？如何改进？

（4）进度。

事情的进度合适吗，太快了还是太慢了？

是什么因素导致了这样的结果？

当进度出现问题时使用了哪些手段进行干预？

效果如何？为什么效果理想或者不理想？

（5）工具。

在完成这件事的过程中，我使用了哪些工具？

哪些工具起到了重要的促进作用？

哪些工具起到了阻碍作用？

如何改进现有的工具使其发挥更好的功效？

（6）情绪。

在做事的过程中我的情绪状态是什么样的？

是否出现过情绪失控的情况？

是什么引发的？

我是否有意识地调整自己的情绪？

在这期间使用了什么方法？是否需要改进？

（7）阻碍。

在做事的过程中我遇到了哪些阻碍？

其中最重大的阻碍是什么？

我是如何应对这些阻碍的？

取得了什么效果？

这些阻碍中哪些会长期存在？

我需要通过什么持续的努力来减少这些阻碍？

（8）优势。

在做事的过程中，我发挥了什么样的优势？

是否还有什么优势没利用和发挥？

在做事的过程中，我的主要优势有哪些？

我的哪些知识和能力得到了提升？

我可以向做同类事情的其他人学习什么？

他们有哪些优势是我不具备的？

（9）缺憾。

在做事的过程中，我的缺憾有哪些？

最大的遗憾是什么？

是什么原因造成了这个遗憾？

在做事的过程中，我暴露了哪些缺点？

其中哪些缺点是必须且迫切需要改正的？

关于这件事，别人对我有什么批评和评价？

他们的批评有哪些可取之处？

（10）意义。

这件事对我来说最大的意义是什么？

对我的短期生活和长期生活分别有什么影响？

这件事对周围人、对社会、对整个世界和地球的意义分别是什么？

我发现了哪些意想不到的意义？

希望每一位交易者都能够坦然面对自己的内心，深刻地反思投资交易和生活工作中的点点滴滴，而不仅仅是说说而已，不仅仅是想想而已。希望每一位投资者，在投资交易中，也在社会生活中能够成为成功的人。

五、如何写自己的交易日记

“交易日记”顾名思义就是有关交易方面的记录。主要是把我们在交易中的所见、所闻、所感、所做不拘形式地记下来。通过每天的记录，使我们能够倾听自己、反省自己从而训练自己和提高自己，帮助我们一步步走入成功交易者的行列。

一般来说，一份完整的交易日记应该包括以下五方面内容。

（1）盘面分析。

这项记录工作既可以在看盘中进行，也可以在收盘后进行。记录的内容主要是市场的变化以及观察到的特点。比如，今日是否有重大资讯公布？如果有，市场对此的反应是怎样的？你的反应又是怎样的？市场原有趋势发展如何？波动和行为是怎样的？多头（空头）是否后劲不足？空头（多头）是否准备反攻？价格是否逼近重要的压力或支撑？是否有新的交易机会出现？预期的情况是否已经发生？原有仓位可否继续持有？是否发现了新的规律？是否有异常现象与你曾经学习的理论发生违背？

（2）交易细节。

交易细节主要包括交易日期、品种名称、买入价格、卖出价格、止损设置、投入资金占比、全部佣金、交易理由、交易目标。另外还包括是否按计划执行？如不是，原因是什么？当前盈利亏损是怎样的？

（3）思想状态。

进行交易前的期望是什么？当你观察和实际交易过程时，有什么感受？尤其是没有达到预期时，你是什么感觉？哪些情况会引起你情绪上的波动？带来何种行为？当出现你预料外的走势时，你是怎样想、怎么做的？当出现你预期中的走势时你是怎样想的、又做了什么？

（4）绩效评估。

在你的分析和交易中，你所有的判断其准确性如何？原来的交易信号现在看起来怎样？你对哪些地方感到满意？对哪些地方你现在会有不同的做法？如何改进？你学到了哪些教训？在新方法的交易中，你犯下了哪些错误？经验和教训是什么？对于未平仓品种，价格是否达到目标区？是否已经进了目标区而需要更严密观察？是否需要加仓或减仓？是否按照计划发展？如果资金运用到其他方面，绩效是否更理想？现在就应该出场，或再持有一段时间？行情是否逼近止损点？你是否忽略了止损点？价格波动程度是否发生变化？对于平仓品种，你是遵循了先前设定的退出策略，还是因为其他原因退出的？原因是什么？

（5）总结提高。

在今天的交易和观察中，你得到了什么启发？如何使其发扬光大并服务于自己的交易？对于获得的经验和教训，需要做什么工作使其得以巩固和完善？需要制定和执行哪些规则才能够更好地改正自己的错误？

也许有朋友会说，如此多的环节要实行和坚持下来该有多难啊！是的，这些工作真正做起来确实很难，长期坚持就更不易。但是，如果我们想要更好地分析自己，想要纠正自己的错误、想要改进交易模式、想要测试纪律的执行和资金管理情况、想要获得自己的交易“优势”，就必须拥有自己详尽、真实的交易日记，并且坚持每天从交易笔记中推敲、领悟。如此下去，总有一天你会发现不经意间你对市场已经慢慢精通起来。

附表：

金融交易计划表

时间	标的	进场原因	方向	手数	开仓	止盈	止损	出场原因
合计								

每日交易记录

时间	标的	方向	手数	开仓价格	平仓价格	平仓盈亏	最新权益
合计							

今日交易结果综合分析

<table>
<tr><th colspan="2">账户信息</th><th colspan="2">资金管理</th><th colspan="4">结果分析</th></tr>
<tr><td>期初权益</td><td></td><td>初始止盈比例</td><td></td><td>累计净利润</td><td></td><td>总收益率</td><td></td></tr>
<tr><td>期末权益</td><td></td><td>初始止损比例</td><td></td><td>单笔最大盈利金额</td><td></td><td>最大回报率</td><td></td></tr>
<tr><td>交易品种</td><td></td><td rowspan="3">每单你能承担的风险（元）</td><td rowspan="3"></td><td>单笔最大回撤金额</td><td></td><td>最大回撤率</td><td></td></tr>
<tr><td>交易次数</td><td></td><td>盈亏比</td><td></td><td>胜率</td><td></td></tr>
<tr><td>手续费</td><td></td><td>累计盈利</td><td></td><td>盈利次数</td><td></td></tr>
<tr><td rowspan="2">备注</td><td rowspan="2" colspan="3"></td><td>累计亏损</td><td></td><td>亏损次数</td><td></td></tr>
<tr><td>持平次数</td><td></td><td>风控事故次数</td><td></td></tr>
</table>

第三部分

投资哲学篇

伟大的哲学家苏格拉底曾经说过：“承认自己的无知，能有效地界定自己的能力范围。”

追求确定性，损失厌恶，过度自信，等等，这些人们在长期进化过程中形成的人性弱点，使大部分投资者在自己的投资生涯中都曾陷入到稳定亏损的怪圈，无法自拔。

成功的投资都是反人性的，你需要洞察这些人性弱点并且良好控制和利用它，同时建立正确的思维模式，创建对于市场和自我的认知体系，才能为你打开交易赢家之门。

第十三章 捕捉不确定市场中的相对性投资机会

确定性和不确定性是经常出现在哲学、统计学、经济学、金融学、心理学、社会学等学科中的概念。确定性是指行为和结果之间稳定的因果关系；而不确定性，往往意味着某一行为的发生，其产生的结果不止一种。相对性则是指衡量事物是受条件制约的，是与绝对性相对应的。

由于不确定性的存在，一些企业或者个人不敢放手去做比较长期的规划和投入，或者毫无理性、不顾后果地孤注一掷，但也正是由于其不确定性、模糊性和混沌性，一些中小企业才能实现超常规、跨越式的发展，一些投资者才可以获得远高于平均收益以上的投资回报。同时，投资策略上的风险控制和资金管理的基础也是建立在不确定性上的。

相对性则在确定性和不确定性之间架起了桥梁，也就是在不确定性上的确定性。在一定约束机制下的相对性，也克服了人们思想上的僵化和片面性，防止了“左”的错误发生。

一、追求完美的确定性是交易系统的毒瘤

我相信几乎所有的投资者进入投资市场的动机只是为了“赚钱”，但遗憾的是，市场行情走势永远不是以个人的主观意志为转移的，它会按照其自身的运动规律，不断地消磨每一个人的运行规律，最终会选择一个90%的人都想象不到的方向或方式去运行，直

到将大部分投资者赶出这个市场为止。

在金融市场中到底有没有确定性，到底有没有通往金融帝国的交易圣杯？我认为在金融市场（股票、期货、外汇、期权等），永远都有你想象不到的事情发生，永远都不要认为自己拥有一套完美的交易系统就可以高枕无忧了，那是因为不管你的系统有多好，永远都会有意想不到的事情等着你。

可能很多人会拿出道氏理论中历史是不断重复的说法作为理论依据，但是该理论依据不过是道氏理论的三大假设之一，并非是真理。而其假设成立的前提也并不是走势的确定性，而是人性的不变性，贪婪，恐惧，侥幸，等等。

大家可以回忆一下多年前的长期资本公司是怎么破产的，这家公司拥有全世界最顶尖的程序员、多位诺贝尔经济学奖得主、最顶尖的期货职业交易者都云集在此，他们研发出了令人恐怖的高胜率交易系统，可是最终的结果依然是破产。我们相对于他们来说，能力、资历、经验都远远赶不上的他们，妄图通过市场的确定性把金融市场作为我们自己的取款机，认为这里有源源不断的钱可以提出来，该是何等的痴人说梦啊！

整个NBA生涯，姚明2984次站上罚球线，命中2485球，罚球命中率83.3%，但也不能保证每次罚篮都能投进，甚至会有两罚都不进的情况。每一枚硬币都有正反两面，掉在地上出现正反面的概率都是50%，连续多次正面朝上的概率也是存在的。如果认为连续数次都是反面的情况下，下一次就肯定是正面的论断，该是多么的无知。但就是这样的认知，在投资市场中，却是屡见不鲜。

有很多朋友经常问我，做股票到底能赚多少钱，做期货每年都有多少收益？很抱歉，我只能说不知道，因为我的确不知道，过去的行情永远不能代表未来的行情。随着交易时间的持续，你的绩效会在你的历史表现平均水准之间上下波动，最终趋于平衡，而这个平均水准，则取决于你的交易系统以及你的执行力。

无论从事什么交易，都不要总想着用一套完美的交易系统为自己赚很多钱，这种想法会加速您被市场淘汰的步伐，原因很简单，追求完美的确定性是交易系统的毒瘤。

二、如何判断相对的确定性走势

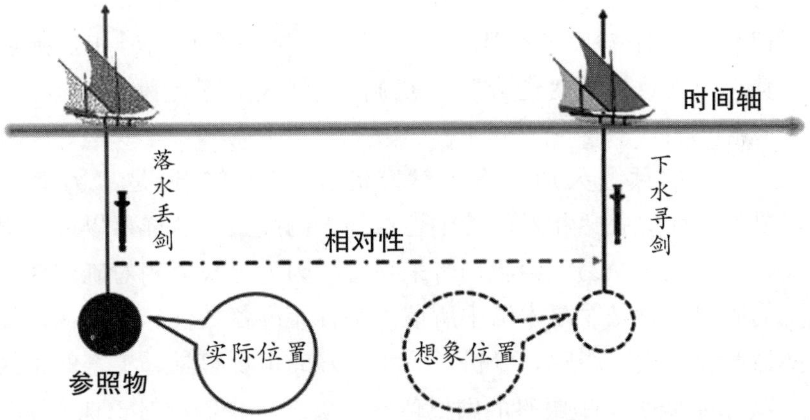

单就股票交易而言，从某种意义上说，最大的风险不是来自上市公司，也不是来自政策调控，而主要来自股价走势中所产生的不确定性。技术分析虽然对股价表现提供了更多维度的透视工具，并依据透视结果提供了市场未来可能发展的方向，但其指示性也仅仅是一种可能，并不能解决股价走势的确定性问题。

全球顶尖级的投机高手索罗斯，积其一生投资投机经验，最为痛恨的就是市场表现的“不确定性”，但股价走势的不确定性应该说是一种必然，是绝对的，而确定性仅仅是一种偶然，是相对而言的。如果股市高手比一般投资者水平高的话，其高就高在抓住偶然的确定性的次率多过失误于必然的不确定性的次率。

我的《裸K线操盘技法》系列丛书的核心宗旨，便是通过市场的非同步性捕捉交易机会，是一种在市场的不确定性中，通过市场中主力的主动性行为，捕捉相对性的确定性走势。

那么如何判断一只股票是否进入了“相对的确定性走势”格局中呢？有没有资金介入以及资金介入后股价的表现形态，都会成为我们抓住它的关键，而这两点，最直接的表现是量能和价格走势。无论大盘指数是处于牛市还是熊市，这都是超越大盘走势获利的关键。就每天的盘面而言，有开盘即涨停，并封死到收盘的4小时的“相对确定性走势”，也有盘中突然拉高式的1小时、半小时、10分钟、5分钟式的“相对确定性走势”，很显然，投资者在T+1背景下要抓住这样短暂的股价走势，并且使胜算大于失误是非常困难的。但想要抓住一只股票几天、一周，甚至一个月的“相对确定性走势”，在这样的“走势”中实施高抛低吸进行套利，则是完全有可能的。

周期预测大师江恩，对投资者的谆谆告诫是“力避过度交易”，而寻找“相对的确定性走势”的股票，这样可以最大限度地避免“过度交易”给我们带来损害。因为寻找“相对确定性走势”的股票，就是军事术语中所谓“不打无准备之仗、无把握之仗”，他需要发现、跟踪、分析，需要良好的市场感觉、丰富的实战经验以及对大势的明确判断和把握。

市场永远是变化的、动态的，它决定了“相对确定性走势”的股票只能是相对的，一旦这种“相对性”改变，我们的决策也要相应改变。通常，当大势处于上升通道，市场以“涨”为主时，一旦圈定几只股票便可以耐心持股；而当大盘处于下降通道或平衡市中，就要确定好止盈位或止损位，因为“相对确定性走势”的改变，意味着“不确定性因素”——风险的降临，弃股持币是我们唯一的选择。当然，在实战过程中面临着假突破、假击穿这些诡计时，就得看你的悟性和综合判断分析能力了。

三、交易失控的根源在于错误的因果思维

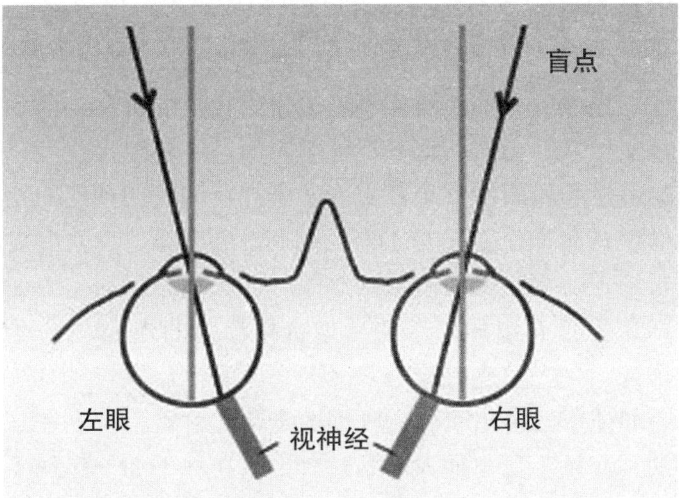

当怀着猎取交易圣杯的心态进入到资本市场时，在捕捉确定性交易策略的思想引导下，我们总是不自觉地去寻找更加无懈可击的交易系统，但在市场的一次一次打击下，我们总是不断地修正，不断地试验，然后再次被一次一次地打击着，如是反复，一直到被赶出这个市场。但我们真的错了吗？

我们从小到大所受的教育来看，这样的观点当然没错，一把钥匙开一把锁，一个解题对应一个答案，这就养成了我们在面对投资交易时的首要观点。勤奋努力刻苦执着等等类似的精神，一直被我们所传颂，但在投资市场中，这样的观点确让我们被伤害得体无完肤。

这就相当于我们一般习惯于有了“结果B”必然会有“原因A”，有了“因为A”肯定会有“所以B”，但资本市场往往是“如果A”，“那么B”的关系，或者“如果A”，“那么B或者C

或者……”，甚至“如果A、B、C”，“那么D、E、F”类似的关系。

可是，市场是一个根本没有确定性的地方。因此“因为A”，“所以B”的思维模式是第一等有害的、最错误的观点。

在这种思维模式的引导下，过度交易、重仓交易、频繁交易等等，导致我们的资金、信心、心态等不断地受到打击。

对交易系统的盲目自信往往使我们在市场没有明显交易机会的时候，轻率、重仓出击，当市场未能按照我们的预期走出行情的时候，极端的自信使我们不但失去了止损的机会，而我们所做的不过是从网站、论坛、电视视频等上面，不断地寻找可以验证我们观点的消息和论断。如果其中的一个观点和我们预期的相左，那我们会继续找另一个，于是不断的用阿Q精神满足我们虚妄的自尊心。当市场走势在底部稍有反弹迹象时，长期淤积的恐惧如山洪一般，立即止损平仓出局。于是后期价格反弹的走势，又再次与我们无缘了。

即便市场走出了我们预期的走势，价格稍有上涨，我们唯恐到手的利润拱手让与他人，同时“二鸟在林不如一鸟在手”的观点，使我们提前止盈，后期大部分的利润也伴随着我们不断的自怨自艾，同时恐高的心理也使我们丧失了勇攀高峰的勇气。

确定性的投资理念，还常常使我们陷于“高抛低吸”的误区中。当市场在不断下跌的趋势中，抄底的意愿随着价格的不断走低而不断的加强，最终也不过是抄到了山腰而已。当市场价格在不断的攀升过程中，价格不断地创出新高，同时也刺激着我们的肾上腺素，当我们点出平仓键的时候，心理上会得到了少许的安慰，同时也意味着我们丧失了后面大段的利润储备。

四、交易赢家的投资理念：概率模式

当我们在实际交易中遇到问题并发现，更多更好的市场分析并不能解决交易问题，不能实现我们期待的稳定盈利，而且很多时

候各种市场分析之间是相互矛盾的，投资者不能通过外部获得更多交易成功的因素，相反，我们可以寻求自我，认识到自身的投资理念往往决定交易结果。概率模式的投资理念是交易赢家所必须接受的。

首先，投资者必须从心理上接受风险，还要勇于承担和拥抱风险。因为交易者需要完全接受每笔交易固有的风险，这是交易的成本，这也保持了交易时的纪律和专注，以及在不利状态的自信。最优秀的交易者，在出现交易机会时，就不会有一丝一毫的犹豫或冲突。即使是亏损，在退出交易时也不会有一点点的不舒服。

交易者眼里只有概率，建立客观的思想状态，没有因为害怕发生什么或者不会发生什么而倾斜，或扭曲。但当有些人不再害怕时，他们倾向于草率、冲动鲁莽，因为我们要对市场的理解，保持客观、冷静而耐心的态度。换句话说，残酷冰冷的交易可能都会产生不确定的结果，也只有我们完全接受不确定结果的可能，否则你就会有意识或无意识地避免情绪对交易干扰的可能。

其次，完全接受风险，同时也要完全接受交易的结果，不能带有精神上的不安或恐惧。当我们能够理性地定义或者解读交易结果时，就可以有效地消除类似找理由、犹豫、过早行动、希望市场给你钱、自己不会止损而希望市场能解救我们等这样的负面情绪，从而可以达到无忧无虑的思想状态。

还有，在能够完全接受交易不确定性的同时，用内部纪律或思想机械系统对付因一连串盈利引起的过度兴奋或过度自信等消极情绪的影响。

大部分人错误地认为对市场的正确分析往往是成功的关键，但市场分析并不能解决没有执行、没有纪律或不当的聚焦造成的问题。唯有正确的理念和态度，才是驾驭交易之舟正常航行的关键。市场没有责任，它只是按照当初建立的原则办事。因此我们如果在市场中感受到背叛时，我们能做的，且应该做的不是责怪市场，而是从我们自己内心找原因，市场永远不欠你的。承受所有的利润和亏损，确信所有的结果都是自己造成的，交易的结果取决于对市场的正确认知，要接受所做的决定和行为结果。

当然了，也并不是说市场分析没有任何用处，为了防止市场再次伤害我们，正确的市场分析是必不可少的。但是如果在错误的理念下去分析判断，你的分析结果也就可想而知了。由于对市场的分析越多，对于交易结果的预期越多，同时，我们也要做好期望管理。

五、建设良好的期望管理，保持策略的一致性

当我们开始利用机会优势时，不要对市场行为有任何不合理的限制或期望。在市场的行进过程中，会出现一些你定义或认为的机会，你要尽量努力，抓住这些机会。但你的思想还是独立的，不会受思想行为的影响。一旦你能像专业投资者一样接受风险，并采用概率思考的模式，你就不会感觉市场存在风险。

我们在开始交易时，必须具备合适的关于责任和风险的理念和态度，必须用客观的态度对待市场，要防止在面对市场和你的预期同步时，过分自信和过分兴奋，当出现背离你预期的走势时，过度低沉和无所事事的态度。在交易时，要放松身心，乐观积极，严谨认真，宠辱不惊，看庭前花开花落，去留无意，望天边云卷云舒。

交易是从市场分析开始的，当我们通过正确的市场分析发现交易机会时，我们没有理由不去交易。但同时作为交易者，我们不能沉迷于“我知道市场会如何”，也不必知道市场将如何。因为对于任何不确定的事情，即使你认为自己有优势，但盈亏间的分布也是随机的，我们无法预测赢和亏的出现顺序，也不知道具体赚多少钱，这说明交易只不过是概率游戏。一旦确认了概率模式，那么对错、盈亏等概念不再重要，有了合理的期望，就不会把市场解读为痛苦的或威胁的，也会有效地处理交易中的情绪风险。因此，在每笔交易前，都需要提前衡量风险，为做错误的交易准备，在心理上完全接受风险，否则放弃交易。对于有较强概率的交易没有丝毫保留或犹豫，避免联想，尤其是最近几笔交易的影响，保持独立客观，同时保留犯错的可能，从纪律上进行约束自己的交易行为，绝不违反规则。

第十四章
成功的投资都是反人性的

本杰明·格雷厄姆作为证券分析之父，他编撰的“市场先生”的寓言故事，深刻地揭露了人性在投资行为中的影响。市场本身是反复无常的，但在市场背后困扰人们最多的还是人性的弱点。人性是我们与生俱来的弱点，让人们变得不完美，但更完整。历史是不断重复的，这是道氏理论的三条假设之一，重复的不是市场的价格，更不是市场走势，而是人性的弱点例如贪婪、恐惧会重复地出现在过去、现在、将来的每一个人身上。

一、用鸵鸟理论看淡自己的优势

（1）如果两只性格差不多一样大的鸡在一起，它们都会觉得自己比另外一只大。

（2）一只火鸡与一只鸡一样大的鸡在一起，火鸡觉得自己大得不行了，鸡会觉得它俩一样大。

（3）一只鸵鸟与一只鸡在一起，小鸡才会承认鸵鸟大。

这是个大家都很熟悉的鸵鸟理论，一个人在评价自己的能力和贡献的时候总觉得自己是鸵鸟，别人是鸡。若是有一天他有幸真的见到鸵鸟的时候，他会说："哦，这只鸵鸟也只是比我大点！"

如果留心一下你就会发现，人基本上都会犯一个自以为是的毛病，我们往往都会有"高估自己、低估他人"的错觉。

如果两个人下棋，当你站在他们旁边看时，发现他们旗鼓相当，下了7盘，一个人赢了3盘，另外一个人赢了4盘，用统计学来看他们的水平也确实旗鼓相当。但如果分头问他们，他们都一定觉得自己水平比对手水平高，如果自己不是某地方不小心，肯定赢得多。

同样的道理，如果两个人打乒乓球或者羽毛球，你站在旁边看，发现他们输赢差不多，水平不相上下。但如果你分别单独问他们，他们一定觉得自己水平更高些，如果自己不是因为某些原因，肯定把对手打趴下的。

你去观察两个比较熟悉的水平差不多的人的同时，你可以了解一下他们对自己的看法，他们大概都会认为自己能力更强一些，除非其中一个确实差得很多，多到了像鸡和真的鸵鸟的差别，否则，他是不会觉得自己差多少的。

扪心自问一下，你的交易为什么能赚钱，因为我们比别人有优势！我们真的比别人有优势吗？如果有，那我们的优势有多大？

环顾你的四周，你看看有几个人能认为自己所得比自己付出的多，哪怕是认为自己所得和自己付出基本相当的都没有几个人！

二、价格波动的背后力量是人性

股市到底是什么？可能有些人没有细想过，但任何一个股民都

看清市场

在不自觉或自觉地拿自己的钞票来回答这个问题。这个问题可能仁者见仁智者见智吧。在现阶段我的认识是：股市是财富的再分配场所，推动股价波动的背后力量是人性。

资本市场是由几百万、上千万的聪明人组成的，要打败市场，聪明也许是最不重要的因素。而那些自认聪明的投资者，往往都在历史的长河中被慢慢消灭了。

那些“聪明”的投资者，在这个“击鼓传花”的游戏中，自信永远会有傻瓜把他的筹码从高位接走，但这是永远不可能实现的，而在不断的市场交易中，他们或早或晚都会成为接那个最后一棒的人。他们盲目自负，自信可以把控一切，可以预测未来，但未来是真的可以预测的吗？当市场走势“偶然”出乎他们的意料时，他们就开始责怪这个市场，埋怨市场是无效的，从来不从自己身上找原因。聚集了世界最顶级的投资学家、诺贝尔数学奖、最优秀的编程人员的美国长期资本管理公司，难道他们的智商还不如你，不也是淹没在资本市场的浩瀚海洋中了？即便老虎基金罗伯逊那种，虽然看对了纳斯达克泡沫的方向，但是由于没有很好的风险管理，在市场见顶前，也扛不住压力被迫清盘。

三、其实真正适合投资的人是郭靖

无论市场投资，还是人生，最令人担心的是，在一点点小小成就面前骄傲自大，这种过度自信都会给未来带来毁灭性打击。在巴顿·比格斯《对冲基金风云录2》一书中讲到，当投资者开始想着如何享受生活的时候，往往就离崩盘不远了。我们人性中，对于成功的追求不仅仅是需要物资上的满足，更是希望通过成功获得他们的认可，而这种自我认可和外界赞美，本身也是许多人进取的驱动力，也同时可以迅速毁灭一个人。历史上很多伟大的投资大师，许多都是被自己的自满和骄傲带入了万丈深渊的。这就是在投资界，流星很多，恒星确很少的原因。

长期保持谦逊，不仅要做到表面上的谦虚，更重要的是从内心真正地把自己放下。也许成功的线性思维和路径依赖让我们过多地关注自己的能力，而忽视了这是时代给予我们的机遇。你，我，他，每一个人终究要归于尘土。因此从真正意义上讲，你只是记名的财富所有者，财富是属于整个社会的，只是现在暂存在你那里而已。你的成功是建立在更多人失败的基础上的，希望你多想想这些财富背后隐藏着别人的汗水、泪水甚至是生命。在丰富自己生活的同时，用你的财富多做一些对社会有益的事情，切勿成为金钱的奴仆。

那么如何保持进取呢？许多人获得初步成功后，不再像当初那样进取，不会有当初那样的饥饿感。然而投资本身，短期的成功有运气的成分，长期还是在于自己的综合能力。如果一个人沉迷于过去的成功，那么等待他的必将是均值回归。保持进取，勿忘初心，将投资作为热爱的事业，而不是赚钱工具。

到了三十而立，我才明白，其实郭靖、阿甘和巴菲特才是最适合投资的人。他们在年轻的时候就塑造了非常优秀的人的品质，那就是简单、正直、没有私心和坚韧不拔。他们的成功，绝不是聪明投机，比别人更快、更高、更强的结果，相反，是比他人更简单、更质朴、更坚韧的结果。

四、克服人性弱点是投资的灵魂所在

成功的投资不是永远相信自己内心的感觉，而是要约束自己不去理会内心的感觉，能够抵抗得了自己人性的弱点以及内心的自觉。绝大多数的投资者在内心的秘密角落都深藏着一种自信，觉得自己有一种超于常人的称之为预测的神奇能力，尽管事实上这种虚妄的自信早已被市场一次又一次击的粉碎。每当大多数投资者强烈地预感到股价即将上涨或经济即将转好时，却往往是正好相反的情况。

问题并不在于投资者长期以来一直是非常愚蠢或者反应迟钝，而是在于当他们得到信息时，原来的信息所反映的事实已经在市场中得到了体现，此时的市场可能已经发生了改变。以至于当大多数投资者对未来市场走势看好时，股市往往表现一般，而当投资大众最为担心时，市场却表现最好。

那我们来看一下投资者的情绪在股市中的反应吧。在股市下跌后或者经济看来停滞不前的时候，这些股票投资者就会变得对股市非常关注，由于过于担心股市进一步下跌，以至于他们没有胆量趁机以低价买入好公司的股票；在股市开始上涨时，他们以较高的价格买入股票，他们的股票也会随着股市上涨而上涨，于是他们就开始洋洋自得起来，其实这个时候他们更应该对公司的基本面给予充分关注，但他们并没有这样做。最后，他们的股票不断下跌直到跌至买价以下时，他们开始灰心丧气，决定放弃并投降，慌慌张张地就把股票给低价卖掉了。

一些人自诩为“长期投资者”，但是一旦股市大跌（或者是稍微上涨）他们马上就从“长期投资”变成了短期投资，在股市大跌时宁愿损失极大也会恐慌性全部抛出，或者偶尔能够得到一点儿小利时也会迫不及待地将股票全部抛出。

一些人把自己想象成逆向投资者，认为当其他的投资者都在买入的时候他们采取相反的做法就能大赚一笔，在其他人都在卖出的时候他们逆势买入。但真正的逆势投资并不是那种与人人追捧的热门股对着干的投资者，而是耐心等待市场热情冷却下来再去买入那些不再被投资者关注的公司股票，特别是让那些广大投资者感到厌倦无聊的公司股票。

股票投资成功所必需的个人素质应该包括：耐心、自立、常识、对于痛苦的忍耐力、心胸开阔、超然、坚持不懈、谦虚、灵活、愿意独立研究、能够主动承认错误以及能够在市场普遍性恐慌之中不受影响而能保持心态冷静的能力。

投资其实是一个让心灵升华的过程，是一场自己与自己的较量过程，是人类不断超越自我，克服人性弱点的过程。

要想成为一名投资高手，我们需要不断地探索和学习，树立并实施某些正确的投资理念，此乃成功的灵魂所在。

五、不要把心态不好当成你的借口

经常有投资者抱怨："其实我水平很高，就是我的心态不好。"推卸责任是人性使然，失败责任的推卸对于投资者来说，更是司空见惯的。我从不反对心态对于交易的重要性，但一个良好的心态是怎么形成的？是天生就来的吗？显然不是。良好的交易心态从来不是高喊几句谁谁谁的语录就可以形成的，它需要我们事前的训练和长期的交易实践。

那么，是什么使大多数投资者在交易中失败了呢？其原因还在于他们没有切实可行的交易策略，或者虽然有，但他们没有坚定执行的行为模式。赢家的行为是遵从他们的交易策略，这个策略至少包括：买卖信号、风险管理、仓位管理，等等。当然，当市场证明他的交易策略已经不能再灵敏地随市场而动的时候，这时，他们会修正自己的体系。

在赢家的眼中，牛市和熊市并不重要，这就像一个以土地为生的农民，无论是丰收还是歉收他都要春耕秋收，这是他的宿命和天职。

赢家的宿命也是如此。赢家不会放弃熊市中的赢利机会，当然也不会对牛市失之敏感，否则还谈什么赢家呢？我们通过对赢家和输家的思维模式和行为模式的比较就会让问题变得更清楚了。

赢家：

交易策略体系：有系统；

对体系的相信程度：绝对相信；

市场结果：赢利；

行为模式：发现即行动；

决策依据：依据并相信信号。

输家：

交易技术体系：无或者残缺；

对体系的相信程度：怀疑，大多数不相信；

市场结果：亏损；

行为模式：看看再说；

决策依据：怀疑信号；

常见思路是：万一失败呢？

六、投资是享受过程还是享受结果

我们从小都受着崇尚努力和竞争的现代教育，宣传名人早年充当“拼命三郎”的报道多如牛毛，但我们真的是在“努力”吗？让孩子每天比别人多练两个小时钢琴，将来一定能成为莫扎特？比别人多画两个小时的画，就能成为达·芬奇？

“天才是1%的天分，加上99%的汗水”，这句话没错，但是恰

恰是这1%的天分，决定了99%汗水的性质。拥有这1%，努力是成功之源，缺少这1%，努力只能成为痛苦之源。

努力，如果是试图用强大的意志，与环境和自身心境对抗，那从这个意义上来看，天才或许从来没有“努力”或“勤奋”过。在常人眼里他们是拼命三郎，但事实上他们不过是顺应心灵的召唤而已。半夜12点，小莫扎特在练琴：凌晨1点，在父母棍棒驱使下的一个小男孩同样在练琴。外边类似的行为背后，是全然不同的结果。前者在享受音乐行云流水的过程，后者或许仅仅出于不愿挨打的目的。“顺心”根本无需努力，只有“违心”才需要努力。爱因斯坦曾说过：“我从来没有工作过一天。”如果你发现每天工作不开心，都在努力克服许多许多的障碍，一切只为等待发薪日，那么有一点是可以肯定的，你不是做这件事的天才。

画家每画一笔，想着这一笔能给自己带来多少财富，他不会是一个好画家；不热爱足球，只希望借助踢球让自己拥有豪宅的球员，不会是一个天才球员；立志要得诺贝尔奖的人，一定得不了诺贝尔奖。

不去享受投资和交易的过程，只求在交易中快速获利的人，不可能是一个好的交易员。更看重“享受过程”，还是更看重“享受结果”，或许正是少数成功者与多数失败者之间的根本差异。克服内心的挣扎，试图用“努力”来麻痹神经，从交易的角度来讲其实就是逆势。那些让你彻夜难眠的交易单，十有八九会以亏损收场，因为很明显，你已经不是在享受过程了，而是被整个交易过程煎熬着，不断地寄希望于这个过程早点结束，好让自己最后得到“煎熬的回报”。不幸的是，人的内心往往是最准确的罗盘，逆势而为不仅让整个过程痛苦不堪，而且结果也往往不尽如人意。

亲爱的投资者朋友们，扪心自问一下，你是看重“享受过程”，还是更看重“享受结果”？你是在“顺心”地交易，还是在“违心”地“努力”着？

投资，本就是一场反人性的修炼，所以我从来不劝我身边的朋友去投资，因为大部分人在反人性的道路上，是活不出人样的。

第十五章
其实很多人不懂，投资的本质是认知变现

人脑通过接收外界输入的信息，经过大脑的加工处理，转换成内存的心理活动，进而支配人的行为，这个过程就是信息加工的过程，也就是认知过程。

投资者对于市场的认知能力也是对于市场主观客观化的过程，即主观反映客观，使客观表现在主观上。认识自我，实事求是地评价自己，不仅对于投资行业十分重要，更是自我调节和人格完善的重要前提。

一、扪心自问，你真的会独立思考吗

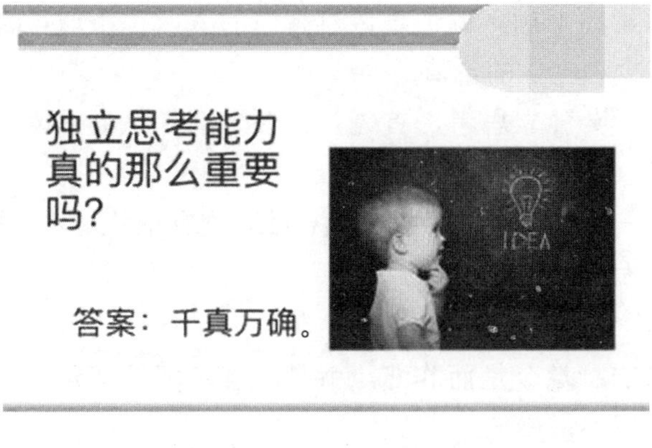

为什么我们很难做到独立思考呢？因为，独立思考这件事情，远比我们想象的要难。

投资都是反人性的，同样的，独立思考也是反人性、反直觉的。独立思考本质上是一种批判性思维，而批判性思维本身就是对思维展开的思维，目的是去考量我们自己（或者他人）的思维是否符合逻辑、是否符合好的标准，它是违背我们下意识的思维方式的。

我们从小到大所受到的教育，目的都在于让我们记住“结论”，至于论证是不是完整，这是无需讨论的，甚至也是不可讨论的。因此，在我们还没有树立世界观之前，就被植入了大量的世界观。

父母和老师常常告诉我们：你要好好学习，考上重点大学，找到好的工作，你就可以自由了。但是，当我们长大以后，发现世界完全不是这样运转的，老师和家长并不都是对的。心中的信念轰然倒塌的那一刻，我们终于开始反思：学校、家长、社会、媒体，他们传递给我的信息，都是对的吗？

在此教育体制下长大的我们，几乎所有人的成长都离不开这样的过程：刺激（外界的刺激摧毁我们的固有观念）、怀疑（怀疑自己小时候被灌输了权威思想）、解构（过去的思维方式和观念终于被打破）、重建（吸收新的信息，见识更大的世界，重建思维和观念）。

考虑到人类群居的社会属性，我们的思考无时无刻地受到各种各样因素的干扰。哪怕是再有智慧的人，也不敢说自己的思考，到底有多少独立性的价值。

要学会独立思考，首先，需要弄清楚是哪些因素，妨碍了我们的思考。

第一，无所不在的人际控制。总有些人，试图以控制你的方式，扩大他的生存空间。

第二，社会环境的自然控制。人是社会的人，受着周边环境的自然影响。觉今是而昨非，就是随着环境的变化，发现自己此前的愚蠢。

第三，日常习惯的控制。固有的习惯，构成我们的生活方式，但恰恰是这种日久成习，让我们智商萎缩。

第四，自然情绪控制。人是真性情的人，有着自然而然的喜怒哀乐，好恶观感。但过于情绪化，就会降低理性，让我们沦为情绪的奴隶。

第五，固有观念控制。随着人的成长，经验构成日常观念，固化我们的大脑，这种固化度越高，越是让我们思维僵化。

第六，个性控制。人的社会化程度越高，越容易适应环境。但这种适应，又对我们个性化造成冲击，所以人类天然有着对抗社会化的本能。

第七，大脑固有的缺陷控制。许多道理，我们都明白，但大脑不是如你所期望的那样工作，它始终遵循固有的模式。

意识到妨碍我们独立思考的这几个障碍，经常性地扫描检索，久而久之，就会推进自己的思维递进，形成独的立思考能力。

所谓独立思考，并非是一个固化的状态，而是一个持续行进的过程。智者千虑，必有一失，哪怕拥有独立思考能力的人，哪天一个不留神，也会陷入到人际控制或是情绪控制的泥坑里，做出不是那么独立的思考。

要达到何种状态，才能够得窥独立思考的境界？

这个答案是不确定的。

能够确定的是，你在这方面考虑得时间越久，浸淫得越深，大脑就会越来越明晰，思维就会越来越敏捷，你的人生事业，就会越来越容易。反之则亦然。

二、什么才是交易者应该学习的东西

当我们在潜心研究市场的潮起潮落时，似乎忽略了什么？我们忘记了自己！事实上自己才是整个交易过程中最重要的因素。“我是谁？”应该如何处理人与市场的关系？只有正确地了解了这些问题，成功才会建立在磐石之上，投资才会有了安全的基础。

投资总是伴随着决策的正确与失误，但对于大多数投资者来说，错误和失败就像影子一样跟随着投资者，他们很少能持续体验

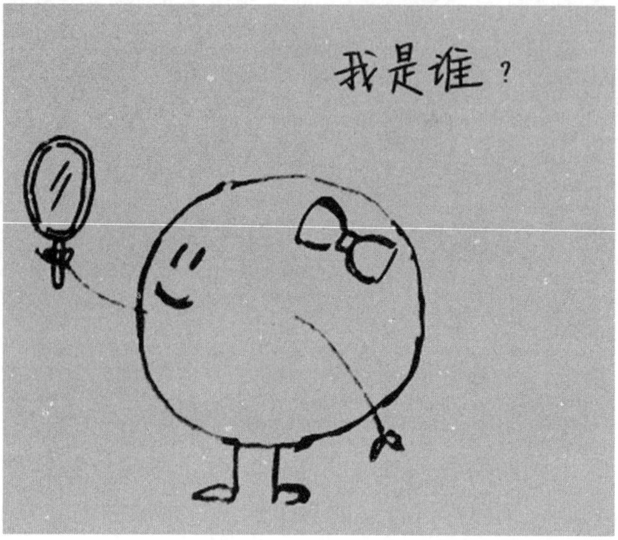

胜利的喜悦和交易的快乐。这是无法回避的事实，但这是为什么呢？因为没有人相信会失败而投资，人们的眼中只注视成功而忽略失败的存在是问题的关键所在。思维出发点的偏差，必将导致结果的不同。

一些没有经验的投资者只不过阅读了一两本交易的书籍，就期待能够在金融市场上大展身手。医生、律师与工程师都必须接受多年的学习教育，然后才能靠专业知识谋生。足球与篮球选手通常都必须经历4年的大学比赛，只有表现出色的大学选手，才有机会成为职业选手。水电工与焊接工也必须从学徒做起。这些人并不是在决定进入某个专业领域的当天，就可以立即成功；他们都是按照一定的步骤和程序朝着目标发展的。

那么，金融交易的情况难道会有所不同吗？他们毕竟只是一些新手，尝试踏入一个最困难的行业，至少我认为如此，却期待能够立即成功。就如同外科医生一样，金融交易者也要投入不少时间，然后才能期待成功。事实上，任何专门行业都一样，金融交易也需要适当的教育。交易者的专业知识通常来自于自身体验，所发生的亏损不妨视为学费。只有透过这些亏损，他们才能汲取一个成功交易者所需要的经验。

古人云："善败者不亡。"只有那些敢于直面失败、坦然承认错误必然性的人，才会造就成功的基石。认识错误、减少错误，最终才会远离失败，没有失败就无所谓成功，失败才是通往成功的阶梯。因此，我们必须找到某种正确的方法来削弱错误的决策所产生的不利结果。

"我是谁？"简单地说："我是人，不是神。"既然如此，在认识市场的过程中出现错误的判断是再自然不过的事情了。也就是说，出错是一种必然。我们并不是为投资者寻找失利的借口，恰恰是试图探索消除失败的有效手段。人类对于事物的认知是有限和不完整的，这就决定着市场既可以被认识，但又充满着未知的领域，市场是可知与不可知的矛盾统一体。人们追求成功，但是与生俱来的行为习惯和思维方式，在很大程度上有拒绝成功并趋于失败的内在倾向。

在实际的金融交易中，绝大多数人是以"智慧者"的身份来到这个市场的，他们相信凭着自己的能力完全有可能认识和把握市场，他们的工作目标就是追求完美。

完美主义者在金融市场交易中的主要表现有以下几点：

（1）不懈地追求投资利润的最大化，不愿放过每一段可能的行情。

（2）热衷寻找神秘的测市理论和方法，试图精确地预知市场波动的时间和价位，尤其是顶部和底部。

（3）相信有或认为自己掌握了破译市场的方法，并有厌恶风险、回避失败的心态。

（4）处世准则是：精益求精、追求完美和挑战极限。

另外，在引导投资者方面，当今的投资界还有一种不好的"造神"倾向。例如，有大量的书把江恩理论及江恩本人奉为神明，但他本人所写的书却十分强调止损的重要性；艾略特通过大量观察和统计，以科学研究的态度写出了《波浪原理》，但后人却将之大大发挥，并视之为神奇的测市理论。这种对偶像的过分推崇是十分有害的，是完美主义者的变通。当人们把自己或他人置于神的位置时，失败已在附近徘徊！

在这里需要强调的是，我们提倡科学、认真和客观地分析和研究市场，反对将其结论在具体运用时绝对化、教条化和神秘化；我们承认世界的神奇，但反对将自我神话。

一方面市场是完美的，而人的认识带有片面性、局限性和不完整性；另一方面，市场的表现呈现混沌而有序的波动。因此，当人们试图在模糊的市场波动中寻求精确的定位，这本身就是错误；同时，市场有序的波动也决定了人们可以宏观地把握行情的发展趋向。

如果说市场有思想和智慧，那么人与之相比似乎并不处在一个层面上；然而，作为一个普通的投资人完全可以成功，那是因为他只做自己能够认识的那段行情，也许为此而放弃了许多看似波澜壮阔的大行情。事实证明：当我们以智慧者（聪明人）出现在市场时，失败与我们相伴；当我们以谦卑、愚者的身份出现在市场时，成功、运气与我们相随。总之，让我们做个实实在在的人，把成功留给自己，把完美留在市场。而不是与之相反。某一天，当交易变成一件愉快的事情时，也许你会感悟出：不完美才是最完美的。

“知己知彼，方能百战不殆”，这是古今中外军事家公认的真理，已被大量的事实所证明。金融交易亦是如此，市场分析与风险管理缺一不可。如果投资者仅仅专注于市场的研判，那么即便是水平很高，仍然摆脱不了失败的可能，并总是处于成功的边缘。

三、认识自己，降服自己，改变自己

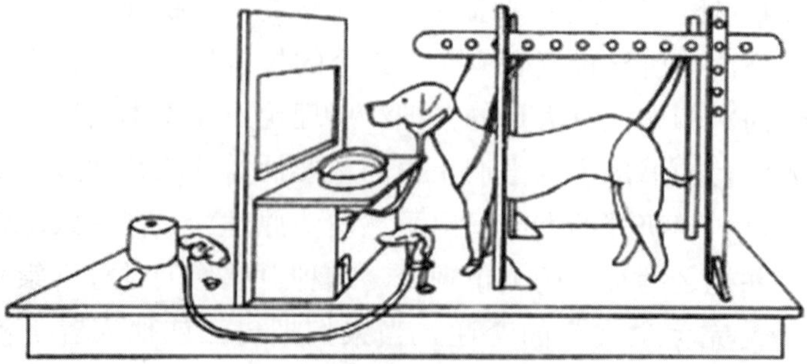

巴甫洛夫的狗

人类就如同巴甫洛夫的狗，巴甫洛夫用电铃为信号，定期喂狗，养成了狗固定而精确的条件反射——可万万没想到，突然发洪水了，巴甫洛夫自己跑了，狗被困在笼子中，面对着一个完全不确定的世界。那些可怜的狗无法理解这一切，以后无论巴甫洛夫怎么冲它们摇铃铛，它们也不理他了。

你是一条狗，站在大门口，尾巴摇一摇，逮人咬一口。

许多人，被动地从学校和家庭学到了固定而精确的知识，但面对不确定的世界，他们就如被巴甫洛夫抛弃的狗，全都崩溃了。

从此一生懵懂茫然。

你最熟悉的陌生人是谁？这个问题有点怪，很多人不能回答。其实，人最熟悉的莫过于自己，最陌生的也莫过于自己；最亲近的是自己，最疏远的也是自己。最熟悉的陌生人就是自己！虽然天天见面，真正了解自己的人有多少呢？

人有两个眼睛，可以看世间、看万物、看他人，就是看不到自己；能看得到别人的过失，却看不到自己的缺点；能看得到别人的贪欲，却看不到自己的吝啬；能看得到别人的邪奸，却看不到自己的愚痴。

人活一生，醒悟的少，疑惑的多，而最大的疑惑就是无法认清自己。了解自己最难，不了解自己最痛苦。所以，人生第一要务就是认识自己。了解自己，才能认识整个世界，才能接受世间的一切。

早在2000多年以前，古希腊人就把“认识你自己”作为铭文刻在德尔斐神庙上。无独有偶，中国的老子在《道德经》中也说：“知人者智，自知者明。胜人者有力，自胜者强。”其后，《孙子兵法》也有“知己知彼，百战不殆”的说法。东西不同文明的哲人，都不约而同地把“自知之明”作为一个人最重要的修养来对待。

然而，2000多年过去了，在今天的现实生活中，我们还是不难发现，对于“认识自己”，其实我们还不是真正地懂得，不是真正地明白。因为人可以无情地批判别人，揭别人的短，却从不愿意批判自己，揭自己的短。我们总是用眼睛努力地向外看，看自然界，看他人和社会，看得眼花缭乱，却很少有闲暇来看自己，很少花费点儿时间来反观自己的内心。我们借助于“镜子”来看自己的外表，但很少有人能借助于“心镜”来瞧瞧自己的错误和不足。即便偶尔看了，我们看到的也只是自己的正面和优点，而对自己的缺点和不足视而不见。

佛说：认识自己，降伏自己，改变自己，才能改变别人。禅能令我们认识自己，所谓明心见性、悟道归源也。我们要时常观照自己，用自己的光来照亮自己。

日本保险业泰斗原一平在27岁时进入日本明治保险公司开始推销生涯。当时，他穷得连饭都吃不起，并露宿公园。

有一天，他向一位老和尚讲述了自己的不如意，讲起了很多人不愿意投保。老和尚注视原一平良久，等他说完，老和尚平静地说：“人与人之间，像这样相对而坐的时候，一定要具备一种强烈吸引对方的魅力，如果你做不到这一点，将来就没什么前途可言了。”原一平哑口无言，冷汗直流。

老和尚又说：“年轻人，先努力改造自己吧！要改造自己首先必须认识自己，你知不知道自己是一个什么样的人呢？你要赤裸裸地注视自己，毫无保留地彻底反省，然后才能认识自己。”

原一平恍然大悟。从此，原一平开始努力认识自己，改善自己，大彻大悟，终于成为一代推销大师。

我们每个人犹如一面镜子，既照得出别人，也照得出自己。一个人能做到“自知者明”，是很不容易的。想想，我们与“自己”朝夕相处，也经历无数沟沟坎坎，但能对自己了解的又有几人？更别说能正确地认识自己了。所以我们一定要明察自己的缺点，同时要善于发挥自己的优势。

《吕氏春秋·自书》中，有一段话很值得细细品味：“存亡安危，勿求于外，务在自知……”要战胜这个变化莫测的世界，先要认识你自己。我们要盘点人生，在不断地盘点中认识自己，调整自己，完善自己，征服自己，在有限的生命长度里，最大限度地拓展生命的宽度。

学而不思则罔，当每日三省吾身。孙子说：知己知彼、百战不殆，首先要分析自身的具体情况和素质，先清楚自己的优点和不足，扬长避短。永远要保留一只眼睛审视自己，透视自己的投资心态、检点自己的趋势判断是否客观，策略是否偏颇，总结反省自己的经验教训，提醒自己不要忘记胜利后所隐藏的凶险；当投资失败时，提醒自己从大局出发，选择摆脱困境的正确道路。

认识自己并非易事，需要在现实生活中不断进行陶冶、修炼和自我完善。也就是说，在日常生活和交易中，我们要能够自如地整理现有知识体系的同时，有效提升对自我行为和心理的认知，赋予自己评价自我，并且完善自我的能力。

四、成功的交易者总是长着两双眼睛

交易中最重要的是什么、最难的是什么？你可能会说是预测市场，确实，预测市场最重要，但它不是最难的，而是不可能的！很多人就是牺牲在这个无解之谜上的。市场存在的基础是不确定性，而不是可预测性，这是一个最重要的交易问题，相当于哲学上的物质论和意识论。这个问题不弄清接下来的一切努力都将带来完全不同的交易结果。

成功的交易者总是长着两只眼睛，一只眼睛看着自己，另一只眼睛盯着市场。在当今的金融市场中，绝大多数人都认同这样一个事实：“市场永远不会错”，其含义是：

（1）市场的行为是有效率的，它包容一切因素于价格波动之中。

（2）绝不可将自己的主观意愿强加于市场，一定要做一个追随趋势者，不要做一个预测趋势者。

（3）如果存在交易上的失败，那么肯定是自己的错，而不是市场。

上述论点存在很大缺陷，它仅反映市场特性的一个侧面。如果说该观点有其正确的一面，那便在于市场此时的表现对投资者来说总是正确的、是客观存在的、是市场所有参与者意识的预期表现。它对短期波动的技术性分析是有一定作用的。辩证唯物主义认为：实践是检验真理的唯一标准。投资决策的正确与否都要经过市场的验证，从这点意义上说该论点对于检验交易结果具有现实的指导价值。然而，如果从此点出发对未来市场格局进行评判却显得力不从心，无法使自己的眼光在战略上有所拓展。

值得庆幸的是，市场并不是有效和完善的，现时市场对未来总是错误的，市场向前发展的每一步都是对过去市场表现的否定，同时也是对当前市场的肯定！因此，市场既具有正确的一面，同时也有不正确的一面，它是市场内部发展中矛盾统一体的两个方面。

如果我们从“市场总是不断地被否定”的观点出发，那么将为我们对市场未来的推测打开广阔的思维天地。做投资就是做未来，也就是要求投资者站在全局的立场上把握市场未来一段时期发展的方向及目标，超越现时市场的时间与空间，这才是投资交易制胜的法宝所在。

可见，“市场永远不会错”的观点是相对静止和片面的，它否认人们具有主观能动地认识事物的能力。而“市场总是不断地被否定”的观点是以动态眼光来预测市场，对战略性的指导操作具有现实意义。

那么市场有什么特性呢？如果我们没有充分认识市场，那么就无法消除投资领域对市场看法所存在的种种误区，也就无法帮助人们理解和超越市场的客观依据以及可能性。

第一，永恒变异性。市场是有生命的，是鲜活的。它是能够躲避，并有能力随着环境的改变和时间的推移而变得灵动的。也就是市场不具有稳定的形态，对市场过去的认识不能预测将来。

第二，不可捕捉性。市场具有不可捕捉性，也就是不可掌控性。观察者不能单独把一只只股从众多市场中分离出来，两者是对立统一的。因此市场是一种既存在又虚无的生命。

第三，单纯性。市场就是市场，市场是单纯的。它不代表任何事物，任何事物也不代表它。市场反映的是整个世界的本原。不要用复杂的理论去表述市场，越精细的表述越背离市场的本质。

茫茫草原中的狼群在寻食目标中的羊群，狼的视野基本局限在二度空间中搜寻：羊在哪里？然而，天空上的鹰以其三维的立体视角却能准确地知道羊的方位。对狼来说，鹰是神，是先知。我们应该拥有鹰的眼光，辩证地看待人和市场的问题，从而找到解决问题的重要思维方法。

五、交易之道在于有所为，有所不为

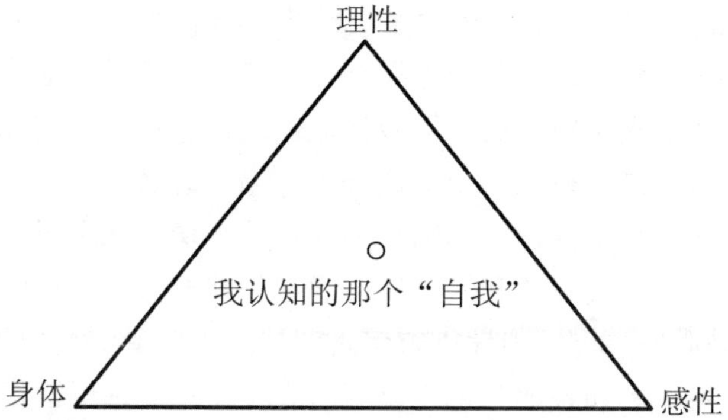

有很多投资者朋友问我对市场的看法，明天大盘会怎么样？农

产品会怎么走？我通常都回答："我不知道！"这并不是我有意藏宝，而是真的不知道。我不预测，不仅因为市场不可能预测到每一步，更因为预测只能让交易者失掉客观性，失掉平常心。

尊重市场，学会与市场进行信息的互换，而不是把自己的想法强加给市场。这是首要的也是必需的，同时为各种可能性做好充分的准备。

就像我们做学生时老师跟我讲的，一次测验的超常发挥，往往是我们对这门课程所做的考试准备已经非常充分了，而非能力突然提升所致。这在交易中同样适用，多变的市场中，如果交易者对可能出现的各种情况都了然于胸，自然也就会取得骄人的业绩了，我喜欢交易也是因为它给了我不断学习的机会。

对于我们交易者来说，有舍有得，有所为有所不为，投资成败往往取决于对取舍的正确认识。无论交易机会还是分析方法，对于交易而言，他们的选择都非常重要。从辩证的角度来看，当你从100个当中选择1个的时候，就是放弃了其他99个，因而我看待选择，不选才是更多的选择。懂得尊重市场，能够做好充分准备，正确看待取舍关系的人，就可以被看作是一个合格的交易者。

传统生意里常说所谓"有所为有所不为"，面对商业机会，有时候减法更重要，要懂得选择。交易中的诱惑很多，太多似是而非的机会，这需要交易者做选择，不要贪多，要选择更有把握的、确定的交易，避免意外情况发生。

在交易中，人性的贪婪会膨胀起来，大部分交易者都抱有不切实际的盈利预期。我也曾经见识过很多颇具财力也非常聪明的交易者。他们寄希望投资市场能让他们一夜暴富，可是最终都两手空空地从这个满是机会的市场离开了。万科总裁王石也讲过：超过30%的利润万科不做，因为国际上同行的平均利润水平也如此。万科懂得放弃不切实际的利润预期，通过长期经营在市场中做大做强。交易的利润也来自长期稳健的积累。

关于利润预期，也可以用"守株待兔"理解。很多交易者在过去两年的非常态市场获得了超额收益，在树下等到了一只兔子，于是期望在后面的市场里还能等到这样低风险的容易的收益。我认为投资者在熊市入市反倒是好事。经历了艰难的市场才会让投资者对这个市场有个合理的预期。

交易的技法是容易学习的，但是交易的心法就需要一定的训练才能把握。举个例子，一名弓箭手站在崖壁上，挽弓搭箭，百步穿杨。在这个特定时空，箭术已经是次要了，如何立于千仞之巅仍能心若止水才是重点。箭术，师傅可以教会；但是安立绝壁的心法，唯有靠弓箭手自己通过日复一日地站在崖壁上慢慢领悟。交易也不例外，交易者长时间的实践是必不可少的。

国内有很多餐饮业的老字号，名头很响，但是为我们去这些餐馆吃饭，总会觉得并没有我们预期那般的与众不同。他们的一些特色菜品、特色服务甚至在很多新兴的餐饮企业也都能品尝到。但为什么他们成了老字号呢？其实就是很简单的一个事实：“坚持。”

金融市场和传统生意差别不大，很多的交易策略和模式有很多是从传统行业中汲取的营养，它们都不特殊，说出来都很平淡无奇，但是这些很平常的方法经过了这么多年的不断验证，没有被淘汰掉，投资者利用这些方法从多年的交易中存活了下来，让我更加坚信这些策略具有存在的理由，是值得我珍惜的黄金，这就是坚持的力量。

第十六章
交易学习之路，任重而道远

交易没有捷径，是指交易经验的积累是无法从他人身上直接获取的。但是知识的学习与丰富，是可以学习与借鉴的。

交易是一门手艺或者技能，对于常人来说，需要在正确的前进方向或模式下，勤加练习才可熟能生巧、运用自如。

大家可以思考一下，自己是否真的已经入门了呢？

一、仿真交易和广泛阅读是必不可少的

纸上仿真或者模拟交易确实对我们有帮助，但毕竟不能反映市场实际情况。

不论你从书上读到什么，也不论你花多少时间进行仿真交易，只要真的进场，一切就不再相同。

一些从来没有想过的错误开始到处浮现；防止犯错的最好办法，就是犯错，实际亏损才能让你体会错误的意义，学会自律，才不至于在类似情况下犯相同的错误（大多数人可能还是需要第三方的协助）。实际亏损可以让你感受到仿真交易难以体会的痛苦。最后，当痛苦严重到难以忍受的地步，你就不会再犯相同的错误。

纸上仿真交易是必要的学习程序，初学者应该进行合理程度的仿真交易，才可以实际进场。

虽说如此，但仿真交易毕竟不能反映实际情况。仿真交易中，你很快就忘掉10000元的亏损；可是，10000元的实际亏损往往会让你心里出血，如果发生在星期五，整个周末可能就泡汤了。这类的情绪困扰通常不会发生在仿真交易中，换句话说，仿真交易的错误不会引起必要的痛苦。仿真交易过程中，你不会接到保证金追缴通知，部位的撮合价格都是当时的最佳价格。

然而，当你实际进场时，整个情况都不同了。仿真交易不会发生的很多事，现在都发生了：风险容忍程度降低、获利部位过早了结、听任亏损持续累积、滑移价差与佣金费用成为实际的负担，等等。很多事不是纸上作业所能仿真的。

不过话说回来，实际经验虽然重要，但真正进场之前，仍然应该有充分的仿真交易训练。另外，我也建议广大投资者尽可能地广泛阅读学习相关书籍。永远都还有继续提高的空间，笔者踏进金融交易圈子虽然已经16年了，但我仍然在不断学习着。

二、你所不知道的情绪化思维规则

概率思维：交易是一个概率的游戏。想象我们正在抛硬币，正面我赢1美元，反面你赢1美元。很简单，正面和反面出现的时间各占一半，我们谁也赢不了谁。然而，在我不知道的情况下，你换了一个做了手脚的硬币。每抛100次，正面产生49次，而反面发

生51次。你现在拥有一个印钱的执照了，让我们叫它“反面交易系统”。你所需要做的仅仅是静坐一旁，永远押反面。最后，你将会赢走我所有的钱。

所有的交易系统（形态突破、趋势追随、斐波系列数、移动平均、通道跟随、振荡信号、布林线、摆动指标、开盘缺口，等等），做的都是帮助你识别交易机会，正确建仓，保护你的资金，同时让你的利润不断增加。所有的交易系统都在说“当x发生的时候，y通常紧随其后”，但是结果有时候并不这样，可能大部分时间如此。因此，你应该看得更远，当前的交易算不上重要，它就像大海里的一滴水。交易的全部就是管理风险然后服从宇宙间最古老的法则：概率。

控制投入：作为一个交易者，你犯的最大的一个错误就是在一次交易投入太多资金。投入越多，你的情绪压力越大，最终可能把你压垮。更为严重的是，这种感情伤害很难修复。大多数的新手交易者喜欢重仓，希望一夜暴富。在短线交易中，进出很快，交易笔数多，几笔大的亏损很快就会把你的资金吃光。

一个好的能够生存下来的交易者只会投入他的资本的极少比例到任何一笔交易。在从事交易前，我们的交易系统必须有止盈和止损，同样坚持仓位管理策略，避免仓位失控所引发巨大的风险。

每次交易投入很小的比例冒险，你将会更为放松，而且交易能够处理得更好。

控制情绪：是否有想赔钱的念头？在市场中很容易看到自毁倾向的行为，特别是在短线的交易者中。当价格在你的眼前到处跳舞的时候，它就紧紧地抓住了你。你开始感觉好像它正在戏弄你。这就是你为什么必须非常小心地避免情绪化的交易。如果你热血沸腾，随时可能爆炸，那么你马上就会有一个市场中最糟糕最严重的经历了。不要把情绪带到交易中去。记得目前的交易只是一系列漫长交易经历中的一个。牢记这一点，千万不要对任何一笔交易太投入。你一定要把自己当作一名专业的交易员。在每个交易日的开始，在市场开盘之前，给自己留几分钟时间。闭上你的眼睛，在想象中观察市场，仿佛看到你的计算机屏幕上的即时图表，我看到价格在上下不停地旋转，记住，只看到价格在上下不停地旋转。

三、杰出交易员最难克服的心理障碍是什么

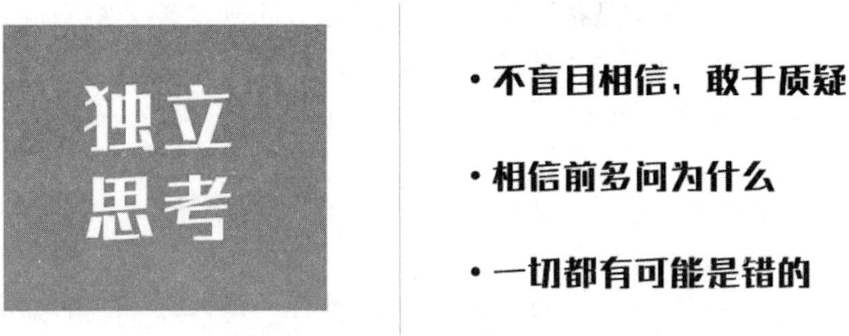

交易是高危职业，时常处于高强度、高压力、高风险的境地，要求交易者抗干扰能力强，永远保持清醒认识和独立判断。要成为进退有据的合格交易者，首先得向军事指挥官学习，修炼处变不惊、敢打硬仗的独立人格。军事智谋的第一个特征，就是要能区别哪些是能办到的，哪些是不能办到的。要学会面对现实，但绝不能对自己的力量丧失信心。逃避现实而不是面对现实的那种军事观念注定是无用的而且将会是代价昂贵的。只有能在任何条件下当机立断、大胆行动的人，才能取得胜利。

交易中信息爆炸，真假难辨，陷阱多多。不要轻易相信任何天上掉馅饼的信息，除非自己反复验证过。跟随众人是人的天性，而独立判断、反复假说验证的工作方式是违背人性的，违背天性的事对于每个人来说都是痛苦，是难以持续的。正因为太难了，所以独立人格在芸芸众生中才显得那么稀缺。应当练成一双慧眼，能快速识别谁是大师谁是水货，哪家公司投资机会多哪家公司机会少。需要持续修炼说“不”的勇气，大声地说，不分时间、地点、对象，不用管对方是名流还是权贵，只要违背常识违背逻辑，就立即说“不”。对别人说“不”，对自己更要超严厉地说“不”。

吉姆·罗杰斯：“你们天生就有能力为自己的最大利益下最好的决策，在大多数的情况下，经过自己的思索比违背自己的意愿而听从他人的决定，更能做出正确的决策并采取正确的行动。事实是，这世界上从不曾有哪个人是只靠从众而成功。”

威廉·欧奈尔：“大部分投资人靠耳语、谣言、故事以及一些业余人士的建议投资股票。换句话说，他们等于是把自己的血汗钱交给别人投资，而不愿意费神确定自己真正要投资的是什么。他们宁愿相信别人的耳语，也不愿相信自己的决定。”

交易心理学专家范塔普博士：“如果你要求一般人列出他们操盘失败的原因，大致可以将答案分成两大类。第一类是不认为自己有问题，而是抱怨市场，抱怨经纪人，抱怨内幕交易，甚至抱怨技术指标或操作方法出了差错。一般人的确都有抱怨别人而保护自己的倾向。但是，如果你只抱怨别人，你就可能会一再犯错，因为你认为一切都是自己无法掌握的。了解自己必须对自己的成败负责时，你便能掌握投资成功的关键。成功的人知道要对自己操作的结果负责，而失败的人却并不如此。”

杰西·利物莫尔：“一般人不希望别人告诉他现在是多头还是空头市场。他要别人明确地告诉他应该买进、卖出特定的个股。他想不劳而获，甚至希望不必思考，就算让他从地上捡钱他都嫌太麻烦。”

历史不断地证明，并将在未来再次验证，独立决策，并勇于对决策的后果承担全部责任，才会成功。而那些热衷于打探所谓的

“小道消息”、依赖他人的吃奶思维、不负责任的小孩型人格，绝无成功的半点儿可能。

四、交易不分析，操盘不盯盘

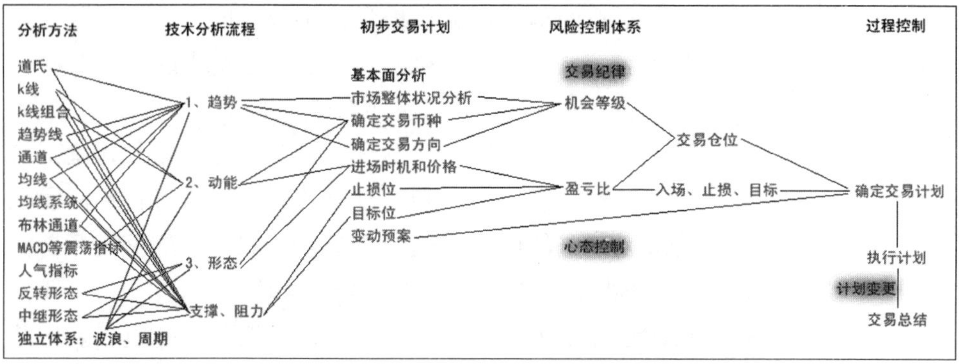

图16-1

所谓交易系统，就是制定符合自己交易理念的一套交易规则，然后用这套规则去对市场走势进行分类，识别出适合操作的那一类或几类走势，并有针对性地制订相应的交易计划，然后严格地按照计划执行（图16-1）。

一旦投资者确立了自己的交易类型，接下来就应该确立交易风格了。在投机市场中趋势天天有、时时有，那么什么样的趋势才是适合自己的趋势呢？什么样的趋势最适合自己只有自己最清楚，这就是趋势在心的原因。

有的投资者喜欢快进快出，有的投资者则喜欢放长线钓大鱼。确定了自己的交易类型和风格之后，投资者就要拿着自己选定的标尺去寻找适合自己的趋势了。

激进的投资者可以边做边学，将研发和测试过程合二为一；保守的投资者也可以先在以往的走势中做个统计，找到成功概率最高的趋势。

前者耗财，后者耗时，投资者自己选择。但是，无论采用哪种方法，都有一个修正、调和的过程，甚至不排除彻底否定，从头再来的可能。

一个合理的交易系统应该是和投资者的性格特点相吻合的。我前期就曾研发过一个交易系统，核心理念就是少损失、多进场，希望通过不断调整自己对市场判断的误差，以期尽量逼近市场的真实走势。

但是其结果可谓痛苦不堪，由于止损有限，不但要时时盯盘，还必须屡败屡战，真可谓劳民伤财。当时我真的感觉自己就是这个系统的奴隶，每天早起晚睡，足不出户，等着被市场蹂躏。

有时候一天之内多次被止损，我记得最清楚的一次是一天被打出来三次，而且都是同一商品同一方向的订单。这样的系统不但浪费钱财，更是对精神的摧残。

后来，我意识到趋势好比一架飞机，在起飞和降落时是最危险的。当然，我不是鼓励大家长线投资，但是艺高方能胆大，胆大未必艺高，而且还与投资者本身的风险承受能力有关。总之，适者生存，投资者对于不适合自己的交易系统应该尽早放弃。

原来听一些资深投资者总是把自己的骄人业绩归因为感觉，我当时认为感觉只是这些人的搪塞之言。但是随着自己的阅历逐渐丰富，我也逐渐开始承认感觉的重要性。

最初，我完全相信科学计算，入场点位、出场点位、止损点位等都是通过统计计算出来的。也曾经有一段时间，效果不错。我当时最常想的问题就是，如果把这套交易模式写成电脑程序，完全由电脑执行交易，那要人还有什么用，人类有一天是不是真的会被电脑所取代？

不过，有一个问题我还是没有想明白，如果有一天全世界的所有电脑都采用同一套交易程序，结果会怎样呢？后来，实践证明我是杞人忧天，我用很快的时间做到了资金翻倍，但是我又用更快的时间将盈利全部赔光。

我开始怀疑是科学计算更重要，还是实践经验更重要？后来得出的结论是，“尽信书则不如无书”。也许，电脑始终不能取代人脑，就是因为它们没有感觉，不懂得变通。

这种感觉，并不是我们通常所说的那种心血来潮，而是经过千锤百炼所形成的经验在头脑中下意识的条件反射，就像是司机的应急反应。“道可道，非常道。”操盘没有一劳永逸、一成不变的规律，操盘是一个见招拆招、动态博弈的过程。

投资就是一个没有硝烟的战场，是个一将功成万骨枯的地方。每天，当我为新的一天布置战术的时候，我觉得自己就像是一位将军；当我拿着十字准线寻找合适的点位时，我觉得自己就像是一位狙击手。但是，谁又能知道今天谁又会丧命呢？“醉卧沙场君莫笑，古来征战几人回。”投资毕竟不是战场，生命只有一次，但是交易可以重来。

五、成为交易高手的四个阶段和境界

投资者在前进的路上会不断地遇到困惑和迷茫，这些困惑和迷茫本身会促使大家不断地去学习，所以投资者渴望学习的动力是一直存在的，获利的本能都会促使我们不断地去学习。问题的关键是：交易的学习并不容易，其难度也许并不亚于交易获利的难度，这种困难使很多人被迫只能坚持学习一段时间，之后就长期处于顺其自然的状态，而很难进行进一步更加深入的学习。

投资市场的知识并不是太多，只要你肯努力，一年半载估计就能够把投资知识学习完毕。所以金融交易的入门非常容易，然而这只是学习的初步阶段。很多人在完成这种初步的学习之后就得出结论：投资很容易操作，进而开始进场交易。结果可想而知，亏损接踵而至，在真实的交易中他才发现需要学习的东西还太多。

慢慢的，投资者会很快进入到学习的第二个阶段：困惑迷茫阶段。在这个阶段，因为投资者发现要学习的东西太多了，以至于不知道该学习什么了。似乎什么都需要学，又似乎学什么都没有用。绝大部分投资者都无法度过这个阶段，就被市场淘汰了。能够度过这个阶段的投资者将进入另外一种状态，他能够形成自己的交易理念，形成自己的交易模式，甚至形成自己的交易哲学。也就是说，他的思想和交易已经形成体系。但进入这种状态的投资者只能阶段性地盈利，无法持续地、稳定地盈利。一般投资者达到这种状态后，其再次学习的动力会逐渐丧失，他开始围绕自己的体系循环，觉得自己已经理解了市场：市场不过如此。然而市场远非“不过如此”。他自己的体系开始成为阻碍他进一步学习的藩篱，他开始封闭自己，否定别人，甚至嘲笑前两个阶段的投资者，不愿意跟别人交流。确实，能够达到这个阶段的人本来就不多，所以，他变得孤独，进而很难再次学习和进步。投资者达到这个阶段后，都会形成自己的体系：技术性为主或者基本面为主，或者政策性为主，很像武林派系，彼此相轻。

其实，投资交易的学习是从第三个阶段才真正开始的，前两个阶段都相当于基础课程，第三阶段才开始进入专业课程。前两个阶段都是学知识，第三个阶段才开始学技能，技能的学习是永远没有止境的，技能的不断提高才是你保持盈利的基础。

提高能力远比掌握知识难度更大，盈利是靠能力，而不是知识，所以你应该理解为什么我说学习的能力就相当于交易获利的能力了。能力可以分为：市场分析的能力、对市场表现的理解能力、对市场状态的判断能力、对影响市场主导因素的鉴别能力、对技术图标的解读能力、操作计划的制定能力以及执行能力。任何知识，只有通过自己的具体实践、消化吸收才能转化为自己的能力。到了这个阶段，保持开放、客观的原则最重要，这也是你能够继续学习进步的原则。

到了第三个阶段，你学习的主要方式就是实践和领悟。不仅仅是交易的实践和领悟，也包括人生的实践和领悟。你会认识到：市场其实就是一个人，你跟市场打交道，其实就是在跟一个内涵很深的人打交道。当你有了新的领悟之后，一定会对原来你自以为完全了解的东西有崭新的认识，包括你原来已经否定的技术指标和交易方式以及分析方式。每个人都在为市场做贡献，每个人都在为自己的盈利而努力，每个人都有可学之处。这个时候，你的学习主要就是与人交流，交流思想、体会、心得，甚至是性格。不要把自己局限在交易和市场上的学习，要通过学习经营人生来学习交易，通过学习与人相处与社会相处来学习和提高，这是根的学习。通过这种学习形成大气、坦然、客观、面对、从容。大气、坦然、客观、面对、从容对于交易的重要性无需多讲，这种风范不是通过技术性的行为就能达到和实现的，也不是通过提高你的预测分析能力和资金管理能力就能达到的。

所以，再次强调，保持客观和开放的心态，不要封闭自己，永远保持好奇心和求知欲，这样你才能获得不断前进的动力。严格来讲，封闭自己、否定别人就相当于你的交易生命已经进入结束阶段。市场的任何波动都可以找到相应的应对措施，关键是看你的追求。确定了你的追求就确定了你学习的方向和努力的动力。市场在变化，追求在提高，所以，你永远不要停止学习。通过不断的思考和再次的学习，我发现市场上任何交易工具和分析方法都有其存在的合理价值，但都是合理的存在价值，而不是绝对的存在价值。市场永远是在这些有限的因素主导下运行的，只不过不同的阶段影响市场的主导因素不同而已。如果你封闭自己，只坚持某种理念，那么当市场的主导因素不是你接受和理解的时候，你就会陷入困惑之中，并产生亏损。不学习、不接受别的有价值的东西，就相当于失去很多市场机会和理解市场的能力。市场非常大，内涵不会有大的变化，但性格和表现方式却经常变。不坚持学习和吸收，你终将会被市场所淘汰，不管你是谁，都是如此。

广大的投资者朋友，谦虚、开放、客观是学习的原则，其实也是交易的原则。做人如此，交易也是如此，永远不要停止学习。

第十七章
你听见杰西自杀的枪声了吗

向伟大的杰西·利弗莫尔致敬！

1940年11月28日，华尔街的一代传奇在一家旅馆的卫生间里开枪自杀了，终年63岁。

他留下的遗书写道："我的一生是一场失败。"

杰西高入云端，我站在尘埃里一直在努力地倾听那声枪响。纪念杰西最好的方式，不是沉醉于《股票大作手回忆录》，而是听到那一声枪响。我一听数年。开始听不到，后来听不清，现在隐约听清了一点儿。

一、八次破产再起之创奇

杰西·利弗莫尔

一个给号子们擦黑板的小弟，如何崛起成为华尔街大亨，股灾时大赚1亿美元，连美国政府都拜托他不要放空，然而他最后竟戏剧性地举枪自尽……

出身美国麻州贫农家庭的杰西·利弗莫尔，13岁时带着母亲给的5美元，在波士顿找到第一份工作：号子里的擦黑板小弟。之后，灵活的他，在号子里崛起，操作棉花、玉米、小麦各种商品，八次破产、八次再起。

这位史上华尔街上最大的个人投资者，在1907年，因放空美股，大赚300万美元，并引发美股大崩盘。当时，金融巨子J.P.摩根（J.P.Morgan）还派人央求他不要再做空了，他感觉自己那一刻就像是个“国王”。

1929年，美国股市大崩盘时，他倾所有资金进场放空股票，净赚1亿美元，当时美国一年的税收也才约42亿美元。美国政府也拜托他，不要再放空股市。

杰西·利弗莫尔在巅峰时，拥有全纽约最漂亮的办公室，位于第五大道730号，里面有他私人的专用电梯。

他的行程极为准时，每天清晨七点二十分，搭着豪华轿车离开豪宅，纽约的警察会一路以绿灯让他直达办公室。他的司机每周发一次小费给管红绿灯的警察。为了掌握行情，他在曼哈顿豪宅、纽约宁静湖畔的度假小屋、棕榈滩的度假旅馆，以及两百尺的豪华游艇上，都装了股价电报机。

杰西·利弗莫尔将40年的操盘经历写成《股票大作手回忆录》一书，他归纳自己的操盘法，是结合“时间管理、资金管理以及情绪管理的利弗莫尔价格记录法”。

他说：“投机的竞技始终是世上最具魅力的游戏，但是这样的游戏，愚蠢的人不能玩，懒得动脑筋的人不能玩，情绪平衡不佳的人不能玩，妄想一夜致富的冒险家更加不能玩，否则他们都将穷困潦倒致死。”

结束伟人生命的枪声，应该是能穿越时空的，响彻历史的，应该被后人敬听并铭记的。但交易是孤独的，就连结束伟人生命的枪声，也是孤独的，当场除了利弗莫尔本人，几乎没有人听到；在伟人身后的78年里，整个交易界，也很少有人听到，而那一声枪响，这是杰西用生命送给后人的最大礼物，只是他不能写在书里罢了。

今天，在向杰西·利弗莫尔致敬的同时，你听到了他自杀的枪声吗？

二、驱动股市的不是理智，是情绪

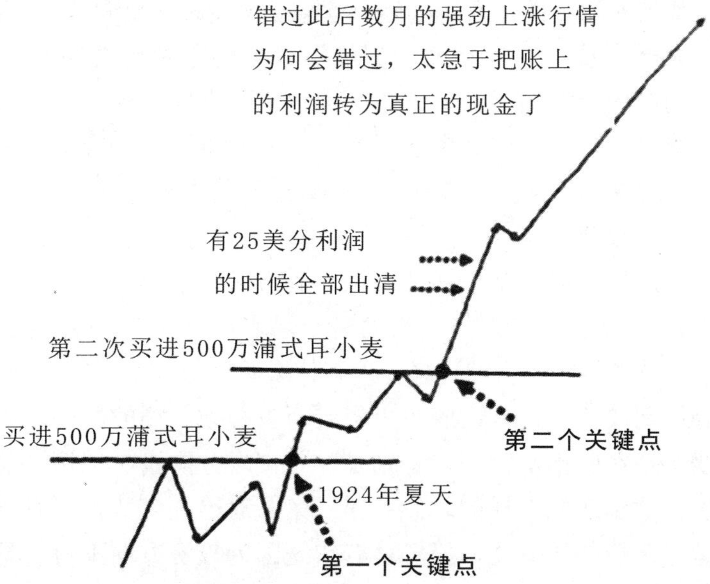

利弗莫尔对自己的职业仍然有一种难以遏制的求知欲，他总是不断地学习股票交易技术。他还对市场心理学怀有浓厚的学习兴趣，曾在夜校学习心理学课程，以便更好地了解人的本性。

他曾经说过："多数人在为他们的房子买设备，或在买汽车的时候非常小心，而在买股票的时候却不那么上心。由于股市的钱好赚，而且来得快，所以就容易使人变得愚蠢，对他们在股市上辛辛苦苦挣来的钱漫不经心，不像对其他财产那么上心。炒股是需要学习的，而且不能漫不经心地学，要专心致志地学。"

利弗莫尔的结论是，在市场上起作用的想法也许有好几百万种，但从根本上说，必须学习和了解的心态却只有几个，尤其是恐惧和希望，因为人的本性是有共同特征的。

他认为，投资者需要控制自己的情绪，尤其是恐惧心理。恐惧就隐藏在所有正常人生活的表象之下。恐惧和暴力一样，可以在心跳的时候、在呼吸加速的时候、在眼睛被蒙住的时候、在被一只手抓住的时候或在听见枪声的时候出现。当恐惧出现时，正常的推理被扭曲了。理智的人在感到恐惧的时候，他们的行为就不理智了。当人们开始赔钱时，他们就感到害怕了，他们的判断力也减弱了，这就是人的本性。

至于希望，“不成功的投资者总爱跟希望交朋友——在希望来到股票市场的时候，它总是与贪婪和恐惧并存。一个人一进行股票交易，他的生活就燃起了希望。人的本性之一就是对未来抱有希望，就是相信希望，就是希望得到最好的未来”。

“希望是人类竞赛的一种重要的生存技巧。但是，希望和贪婪、恐惧一样，都会扭曲理性。股市只讲事实，只讲现实，只讲理性，股市永远不会错，错的是交易者。结果总是客观的，是最终的，就像纯粹的自然一样，没有什么诱惑力。”

利弗莫尔认为，股市投资有两条必须遵循的原则。第一条，不要总是在股市上投资，特别是在对市场方向没有把握、等着看下一次行情到底怎么样的时候；第二条，对绝大多数投资者造成伤害的是主要趋势的变化，投资被套牢是因为投资方向不对，是因为市场变化的方向不利。

“聪明的股市交易者总是能控制好自己的情绪，他们在交易时，总是能够想到将来，而不是只想到现在，当然，更不会想到过去。因此，一个知道如何看报价单的人，在这种时刻，就像是一个能够预言未来的水晶球，总能够看出哪些板块正在上涨，正在出现新的回升，将成为新的强势股。”

利弗莫尔认为，股市投资切忌随大流，应有自己独特的看法。“在一些事情看起来已经了无希望的时候，我并不感到慌张，反而仍然按照自己的路子往前走；相反，在一切事情看起来一帆风顺、令人欢欣鼓舞的时候，我却认为，这也许是平仓的最好时机。我就是想比其他所有人都先看到这一点，这就是为什么我总能在沉默中坚持自己的看法，避免和任何可能改变我的想法的人进行交谈的原因。”

“有时候，我会不断积累股票的头寸，因为我相信这些股票在经过一次急剧下跌或一次最得意的狂涨浪潮之后会出现一个转折点，因此，我一连几个月都会把这些头寸留在手里，结果在一年后，我被证明是正确的。为什么会这样呢？因为一般来说，企业经营好转，股票赢利能力的恢复是需要时间的，所以人们必须有耐心，必须谨慎地积累那些在股市上将出现新的回升的股票的头寸。”

利弗莫尔成功预测到了1907年股市的暴跌，而且他所估计的股市暴跌时间和实际发生的时间非常接近。

“在1907年股市暴跌中，我最好的一天是在一天之内净赚了300万美元。在1921年的经济大萧条中，我也很幸运，当时，我决定在股市价格的最低阶段，一直跟着行情走。”

“不过在1929年大萧条期间，我还是过早地卖空了汽车股，因为它们的价格打着滚地往下跌，所以我就开始卖空——这使我损失了25万美元，如果在我最后找到关键点之后再卖空，我就不会损失这25万美元，因为在大萧条期间，它们全都打着滚地往下跌。当时，我买空卖空，赚了很多钱。在1929年市场大暴跌期间，我赚了到当时为止最大的一笔钱。”

1929年大萧条发生时，利弗莫尔已经在股市摸爬滚打了将近40年，他有一种非常好的直觉。他认为：“有些迹象其实是非常明显的，甚至想都能想出来。成交量对我来说非常重要，抛出的股票可能有人买，也可能没人买，无论是有人买，还是没人买，都不奇怪，关键是要知道到底有没有人买，我就非常认真地研究过这个问题。”

“对我来说，投资于股市的人和一群想吃到鱼饵的鱼差不多，他们没有领头人，不管是什么时候，只要他们感觉到了危险，就能迅速地随机而动。换句话说，在股市上有几百万个大脑，这些大脑形成决定，主要是根据股市上的两种主要的情绪：希望和恐惧——希望往往是因为贪婪而产生的，而恐惧往往是因为无知而产生的。”

“这意味着，驱动股市的关键因素不是明智的分析或理智，而是人的情绪，一个人一旦懂得了这一点，那他离成为一个成功的股市交易人就不远了。记住这一点，一个股票交易者必须能够看到他所看到的东西后面隐藏着什么，必须经过仔细地分析，记住，从根本上说，每个人收到的信息都是一样的，可为什么有人赚钱，有人赔钱呢？就是因为他们对他们所收到的信息理解不同。”

关于预测股市的走势，杰西·利弗莫尔认为：“没有经验的交易者必须避免的另一个陷阱是，企图找出大盘交易的涨跌周期。但准确地预测出市场的最高点和最低点是完全不可能的，最好的办法是小心谨慎，避免出错。推动牛市的主要力量是资金，是资金的供给，是投资者真正的态度和情绪，他们是愿意买进还是卖出。因此，我一直在尽我最大的努力跟踪资金的流向。”

三、他是如何计划他的每一天

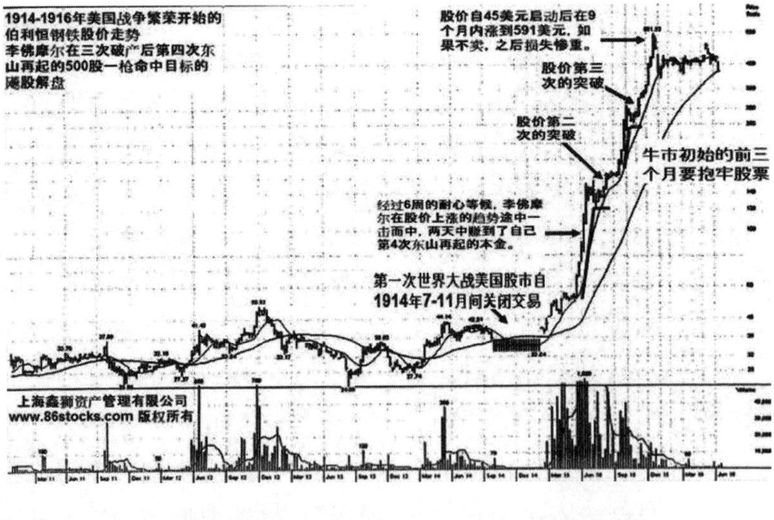

杰西·利弗莫尔是一个高度自律的人。平常工作日，他每晚十点就寝，早上六点起床。起床后第一个小时他不要有人出现在他的

身边。他住在长岛大颈镇大厦寓所时，厨房人员会训练有素地将咖啡和果汁放在日光浴室的餐桌上，包括欧洲和芝加哥日报等报纸也会放好在桌上。利弗莫尔终其一生都嗜读成性。他利用这一两个小时的时间来计划自己的一天。利弗莫尔注意到少有男人会实实在在地计划自己的日子。没错，他们的计划表面上看来井然有序，里面有约好的会面行程、午餐约会及公务事项，一切安排妥当且有书面记录。他们对等着他们的事情皆知之甚详，举凡会议、会到办公室来的人、他们该打或该接的电话，等等。他们知道一切为自己所作的计划安排，但是其中有哪些重要事项是确确实实为他们自己计划的呢？

杰西·利弗莫尔有几次在长岛家中偌大的图书室里和两个儿子谈起他的事业："儿子们，你们会发现几乎没有生意人会亲自规划自己的每日行程，让自己可以处理最重要的事情。大多数生意人的一天行程是由秘书和员工规划好的。他仅仅负责出席。当一天的行程走完后，最重要的事情通常尚未处理、尚未审查、尚未完成。经营一个复杂事业的重要策略事项可能尚未处理：人事问题、并购、募集资金及重大行销概念—好比银行业的分期付款办法订定—或者，事情虽已完成但尚未仔细审查或评估。"

"我可不是这样的。在股市里，我的行动必须尽可能地以最清楚的各项事实为依据。在市场中想要出手恰当需要安静与隔离的环境让自己可以检视情势，对当天送进来的新资料做评估及审慎地考量。参与市场的人必须永远有一个清楚的策略。"

"我发现拿起电话然后扣下扳机买进或卖出实在很容易。问题是你要知道在什么时间做什么样的事，并且虔诚地奉行自己的守则。"

"孩子们，我老早以前就下定决心，假如我的交易要出错，我要它们全是'我自己的错'。我不需要别人来帮我赔钱，给我报明牌或来影响我的交易。我从事的这个行业没有死后验尸这回事，你不是赚钱就是赔钱，再不然，你也可以把钱握在手中一边等待有利情势一边赚微薄的利息。"

"这就是我为什么晚上十点就寝早上六点起床的原因。细心且自律的人必须留意所有的东西，无所不知。任何粗心大意都令人无法承担。有时候，一次疏忽，不管是大是小，都能毁掉你的一切，扼杀你所有的计划。就像将军执行作战计划一样，在股市里同样没有犯错和怠惰的空间。”

“人们认为我只是一名投机客、操盘手，找到机会就纵身跃入。这种说法跟事实沾不上一点儿边。我常常从报纸上挑出一些不起眼的小线索，在仔细研究并找出背后意涵后，我才会针对它们采取行动。”

“我的一天是怎么过的？在睡眠让我恢复精神，且没有外界打扰的清晨，一人独处的那几个小时里，我仔细地阅读报纸。我时常撷取特定的小新闻事件，诸如气候问题、干旱、昆虫肆虐、工人罢工等，我会评估它们会对谷物、小麦或棉花收成产生什么样的影响。这么一来我就有了一些概要轮廓，或许我会因而出手交易。”

“我解读财经方面新闻的方式是，检视商品市场的实际价格和走势，例如煤、铜、钢铁、纺织品、糖、谷物、汽车销售以及就业数字。我因而对美国的一般商业状况很有心得且能正确判断。林林总总的事实最后叫我走进一条狭窄的交易之路，那绝不是单一事件促成的。”

“我绝不是只读头条新闻而已，我看得很仔细，寻找可以提供给我重要线索的小新闻，特别是有关产业或个股由衰转盛或由盛转衰的报道。”

“头条新闻是给傻瓜看的。好的投机客需要看的是报导背后的东西并且观察它们实际的后续发展。小心了，通常那些充满误导性的报道是有些人或经纪商按排定日程偷偷布置出来的，他们要不就是利用好消息卖出股票，要不就是希望在他们往前冲并一路倒货时吸引人们继续投资这只股票。”

“有一次我坐私人列车去匹兹堡，我在那里看到钢铁厂产能不及30%，它们的产能利用率连20%都不到，而且还在往下掉。换句话说，它们是放空的完美标的。”

“很不幸地，许多投资者买卖股市仅凭阅读标题，并且太轻易就相信自己所看到的东西。其实这里面有太多的陷阱、诡计和危险。只要是牵扯到一大堆钱的地方，例如股市，奸诈的金钱陷阱就会出现。我观察到，你在报纸上看到的东西不过就是又一只的股票明牌。因此，读者必须留意相关股市报道的来源，动机或效应，否则你就会变便成傻瓜。”

“孩子们，根据我的观察，想要取得最佳优势成为成功的股票操盘手，没有比大清晨更好的时光了。屋子里静悄悄的，没有人或事来让你分心，而且经过一夜良好的睡眠后心灵也重新充好了电。”

“长大后你们会发现，大多数人在早上一个特定时间起床，准备好后直接就走进办公室。同样这批人在工作日的夜晚会很想出门，去看电影、表演、吃一顿耗时的晚餐，再喝上两杯。换言之，他们觉得在工作日也有社交和娱乐的必要。在其他工作领域中这样做或许行得通，但是如果想在股市中严肃交易并获得成功，经常这样做是很危险的。好的股票操盘手和训练有素的职业运动选手没什么两样，假如他们想继续维持心理巅峰状态，就必须使生活中的生理面处于完美状态。身与心必须要调和，因为没有任何一个战场比股市更紧张刺激。如果有人认为股市成功轻而易举、快迅而稳健、得来全不费工夫，那么他就搞错了。”

“平常工作日，我总是愿意牺牲晚上十点到隔日凌晨两点的种种娱乐。我不认为在这段时间睡觉而且凌晨五六点就起床会错过任何东西。我发现自己一辈子在这段时间的独处和纯工作让我感受到真正的喜悦。因为我总是相信自己在追寻着更大的竞技赛事，不只是在享乐或交际应酬而已。我要在股市工作中追求极致，它给我带来真正的快乐和满足。我参加比赛并且赢得比赛。”

“最后，我观察到一般大众相信股市是一条赚钱的捷径。他们有多余的钱可以进行投资，而且相信股市应当为他们的投资增值开一扇方便之门。”

“实情并非如此，我观察那些没有股市知识却坚持玩股票的人，通常他们的下场是在很短的时间内就赔掉自己的钱。”

“因此，我相信想要在股市中成功的人得先确定自己睡得够饱，而且要给自己足够的时间在不受打扰的情况下研究所有与股市相关的因素。除此，切记在股市中要获得成功最重要的就是知识和耐心。所以，很少有人在股市获得成功，因为他们一来没有耐心，再来通常对股市一窍不通，最后还想一夜致富。”

“任何认为成功仰赖机运的人最好离股市远一点。这样的人打一开始就态度错误。一般人最大的麻烦在于当他们买进证券时心里认为这个市场具备赌博的特性。”

“所有人都必须认清，想在股票市场显露身手，和从事法律与医学行业一样，必须做足研究和准备。股票市场的一些特定规则必得仔细研究，就像法学院学生准备上法庭那样。许多人将我的成功归功于运气。这不是真的，事实上我从15岁开始就一心一意地研究这门学科。我的生命都奉献给了它，专心一致且竭尽所能。”

四、杰西·利弗莫尔的资金管理法则

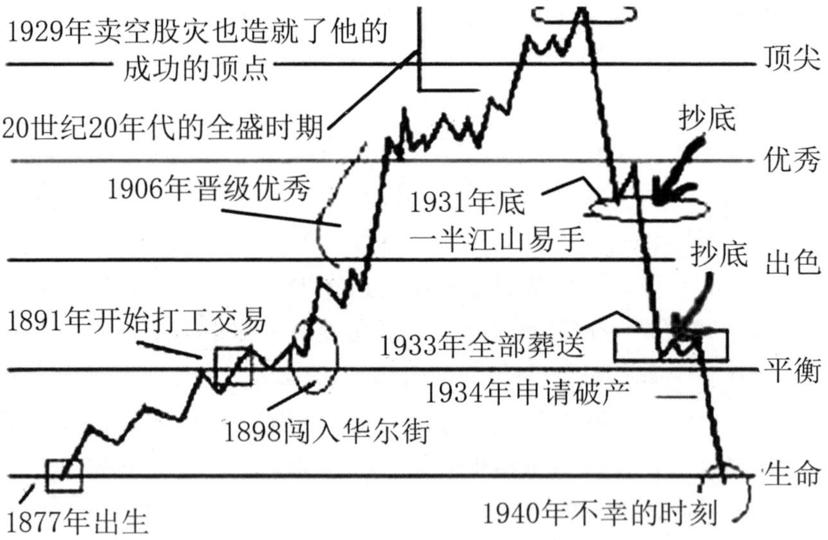

资金管理是三个谜题——时间、资金管理和情绪控制中让杰西·利弗莫尔最为着迷的一个。利弗莫尔在资金管理方面有五个主要的基本原则。

1．资金管理原则一

“本金——别输掉了本金，别丢了你的额度。投机商没了钱就像是店主没了货。钱就是你的库存、你的生命线、你最好的朋友，没钱你就出局了。别丢了额度。”

“按照一个价格满仓是错误和危险的。你应该先决定想要买多少股。打个比方，如果你最终想买1000股，就应该这样做：实验阶段先买200股，如果还在涨，就再买200股，然后再看看市场反应，如果继续上涨或者整理之后还上涨，这下你就可以放心大胆地一次性买入剩余的400股。”

“还要留意每次跟进买入的价格肯定越来越高，这一点很重要。卖空当然也是用同样的原则，唯一的区别就是价格越来越低。”

“根本原因简单明了：在最后买够1000股的过程中，每次交易都必须表明投机商盈利了。每次盈利就是鲜明的证据，无可辩驳地说明你的基本判断是正确的。你需要的就是这个，仅此而已。但反过来如果你亏了，也就立即知道自己当初的判断是错误的。”

“道行尚浅的投资商最难克服的就是加仓的价格越来越高。什么原因？因为谁都想捞便宜货—就是这样。心思别用在和事实争高下、奢望和纸带辨是非上，纸带永远是正确的。投机就不能心存侥幸、胡思乱想、提心吊胆、贪得无厌、意气用事。纸带说的即是真理，但人们在理解的时候往往失之毫厘。”

“最后一点，也可以不按照我的比例买股票。比如，你可以第一次买30%，第二次买30%，最后一次40%，这完全是由个人决定，只要他认为效果最好就行。我在这儿只是简单说一下我最得心应手的方法。核心原则就是别一次减仓就好，要等到你的判断得到确认以后——每一次购买的价格都要更高。大多数交易者的本能反应与此相反。”

“牢牢记住在交易之前就要确定自己的总仓位。”

2. 资金管理原则二

“你应该确定总买股量、所有情况下的投资组合比例、通常情况下上涨的价格目标，同样，你也应该对何时卖股有一个明确的目标，如果股市运动与你的估计相反，一定要记着止损。”

“而且一定要遵守自己的原则，不能无动于衷的坐等，自欺欺人！我的基本原则就是从来都把损失控制在本金的10%以内。”

“如果股市运动与预期相反，就应该明确何时卖出。一定要按原则来！别让损失超过投入额的10%。要把损失补回来那可是事倍功半的辛苦。”

“这是我从投机店学来的——那里只用交10%的保证金。如果损失超过10%，投机店就自然把我赶出来了。10%的损失原则是我最重要的资金管理原则，也是一个关键的“确定时机”原则。

“记住：在交易前必须确定牢固的止损点，切勿承担超过投资额10%的损失！”

“如果输了50%，必须得赢100%才能补回来！”如表17-1所示。

表17-1

初始资金	最大损失	剩余	损失百分比	回本半分比
1000美元	80美元	920美元	8.0%	8.7%
	100美元	900美元	10%	11.1%
	200美元	800美元	20%	25%
	300美元	700美元	30%	42.8%
	400美元	600美元	40%	66.6%
	500美元	500美元	50%	100%

“我还学到一点，如果你的经纪人打电话告诉你，因为股票跌了，你的保证金不够了，得再交点钱，就直接告诉他清仓，如果50元买的股票现在跌到45元，千万别为了拉低平均买入价格再买一些。股价没有按照预计运行，这足以说明你的判断错了！赶紧认亏退出吧。”

“记住，别回应要求增加保证金的电话，不要连续地买低。”

“我有很多次都是损失还不到10%就清仓了，就是因为一开始就买错了。我的‘直觉’时常对我悄悄说：‘JL（杰西·利弗莫尔喜欢别人称他为JL），这只股票有点儿问题，是个三棍子打不出一个屁的笨蛋，活着就是不正常。’于是我就会一下子全部清仓了。”

“可能这是‘内心’发挥了功效，我以前精练了几千遍的内容，发送了潜意识信号给我，在我的记忆里存下来这些一直重复的模式，我也就不自觉地记下来。不管它是什么，我这几年众多的市场经验告诉我要相信这些本能。”

“我绝对相信价格运动模式是不断重复的，一再重复出现，只有稍微的改变。原因就在于推动股市运动的是人性，而人性是永远不变的。”

“我多次观察到人们常常是被动地成了投资者。他们买了股票，股票下跌了，但还不想卖掉接受损失，宁可守着股票希望反弹后再涨上来。10%原则之所以重要原因就在这里。千万别当一个被动的投资人，赶紧认亏退出！这说起来容易，做起来难啊！”

3．资金管理原则三

“成功的投机商一定总在手里留着现金，就好像一个善于用兵的将军，为良好战机专门储备着军队，然后信心百倍地采取行动，让守备部队做出最后一击，夺取省力。之前，他静观其变，坐等机会完全成熟。”

“股市的机会源源不断，无穷无尽，万一错失良机，就再等等，别着急，下一个好机会就快到了。别去追失去的机会，死活不放这笔交易。如果是好交易，那你希望的所有的条件都会出现。”

“记住，没必要一直待在股市里。”利弗莫尔把相同的原则运用到纸牌消遣中，金美罗牌、扑克以及桥牌，这些都是人性在操纵的游戏。“一直参与其中”的愿望好似投机商最大的敌人之一，甚至最终会带来灾难，利弗莫尔早年就有几次这样的教训。

“投资股市时，总有些时候得让你的钱歇歇，拿着钱在一边等等，等着开赛时间的到来，这不亏什么钱，时间就是时间，钱就是钱。”

“现在一动不动的钱，日后会在合适的条件、合适的时间触动，打一场速决战，大捞一把。获得成功的秘诀是耐心、耐心、耐心，不是速度。如果运用得当，时间是聪明投机商最好的朋友。”

“记住，聪明的投机者总是很有耐心，而且手里总会留着现金。”

4．资金管理原则四

“只要股市按预期的在运行，就别急着套利，要知道你的基本判断是正确的，否则你根本无利可赚。如果大面上没什么负面因素，那就随着股票涨！可能涨得获利巨大，只要基本面和股市的行动没有什么让你担心的，就让它涨，要有勇气相信自己的判断，别动摇！”

“如果交易获利，我从来不紧张。我可能在一只股票上买了几十万股，但还安心睡我的觉。原因？因为我已经赚钱了。我仅仅是‘用了上涨带来的钱，是股市的钱’，而且即使我输了所有的利润，输的那些钱本来也不是我的，仅此而已。”

“当然，相反的情况时也没错，如果我买了股票，但股票未按预期的运行，我就立即卖掉。不能坐视不管，反倒要死活弄明白股市为什么没按照预期的运行。现在的现实是股市‘正在’这样运行，这个证据足以让有经验的投机商退出。”

赚钱了可让人省心，但亏损了可一点儿也不省心。

“千万别把随股票涨跟‘买了就攥着不放’混为一谈。我从来没有、也不会瞎买一只股持有。我们怎么会知道那么远的情况？事情是变化的：生活在变，关系在变，身体状况在变，季节在变，孩子在变，爱人在变，促使买股的基本条件怎么就不该变呢？仅仅因为公司不错，行业发展强劲、经济整体状况良好，就盲目地购买和持有，在我看来无异于在股市自寻死路。”

5．资金管理原则五

“我建议把盈利的50%存起来，如果盈利100%就更应该这么做。把钱单独放一边，存到银行，作为储备金，或锁在安全的存款箱里。”

“就像在赌场赢了钱，时不时要从赌桌上下来，去把赢的筹码换成钱，这错不了。最好的时机莫过于在股市狠‘赚’了一笔。现金就是枪膛里的子弹，手里一直要有现金。”

“我金融生涯中最大的一个遗憾就是没有对这条原则给予足够的重视。”

五、交易标准＝控仓标准化＋入场标准化

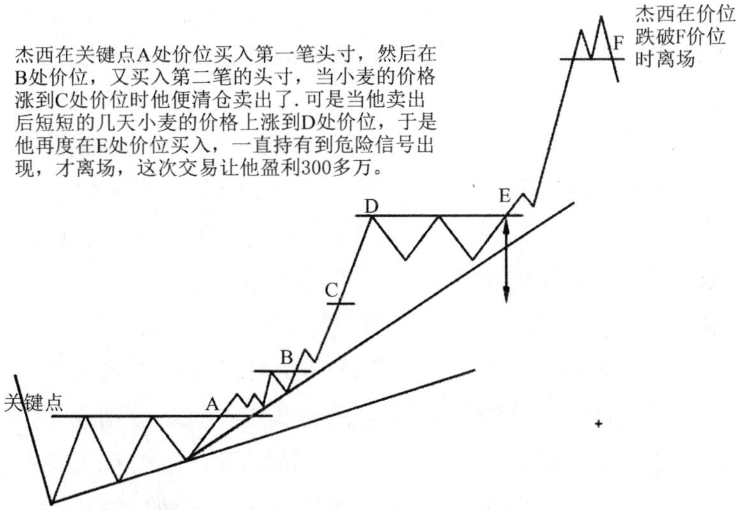

一个中心，三个基本点。

一个中心是：不要做交易。

三个基本点是：控仓、入场、一致性。

一个中心容易理解，像杰西·利弗莫尔这样前无古人、后难有来者的交易天才，最终都以失败告终，你还能期望自己通过交易成功吗？所以只要有机会，包括在我的不少文章里，我都会劝阻做交易。

利弗莫尔败在了人性控制能力上。

一个中心做不到，我也没做到，但是，你、我必须充分认识到交易的巨大艰难，必须付出巨大的努力——常人无法承受、坚持下来的努力，改变自己的人性、把自己变成另外一个人的努力，才有可能在交易市场上存活，也许有幸成功。否则，你、我做交易都只是在做一件事——自掘坟墓。

这个巨大的努力，一方面是提升交易能力，另一方面是提升人性控制能力。杰西·利弗莫尔不是败在交易能力上，而是败在了人性控制能力上。他说，每次不按规则交易，就会失败，他明明知道那是错的，但就是控制不住那样做。因为他是人，被人性控制着。几起几落，最终，他就这样失败了。

交易即是人生，纵观杰西·利弗莫尔的一生，他的人性控制能力普通，尤其相对于他超凡的交易能力。人有多种能力，居于核心的是人性控制能力，只有当其他能力与人性控制能力匹配时，其他能力才能创造成功，否则其他能力越突出，可能越失败。所以，人成功的关键是，别让其他能力超过你的人性控制能力。

在这一点上，中华文明远比西方文明认识久远和深刻。耶鲁法学院院长哈罗德寄语学生："别让你的技巧胜过品德。"西方这类名言不多，但在中华的典籍里，类似名言灿若繁星："德不配位，必有灾殃""厚德载物""恃德者昌，恃力者亡""胜人者有力，自胜者强""慎终如始则无败事""勇于敢则杀，勇于不敢则活""为而不恃，功成而弗居""恃财者终以财败，恃势者终以势败，恃智者终以智败，恃力者终以力败"，等等。

人类历史上最杰出的哲学著作之一是中国的《道德经》，"道"是客观规律，"德"是顺应客观规律，顺应客观规律的核心就是控制人性。

任何成功，最终都是自我管理的成功，是对自己人性控制的成功。杰西·利弗莫尔失败于他的交易能力超过了他的人性控制能力。

在人性控制能力上，杰西·利弗莫尔与你、我站在同一起跑线上，这是为什么我们的交易能力可能永远不如利弗莫尔，但最终仍有可能成功的原因，因为我们可以在人性控制能力上赶上甚至超过利弗莫尔。

杰西·利弗莫尔：三流人性控制能力+超级交易能力=失败。我们要成功只要做到：二流人性控制能力+三流交易能力=成功。正因为中华文明在人性控制基因上的优势，假以时日，可能孕育出比利弗莫尔更伟大、且最终成功的交易家。

三个基本点：控仓、入场、一致性。

从利弗莫尔自杀的枪声中，我听出了这个公式：二流人性控制能力+三流交易能力=成功。这个公式具体到交易中，就是三个基本点：控仓、入场、一致性。

控仓：控仓标准化。以单品种轻仓为原则，标准到根据资金规模确定每个交易品种每次的交易量。控仓的功能是，赚能满意，亏能承受，不挑战、激发潜藏在人性中破坏交易的本能，不给人性作恶的机会，确保交易技术和交易系统的正常有效运行。

入场：入场标准化。交易系统最关键的是要科学有效地解决入场点问题，既要在周线的方向上解决，也要在日线的节奏上解决，更要在日内的关键点上解决。衡量入场是否解决的标志是：大部分入场后能否快速大幅盈利。什么“入场不重要，出场才重要”，那完全是无能力解决入场点问题的托词和梦话，根本没入交易的门。

一致性：交易标准化。交易标准化=控仓标准化+入场标准化。也就是任何时候都坚持一个唯一的交易模式，没有选择，不许选择。凡不坚持一致性，如“该重仓时重仓、该轻仓时轻仓，大机会时重仓、小机会时轻仓”，又如做多个入场模式，迟早都会掉入陷阱，不可避免。

六、交易的起点和归宿来自于清明的本性

我们已经走得太远，以至于忘记了为什么而出发。

——（黎巴嫩）纪伯伦

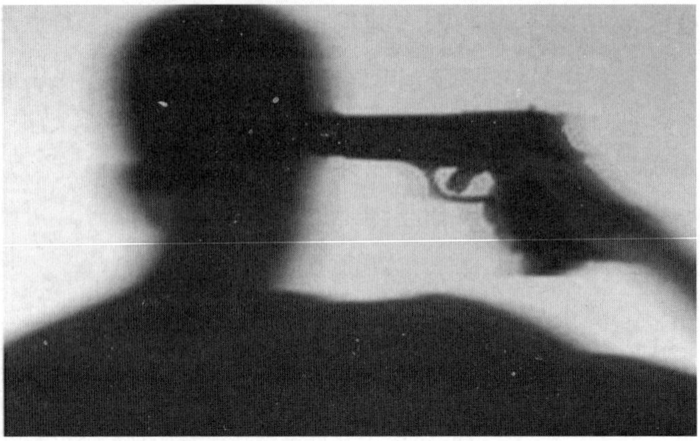

或许杰西·利弗莫尔毕其一生的传奇经历正巧应验了另一位哲人看似普通的哲语“多数人在缘生缘灭中，搞不清楚自己的去来”。盲目地开始如果不去真正觉悟，也必定以盲目地结束而告终，其实这也正是杰西·利弗莫尔一生真正的悲哀所在。

有这样一则小故事：一个人在休息日的早晨，觉得一天没有任何事情很悠闲，看着家里一面空白的墙想，哎呀，这里好像应该挂一幅画，家可以更美一点儿。于是找来一幅画，拿来一颗小钉子，敲上去，挂一下。发现钉子太小挂不住，那怎么办？想要在钉子后面加一块木屑子，然后去找木头。找了半天，找到一块木头，但是没有办法把它锯出来。去邻居家敲门，借斧子。借来斧子劈着劈着发现劈出来的很不规则，需要加工得更细，然后再去更远的邻居家借锯子。邻居家只有锯条，拿来了握不住。他开车去更远的人家借手柄，就这样一整天折腾完了。

最后这个人回到家，对着一大堆很齐备的木匠活的工具，想了想，最初要干什么呢？实在想不起来要了这么多的工具是为了干什么？其实最初最简单的那个愿望已经忘记了。这就很像是黎巴嫩最著名的诗人纪伯伦说的一句话：“我们已经走得太远，以至于忘记了为什么而出发。”

一生起伏的传奇和一则平淡的故事看似毫无关联，然而两者其实都包含着朴素的人生道理：一味地忙碌是不够的，问题是我们都在忙些什么？我们交易的最初起点难道真的就是本月的消费物价指数或央行的利率决议？我们交易的最终归宿难道真的就是“经过个人奋斗，我终于从一无所有转为极端贫困”(一句出自和利弗莫尔同时代的投资者格罗克·马克斯黑色幽默的话)？

记得曾经看到这样的一句话：“愚者往往比智者更忙。”当时未曾太真正理解其中的深意，后来随着岁月的流逝和人生阅历的丰富，我才彻底感悟于国人创造汉字的精深，其实所谓的“忙”往往不就是“心”“亡”了吗？

人的一生，一日三餐，日出而作，日落而息，允同于普通的众生，到最后结束的时候，也不知道自己为什么而交易，只知道交易了一生。其实这样一生盲目地交易，无事忙最后也会忙出一种无名火，永无解脱之日。因为你越交易越不知道自己是在干什么，大师们都曾迷惑，更何况我们凡夫俗子？之所以要叩问内心对于交易的起点与归宿的答案是为了让我们能有一点点的发现，用清明的理性和智慧，让我们的内心变得更加透彻，让我们更能了解，有所洞悉。

或许有人会说，关于交易的起点与归宿问题这还不简单，不就是为了金钱嘛。暂且停住，答案真的会是如此吗？ 有人说：“华尔街的一端是天堂，另一端是地狱。”我们大多数人匆匆忙忙地拥挤在自以为奔向天堂的路上，往往只有在真正经历后才会恍悟：天堂其实在另一个人烟稀少的地方，我们所通往的不过是一扇地狱之门。

佛家有一语：“你所真正在乎的，其实也正是你的死穴所在。”回首自己多年以前，不也正是怀揣对于金钱的梦想与希望，结缘于金融投资市场吗？带着年少的自负和愚蠢的偏见，兴致勃勃地加入这一场游戏，最终的结果又是什么呢？现在我才深深地体会到，用这句话来透悟市场中大多数投机者失败的真正根源所在，真是贴切至极！

谈到金钱，人又应该怎样看待金钱？这可是一门大学问。取得金钱只是表示财务上的成功，而财务的成功也只是成功人生的一部分。人生活在世界上，追求的应该是成功的人生。成功的人生并不仅仅是取得名利，它更是一种淡泊的心态，在这个心态中你觉得安详、宁静和满足，这才是立命之本。如果每天都能保有这样的心态，它的积累也就延续成为真正成功的人生。我相信没有人会去反对取得金钱，没钱如何生存？其实金钱的本身并没有对错，真正的问题是我们不要忘记了生命包括交易本初的意义，对于金钱强烈的追求将使你丧失心灵的宁静，沉沦为欲望的奴隶并最终导致交易的失败。

在实际的交易过程中，人的内心若失去了宁静，交易也就失去了源头活水。一个人如果不能以清明的本性来透悟市场和自己，仅凭运气带来的交易成绩注定不会持久。这也正所谓："心污浊，其道不平，因而跌倒；心清净，其道平坦，因而安乐。"

至此也就不难得出结论，关于交易始终的真相其实原本就是一体的：交易的起点来源于清明的本性，交易的归宿终结于清明的本性。真实的就是原本的，原本的即是最初的，最初的也是最后的。在交易生涯中无论我们曾经说的、相信的或做的什么，那些会导致痛苦的种种，其实全都不过是庸人自扰的邪见。一旦你的见解是正确的时候，你的心灵马上会自然恢复宁静。

第十八章
赌场里不想让人知道的秘密

在影视剧的镜头里头总是会看到多赌场的画面，豪华的场地、奢华的待遇、笔挺的西装或是晚礼服，赌场留给人们的印象是即华丽又兴奋，好像又能在一夕之间致富，让人想去一探究竟。

但事实上，赌场可能也没有那么美好亮丽，去赌场赌博，无非就是去玩一场获胜机率很低的游戏！想要去大玩一回的朋友，还是要注意自己的荷包啊！奉劝各位还是远离赌场为好。

一、赌场的盈利之道：概率模式

豪华的赌场

赌场公司会花很多钱，甚至上亿元的钱去装修宾馆，以吸引客人到赌场。如果你去过拉斯维加斯，你就会明白我在说什么。赌场公司和其他公司一样，这么做就可以合理地向董事会和股东说明他们是如何分配资产的。他们花了大量钱装修宾馆和赌场，如果它们产生的收入是不确定的，你会怎么想？

赌场拥有者，有经验的赌徒和最优秀的交易者都明白的道理，如果你的概率很大，且你交易的次数够多，那么你有机会产生持续一致的收入。最优秀的交易者把交易当作赌博，与赌场和专业赌徒的方式一样。

图18-1

为了说明这点，如图18-1所示，请看看扑克牌的21点。在21点中，赌场的优势比玩家多4.5%，这是游戏规则决定的。这意味着，如果次数够多（玩牌的数量），每个牌局赌博下来赌场的净利润是4.5%。这个平均4.5%的利润已经考虑过了所有赚大钱并离开的赢家（也考虑了所有的小赢家），所有亏钱离开的输家，即考虑了所有人。每天、每周、每月、每年，赌场都赚了所有赌资的4.5%左右。

4.5%听起来不多，但是让我们算算。假如一年下来，玩21点的总赌资是1亿元，赌场的净利润则是450万元。

赌场拥有者和专业赌徒都知道每个牌局概率都不一样。这意味着每个牌局都是独特的，结果是随机的，和前后每个牌局都不一样。如果你聚焦于每个牌局，结果是随机的，无法预测的，不是赢就是输。但是总体而言，事实相反。如果赌了很多局，模式就出现了，会产生持续一致、可预测的、统计可靠的结果。

这显得概率思考很难。这需要两层矛盾的信念，第一层是微观的。在这个层次，你要相信每个牌局是不确定的，是无法预测的。你知道不确定这个事实，因为不同的牌局总是有大量未知的变数在影响持续一致性。比如，你无法知道你的对手怎么打，因为他们可以拿牌或不拿牌。所有影响持续一致性的变数是无法控制的，也不能提前知道，这样就导致每个牌局的结果是不确定的、随机的（统计结果就是相互独立的）。

第二层是宏观的。在这个层次，你要相信很多牌局打下来，结果是确定的、可以预测的。这个确定的程度取决于提前知道其中一方所占优势形成的固定系数，这个固定系数就是游戏规则。所以，即使你不能提前知道输赢情况，也能知道打了一定牌局之后的相对确定的东西，有优势的人会赢得多，亏得少。确定的程度取决于优势的大小。

在微观层次相信牌局是无法预测的，同时在宏观的层次相信牌局是可以预测的，赌场和专业赌徒正是这样才实现了有效的成功。他们相信每个牌局是独特的，所以他们不会无谓地猜测每个牌局的结果。他们已经明白，并完全接受了这个事实，他们不知道下一步会如何。更重要的是，他们不需要知道这些，也能实现持续一致地赚钱。

因为他们没有必要知道下一步会如何，他们不会对每一次机会或掷骰子有特定的感情。换句话说，他们不会不切实际的想象，也不会为了自尊而证明自己必须正确。结果是，聚焦于保持概率，认真地执行，这样他们就不会犯大错误。他们轻松是因为他们知道概率（他们的优势）会自己工作，他们知道只要自己的优势还在，只要牌局够多，他们最终一定是赢家。

二、把规矩定下来，把赌场开下去

十赌九输，说的是赌徒；十赌九赢，便是赌场。想赌不想输的人，只有一个办法—开赌场。从此，我们不在乎输赢，只遵守规则。

每个行业都有自己的潜规则，业余的玩不过专业的。在瞬息万变的金融交易市场上，你要确保自己不是个随随便便的交易者，最保险的方法就是开个“赌场”，建立自己的交易系统，制定自己的交易规则，然后遵守它、执行它、捍卫它。更要坚持“四项原则”不动摇。

原则一：不计成败，只看胜算——计算期望。

建立自己的交易系统时，要考虑的是长期的赢利，而非短期的成败。根本不用在意偶尔的输，甚至不要害怕连续的输，因为那是运营一个“赌场”的必要成本。还记得该守不守的“结果偏好”吗？结果不爽了，就要修改规则，这种人开不了赌场。

开赌场，不看结果看胜算。不用管这次能不能赚，只管大家是不是一直赌下去，有没有可能赢利。只要有50.001%的胜算，就够了。这多出来的0.001%，靠“一直做”来变现，放到足够多的交易中，放到足够长的时间里，就能变成一个天文数字。至于短期的损失，只会吸引更多的赌徒参与赌局，只会使赌局延续更长时间，只会让我们最终的收益更大。同样，交易中的亏损并不意味着业务不过关，也不意味着决策失误。它不是真的损失，是诱饵，是必要的成本，是长期的收益。交易系统中的胜算，叫作期望收益。历史表现是推测未来期望收益的依据。推测过程有三步：

第一，查一查。这个系统最初设定的买入价和止损退出价是多少。

第二，看一看。在最初的价格设定下，最终的交易量是多少，最后得到的收益是多少。

第三，算一算风险投入。用买入价与止损价的差额，乘以最终的交易量。

第四，得出历史胜算。也就是未来的期望收益，用最终收益，除以风险投入。只要期望收益为正，这个交易系统就值得坚持。有失败，有逆境，莫抛弃，莫放弃。

原则二：保住老本，千秋万代——风险管理。

赌博最怕的是什么，就是输光本钱，学名叫破产风险。这是交易员的大忌。保本求生，是一切交易最基本的出发点。别以为血本无归是小概率，以掷骰子为例，张三李四玩骰子。张三今天喝酒了，冲着李四嚷嚷，掷出来4、5、6就算你赢。你要是赢了，你押多少，我就加倍给你多少，你押1元钱，我就给你2元钱；当然，你要是输了，押的钱就算我的了。

李四呢，觉得张三真是醉了，这笔买卖明明是给我送钱。想一想，一个骰子6个面，不是掷出来1、2、3，就是掷出来4、5、6。要是掷上4次，赢2次，输2次，每次押上100元钱，输2次也就输2个100，赢2次就能赢2个200，最后净赚200元。套用原则一，这场交易李四不能拒绝，因为它有胜算。

李四口袋里有1000元钱，他该押多少，100元、500元还是1000元？胜利唾手可得，但是它背后是风险——即便有胜算，依然可能血本无归。如果押得太多、运气太差，连输几盘之后，就被榨干了，再也没法玩下去。李四要是每次押500元，输2次就玩完了。这可不是天方夜谭，每次都有一半的可能要输，连输2次的可能性是1/4。也就是说，如果李四押500元，他有1/4的可能在2局之内输光本钱。这件事情最可怕的地方在于，随着赌注变大，风险不是跟着等量增加，而是爆发式的。翻2倍下本，风险不一定也翻2倍，很可能是3倍、4倍甚至5倍。

风险管理就是防止血本无归。蛋能生鸡，钱能生钱，想让钱保持生产力，就要像保护鸡蛋一样，分散风险。接下来又是老生常谈，第一，不要把所有的鸡蛋放到一个篮子里；第二，晃来晃去的那个篮子少放点。每天晚上，你随便想起哪个篮子，都能睡着觉——放得多的那个篮子，晃得少；晃得多的那个篮子，放得少——对每个篮子的担心程度，都差不多，都能忍。这也是赌场的原理，很少有赌场只开一个赌局，只摆一种赌具，老虎机风险小，摆三排，豪赌擂台风险大，放一个。

原则三：愿赌服输，以身作则——坚持规则。

前面提到的算法，仅供参考。因为赌场的秘密不在于具体规则，而在于对规则的维护；交易的秘密不在于特定策略，而在于对策略的坚持。

趋势跟踪、风险管理、真实平均波幅……很多类似的概念与策略，早就人尽皆知。我们并非赢在“知道”，而是赢在“做到”。每次输的时候，我们不会携款潜逃，而是坐守阵地，愿赌服输，把规矩定下来，把赌场开下去。

想看到“胜算”变成真金白银，要给足时间与空间。一个好的交易员，要把自己想成一个大气的赌场，如果你违反规则，即便赚到了钱，也只会得到惩罚；如果你坚持规则，哪怕输了钱，也可能被市场奖励。

原则四：狭路相逢，勇于亮剑——抓住趋势。

交易员的赌场有一个特殊之处，那就是最大的利润来自于趋势。捕捉到趋势的人，才能在交易中赚大钱。然而，趋势往往是吓人的。

这条原则，也是最重要的一条：抓住趋势，抓住每一次趋势。

一整年也许只有两三次漂亮的趋势，而这两三次趋势，可能构成你全年的利润。计算期望，保住老本，愿赌服输，都是为了等待这些趋势。趋势来的时候，无论多么惊悚，多么可怕，多么危急，都要亮剑。狭路相逢，勇者胜。抓住趋势，赌场才没白开。

建立一个正值的交易系统，不要在乎一时的成败，关注长期的胜算，做好仓位管理和风险管理，坚持做下去，所有的等待与坚持，在趋势到来的时候敢于亮剑，敢于坚持，期望中的收益就会变成真金白银。

三、赌博与投资，“活命”与“逃命”的故事

守住自己的筹码

讲到赌博和投资，其实两者颇多相似，赌场里的经历对投资交易员也有着很大的帮助。人们通常都急于想学会赚钱的招数，但赌博和投资取得成功的先决条件都是要做好防守，保住本金，然后耐心等待真正的机会出现。总而言之，绝对不能在革命胜利之前牺牲。别以为这很容易做到，且不说我们周围那些“发财未遂身先

死”的赌友股友，即便在投资界绝顶高手之中，从云端跌落者也大有人在。

投机界不世出的天才杰西·利弗莫尔，从白手起家一直做到1929年时的1亿美元身价，最终申请破产，并于数年后自杀身亡。长期资本对冲基金的交易员约翰·麦瑞威瑟，一度拥有40亿美元的庞大资本，却在1998年俄罗斯债券危机中几乎损失殆尽。“中国证券之父”管金生创办的万国证券，在1995年“3·27国债事件”中马失前蹄，以致管金生身陷囹圄。曾经统帅德隆系企业集团的唐万新，傲视中国资本市场，终因资金链断裂导致德隆系土崩瓦解。

上述诸人都可称是资本市场的奇才，最终却都失败了。他们的经历告诉我们：注意控制风险。

活着最重要，这就是赌客和投资者都必须牢记的第一招。

赌场中太多失败的人把“运气”当作借口，一把输赢确实是运气，10000元一把输赢就是大数定理（胜率大者几乎必胜）。在赌场中那些庄家稳操概率优势的游戏中反复下注，输光岂非只是时间问题？所以有句话说：赌场不怕你赢，就怕你不来。

投资也是同样的道理。股市比赌场好一些，长期看应该是正回报的游戏。但是由于做庄、内幕交易、印花税等因素，普通投资者如果“赌”得太频繁，回报率很难跑盈大市，甚至可能“久赌必输”。所以，别相信市面上那些教人“快速致富”的所谓“秘诀”，99%是浮云，99%是忽悠。最重要的招数不是怎么出招。

日本江户时代有位“剑圣”宫本武藏，曾与人决斗60余次，未尝一败。他除了技艺出众，还有个秘诀：从不和比自己厉害的人过招。

没有把握，绝不出手，这是赌客和投资者都必须牢记的第二招。

由于赌场拥有概率优势，玩家如果只玩几手还可能靠“运气”赢点钱，长期玩下去几乎必输，数学中称为“大数定理”。所以说赌场不怕你赢，就怕你不来，因为赌场游戏基本都是“久赌必输”。很多玩家迷信“运气”，而经营赌场的人相信概率，这就是输家和赢家的差别。

图18-2

如图18-2所示中的轮盘赌，博彩中玩家可以押任何一个数字，如果转盘上的小球正好停在这个数字上，赌场赔35倍。听着十分诱人对吧？让我们来简单分析一下。

如果只有1～36这36个数字，那么玩家每次押1元，平均每36把赢1次，赢的35元正好抵销另外35把输的钱。但赌场在轮盘左边加了1个“0”，玩家的赢面变成了1/37，赢的35元不足以抵消另外36把输的钱，赌场占据了1/37≈2.70%的概率优势，也就是说玩家每押100元，平均要输掉2.7元。这还是“仁慈”的欧洲式，美国人觉得还不够黑，又加了2个“00”。现在平均38把押中1次，玩家的劣势扩大到了5.3%。

除了押单个数字，轮盘赌还有押红黑等其他玩法。无论是1赔35的单个数字，还是1赔1的押红黑，赌场的赢面都一样。但两者之间仍有个重要差别：押单个数字的输赢波动显然比押红黑大得多。此处先简单提一句：赢面和波动性是赌博和投资中极为关键的两点。“久赌必输”的赌博最好不要碰，实在要玩就挑输赢波动性大的；

“久赌必赢”的投资则应该选波动性小的。

赢面大，波动率小，这是赌客和投资者都必须牢记的第三招。

初学的投资者常有只重回报、不看风险的毛病。其实在这里我只想告诉广大投资者一件事：需要在回报和风险之间寻找平衡。

四、在赌场如何让一个人输光

在抛硬币的游戏中，从古至今似乎有一种魔力吸引了无数的高智商群体对其研究痴迷，流传至今主流的策略概况有二：等价鞅策略与反等价鞅策略。

等价鞅策略：输了将赌注翻倍直到赢为止，赢了将赌注恢复至初始值。

反等价鞅策略：总是按现有资金总额的一定比例下注。

等价鞅策略致命的弱点是博弈者在连续若干次失败后将没有足够资金继续赌注翻倍的游戏，因为赌注会随着失败次数呈2次方的速度增长，而反等价鞅策略汲取“日取其半，万世不竭”的道理，使得我们能够永远将这个游戏继续下去，哪怕成为百万富翁的概率多么小，也是会成功的，而一旦游戏触及我们的“止盈”条件，就可以终止游戏，所以今天，我们就想来谈谈反等价鞅策略中的著名公式。

还是以抛硬币的赌博游戏为例，你可以随便下注，正面，赌注翻倍；反面，输掉所有赌注。那么，怎样下注才能保证赢呢？

直观来讲，输赢应该是持平的，根本无法持续盈利。但是，实际操作并不是这样，你可能输光所有的钱，也可能赢钱，最终成亿万富翁，如果你采用不同策略的话。而且，这个过程是稳定的，那不是赌博。

（1）等价鞅论。

就像传说中的阿拉伯海盗赌钱一样，每次下注，如果输掉，那么下一次就把赌注加倍，这样，直到你赢了为止。这样，只要赢一次，以前的本就都回来了。然后再把赌注恢复到最小。

这样的前提是：你必须有"无穷多"的资金。

等价鞅论的一个变种就是一般的不懂资金管理的人的策略。比如1000美元的本金，亏了100美元之后，下一单下多少注？很多人还下100美元，这样其实他只剩900美元了。也就是说，他下注所占总体本金的比例增大了。这样他企图通过下一次赢来全部翻本。他赢了的时候呢，可能下一注只下50美元。也就是说赢了之后为了保住利润，开始用小赌注下注。

（2）反等价鞅论。

每次下注，都严格地下所剩的资金的一个固定比例。这样，假设资金无限可分。那么他可以亏无数次，但是在赢钱了以后，却仍然按照这个固定比例下注，也就是说，赢的钱越多，下的注越大。

鞅论的观点是：在理想情况下，第一种，也就是等价鞅论，是可以赚钱的，这个"理想情况"，就是你本来就有无穷多的钱。而我们不可能有无穷多的钱，于是，要想稳定赚钱，必须使用"反等价鞅论"。

但是，人性的本质，是遵从等价鞅策略的。也就说，人性的本质，越赢，下注越小，因为希望保住利润；越输，下注越大，因为为了翻本。这样正好成了等价鞅策略。

为了进一步说明这个问题：这里再提一下"赌徒输光定理"：就是，理想的赌徒，就是没有盈利目标的赌徒，早晚会输光自己所有的钱，因为他不知道什么时候停止，但是他的钱还是有限的，所以他一定有概率触及他的所有的钱的这个底线，一旦触及，他就输光了，就没有赌注继续赌了。

注意到赌徒输光定理的本质是：在输钱的方向上，他有一个底线，一旦他的总钱数触及这个底线，他就game over了。对于抛硬币的游戏，赢多少钱的概率和输多少钱的概率是一样的。既然赌徒不知道退出，那么就总有一天总钱数达到他赢的钱的相反数的时候，那个时候，就是他的死期。

而反等价鞅论之所以能够稳定盈利，就是因为他把这个底线的方向反了过来，放到了赢钱那边，而让输钱的那个方向“日取其半，万世不竭”。

如果我们总是等比地下注，那样，永远也亏不光我们的钱，我们可以“无限地赌下去”。那么，既然我们可以“无限地赌下去”，那么，赢成亿万富翁的概率无论多么小，只要他是正的，那么就总会有一天可以达到！

因为，我们可以“无限地赌下去”。

这就是资金管理的数学理论支持。

对此更深一步地阐述，就是“凯利公式”。

据说凯利本来是贝尔实验室研究电话信号传输的一个科研工作者。由于信号传输有一定的概率传不到，于是他就计算了一套策略来获得最大的传输信号的概率。后来，这个公式被赌博业发现，于是赌球者，赌马者，彩票业，等等，很多人将其应用到了赌博业当中。凯利的文章发表于1956年，网上可以下载到他的原文，有兴趣的读者可以搜索看一下。

凯利公式：在反等价鞅策略下，每次下赌注百分之多少，才可以实现最快的盈利？

答案：$K=W-(1-W)/R$。

公式中K：每次下注所占总资金的比例；公式中W：你的策略的胜率；公式中R下注的盈亏比。

抛硬币游戏：$W=0.5$，$R=2$，那么$K=0.5-(1-0.5)/2=0.25$，也就是说，抛硬币游戏中，只要你每次投入你的总资金的1/4，永远遵守这个概率地玩下去，那么，你将以最快的速度成为亿万富翁。

那我们来看看外汇和期货市场的玩法，我们引用凯利公式的基础方程：

K＝(W×R－1)/(R－1)

K，W，R的定义同上。

于是，我们发现，盈利有一个基本的前提，那就是你的胜率乘以你的盈亏比，结果必须大于1，否则无论如何都不可能盈利。投硬币游戏中W×R＝1，正好期望值是持平的。但是由于我们“永远亏不光”，而且我们总有“停手”的那一天，所以，我们可以选择我们赚到1亿美元时候停手，所以，成为亿万富翁仍然是可能的。

根据凯利公式的基础方程，来考虑外汇和期货市场。

假设我们每一单的胜率是：W＝0.5，每一单的止盈和止损的比例是：2∶1；也就是说，盈亏比为：R＝3。

这样，根据凯利基础方程，K＝(0.5×3－1)/(3－1)＝25%；也就是说，每一单的仓位设置，需要达到总资金25%的时候是最优解。

如果胜率是0.4，那么K＝10%。

如果止盈和止损比是：3∶1，那么盈亏比为：R＝4，胜率为：W＝0.4，则K＝(0.4×4－1)/(4－1)＝20%；胜率W＝0.3的话，则K＝(0.3×4－1)/(4－1)＝6.7%。

看到这里，我想你应该明白了为什么无数的汇市和期市的老手告诉我们：“每次投入资金的10%～20%，止盈和止损的比例设置成2∶1和3∶1，这样即使你的胜率是40%甚至30%，你都可以稳定盈利!”

这就是最普遍的资金管理技巧的数学基础——凯利公式！

看到这里，你可能会说，要是这么简单的话，为什么股市汇市期市里面有90%的人赔钱呢？

注意到，凯利公式只有战略上的指导意义，而并不具有操作意义。具体的操作，或者说技术，在凯利公式里面，唯一能够影响的值，就是W——胜率。根据凯利公式和鞅论，你的胜率再高，只要不是100%，那么如果按照等价鞅策略下注的话，早晚都会亏光。而人性的直接结果就是等价鞅策略，所以绝大多数人在价值投资的时候是亏损的。

只有严格地执行“反等价鞅策略”的时候，才能够，并且一定能够稳定盈利。而“反等价鞅策略”是违背人性的本质的。因为它让你在输钱时减小赌注，赢钱时加大赌注，这跟人的本性——贪婪、恐惧——正好相反。人的一个致命的本性是：太过追求“确定性”，如果没有“确定性”，那么人就会感到恐惧，这直接导致了盈利时减小赌注。而亏钱的时候，人们又不愿意承认失败，这就导致亏损时候反而增大了赌注。

说到这里，我想你们应该明白，为什么说技术只占20%，而资金管理占80%了。因为资金管理严守交易纪律，等于是执行了凯利公式本身，而交易技术仅仅是凯利公式里面的一个W值而已了。这个W大一些小一些，其实是无关紧要的，只要W和R的乘积大于1，那么你就一定能够稳定盈利！而W值，根据前面的计算，甚至只要30%的胜率就可以稳定盈利了。30%的胜率，这是多么低的一个值啊！

无数的初学者之所以走了弯路是因为：首先，他们直觉地认为自己能够找到一个胜率W＝100%的策略；其次，他们在执行凯利公式的时候，不能够控制自己的贪婪、恐惧，不能够控制自己，因而最终使自己采用了等价鞅策略。

等价鞅策略：亏损是发散的！盈利也是发散的，但是亏损比盈利发散的快得多！因此，会很快爆仓。

反等价鞅策略：亏损是收敛的！盈利是发散的！因此只要坚持住反等价鞅策略，你就一定能够成为亿万富翁！

因此，技术在这里，原来只占那么小的一部分。绝大部分原因，在于一个人能不能很好地控制自己。这也就是我们常说的，战胜了自己，就战胜了一切。而一个人能够战胜自己的固有的人性，与一个人从小受到的教育、成长环境、道德熏陶，等等，是直接相关的。

因此，我们说，要赚钱，先做事；要做事，先做人。

我们在年轻的时候要做的不是为赚钱而赚钱，而是要不断提高自己的人文修养。提高人文修养的过程，就是执行人生的“凯利公式”的过程，这个过程是痛苦的，然而，一旦我们成功地执行了，我们的财富，就像凯利公式和反等价鞅策略的结果一样，越来越多，永远不会爆仓，而最终会让我们成为亿万富翁（百万富翁，千万富翁，亿万富翁，取决于你什么时候“停手”，既然永远不会亏光，所以什么时候停手当然无所谓）。

五、盈利模式就是一个赌场

有人问职业赌客有没有更好的方法对付赌场，他会告诉你：赌场是我的衣食父母，我们不应该想办法对付它，应该和它做朋友。

其实可以赢钱的方法就每个人来说最少有10个，你信不信？赌博并不是那么复杂的事情，只是人人把它复杂化了。想长期在赌场赢钱，最困难的一个问题，就是你问问你自己，你战胜自己了没有，你了解自己吗？为了和赌场做朋友，你做了什么工作，什么计划，你到了赌场里面，有没有严格按照计划行事呢，很多人输钱，其实就是输给自己，赌场没有坑你，没有骗你啊，是不是？

逢赌必赢的秘诀非常简单：永远只赌一赔一的游戏，记住下面的三个诀窍。

1＝下注方法；2＝注码法；3＝时间观念。123＝赢。

1＝下注方法：

例如赌大小，你根据什么去下注，下1把是买大还是买小，先定下下注方案。比如只赌4把，4把内赢1把就行，只赌“大大小小”这条路。看见前面开出“小小大”，就可以开始下注。为什么？因为前面3把你要是下注已经输了3把，现在开始下注你已经在心理上占优势，“大大小小”，赢1把就停，4把不中也停，方案你自己定，定下来就执行，就这么简单，不要管开出几点，只管大小，不要让其他的因素影响你下一把的投注方向，遇围骰算输，即停不追。

2＝注码法：

因为赌场的所有赌戏都是对赌客不利的，百家乐只买闲除外。平注法无法保证长期在赌场盈利，只有适当加码才能战胜赌场设下的不公平游戏规则。在这里我只能说“1-3-7-15”和“1-2-4-8”这种强攻自杀式的注码法还是少用为妙（除非特殊原因），我只提供3种稳中求胜的注码法供你参考，即“1-2-3”或者“1-1-3-5”“1-1-3-6”这3种都是稳中求胜的。2赢1平或者2赢2平或者3赢1平，所用注码最多11注，哪怕断缆以后也容易追回来，切记切记。

3＝时间观念：

我发现网上的高手和专家很少谈及赌博的时间观念，有的只是不停地追求一些越来越高级的理论，好像非要用一招一式就把赌场置于死地不可，醒醒吧，同志们！这个世界上没有一条必赢的方法也没有一条必输的程式，只有方法、注码、时间才有可能小胜赌场。一招半式不可能大赢赌场，组合拳也只能经常保持小胜，而且还容易受点儿小伤，这时有正确的时间观念，你就会发挥时间的威力，告诉自己慢慢来，不要着急，赌场24小时营业，你365天都可以报仇怕什么，慢慢追可以的，不要乱了自己的投注方法和投注脚步。断缆＝受伤＝输钱，但是这完全在我的意料之内，我在心里对赌场对骰子说：有本事再来一次，我不怕你的，我不会上你的当的，我不会乱加注，不会改变我的投注方案，我有的是时间，慢慢地赌，这个钱不但不会越赌越少，而是越来越多。时间就是金钱，好好地看待时间，尤其是在赌场里的时间，在赌博时的时间，赢钱后的时间，最重要的是受伤之后的时间。你需要的是养伤，而不是带伤还要跟赌场拼命，结果你可想而知，只有伤得更重而已。我希望每个想长期在赌场生存的赌客都好好地看待时间。

赌场如战场，资金就是你的士兵，在赢钱的情况下才能从容地投入战斗。对待输赢有两种截然不同的心态，一种是赢不起输得起，是小市民意识很重的一种下注法，往往是赢小钱输大钱，非常不可取；另一种是赢得起输不起，又称为连赢要冲、连输要缩。这种对待损失的态度，不是要想方设法地规避，而是要坦然地面对它。

在基于正收益率的原则上，把赌博理论和赌博心理相结合，实施分配制的资金控制，是规避短期风险、避免失败的防御武器。在赌场里只要按照正收益率原则、顺应赌博的规律做正确的事情，利润随之而来是自然而然的事情，这就是赌博的最高境界，即久赌必赢。

用错误的心理学小数法则代替了正确的概率论大数法则，这是人们赌博心理大增的缘由。仅仅凭感觉猜测就想赢赌场的钱将与盲人摸象无异，甚至还要糟糕，因为盲人还有把大象摸清楚的一天，而作为随机现象的赌博，虽然所有的赌具都是有形的，但赌博的本质却是无形的，不仅看不见还摸不着。

赌博至少从表面上看起来很简单，因此，少数固执的聪明人就会在赌场里屡输屡赌，虽然精神可嘉，但的确钱也是越来越少。深刻地了解赌博内幕，掌握正确的赌博理论，才是克服赌性，战胜赌场的关键。

同时，具有科学的、健康的赌博知识，才能抵制与生俱来的赌博冲动，这样筑起来的防线才是牢不可破的。

六、职业赌徒逢赌必赢的秘诀

（1）自我制约。

赌钱要有原则，赌家应该一早订下所有注码的运用，如果赢时又该如何去处理注码，输时又该如何去处理，然后在赌场上落实执

行，不偏不倚，不受个人情绪的影响。早先订下的规则要自律地遵守才是聪明的赌仔。赌钱最怕失去理智，赢钱时又想赢更多，输钱时又急忙想赶快追回，以至于越赌越大，心越赌越红，此现象就是一般赌家的心态和通病。很多人就是没有订下赌钱的原则，被贪心和恐惧影响了个人的理财方法，从而将一生的积蓄拱手送人。在赌球中也一样，如果你没有原则或没有自律性的投注头脑，你最终只会输掉大部分金钱。不同的人有不同的经济能力，不同的人能承受的风险也不一样，所以不同的人就应该有不同的投注方法。还有一点要切记，就是订下投注方式时一定要量力而行，不要只看到赢钱后的风光，输钱时该如何去处理以及采取哪种投注方式的应变才是最重要的难关。

（2）长线短线。

不知道大家赌博是为了什么目标呢？大部分是想发达，一朝可以斩断穷根大富大贵，天天享受。但是真正做到的人1%都不到，而有本事去赢大钱的人又必定经常高度紧张以及承受极大的压力，因为赌的越大就赢得越多，相反就会输的越大，赌钱的人有长线和短线两种，短线的就是想找快钱，以每一天的输赢作为一回赌局，输赢均是大起大落，每天都活在压力和恐惧或兴奋当中，赢大钱或输大钱的人多是此类型。视赌钱为长线的人大多数不会为一天或近期的输而感到恐惧，因为他们知道赌钱是有赢也有输的，赌局是以整个球季计算的，今天输一万不表示往后就不能赢回来，最重要的是知道长线赌钱有哪种投注方式或投注要诀能让日后可以连本带利赢回，此类型的人大多数每年结算计数是赢钱，但赢得可能不及一些天天豪赌赢钱的人，但是最大的不同是在心理上的分别，天天活在恐惧和紧张中是绝对不好过的，比起每天可以舒舒服服地过生活，输赢都不会影响自己的生活，到了最后仍然有点儿利润可以可以去旅行，是何等的轻松惬意啊。所以笔者正在计划暑假去哪里旅行，因球季开始至今手风都不错，就算现在开始一直输到季末仍可以去度假呢。

（3）量力而行。

赌钱之前最好先把自己的理财计划做好，一个月赚了的钱最好先扣去所有应有的开支然后才拿去做交易，输了你也不会没饭吃才是适当的注码。最大的错就是借别人的钱去赌博，此举正是迈向家破人亡的一步。有了注码就再去定一个目标利润，当然利润人人都知道越多越好，但都要适合自己的注码而定，不要异想天开，想一步登天。假设你赌上下盘有六七成的命中率，那你的回报率大概在18%～37%，所以如果你要拿着1000元想在赌上下盘10场内赢1万元（1000%），简直是极难的动作，需要极大的运气成分。比如你想要在10场球内赢1万元，你的本金就是27000（10000/37%，假设七成命中率），每场赌2700在10场之后就会有1万元的利润了。倒过来计算如果你可以拿1万元来赌球，如果以10场作为一个投注周期，即每场是1000元，命中率如果是七成（即赢7场），利润应该会是大约3700（平手盘就当没赌）。而最重要的问题是七成的命中率不是那么容易能达到的（本人的绝杀推介都是维持在七成左右），所以大家赌球时真的要量力而行，然后自定投注计划落实去执行。

（4）聪明赌仔。

如今赌球盛行简直令世人痴迷，自从赌球风流入中国，赌民立即迅速暴增壮大起来，中国人有几千年的赌博文化，现在更是如鱼得水。大家赌博除了想赢钱之外，就是赌中寻求刺激，因为有时明知是不值得博还是要去赌，因为想投入赌博以获得刺激的感觉。赌家中有七八成的人都不懂控制自己，而大多数都是输光才肯罢休，你想成为其中的一个吗？你要成为赢家就要干一些别人不干的事情，不要随波逐流，要做聪明的赌仔。先学会忍受。赌博是关系机会率的数学游戏，赌球其实也一样，欧洲用欧洲的盘口，亚洲用亚洲的盘口，亚洲盘就是为了将两队的实力拉近，在两队的对赛加上了让球，尽量拉至大家都是有50%的赢率，而无论是哪队赢或输庄家都可以从中抽水谋利。但百分比是具体的数字，实力是不可以用数字去衡量的，所以往往盘口之间有漏洞，要赢钱就是找出此等场合出击。所以赌球不是1/2的游戏。如果如此，我想你和我也不必花太多的时间去研究，因为1/2的机会率所赢的回报率根本不足两倍，是一个完全不值得博的游戏，倒不如去赌场百家乐不是更实际和公平，你说呢？

（5）搭顺风车。

大家是否知道世界最大的赌场其实是股票市场。此赌场每天有数不尽的金钱在流动，比起任何赌场的投注不知大多少倍。所以股票市场上有很多现象可以运用到其他赌博活动中，股票升跌价格都可以由人去操纵去炒作。基本上股票市场有过半公司的股票都是炒作赚钱的。很多人看股票都会参考图表，其实图表也有假，就是由庄家故意做出假象引人入市从而自己谋利。如此大的股票市场大部分是由庄家去操控的，所以小散户要赚钱就只有一个方法就是跟庄，分析的不管如何独到还是输多赢少。赌球也是一样。如果实力强的球队永远赢；实力弱的球队永远输，我想也不会有人开赌了，其实现在打假球的情形大家都是预设存在，但凭经验去找出此等赛事，分析庄家意向之后搭庄家做好的顺风车，其他赛事尽量不出手，等到此等赛事才一注押下，可说是赢面十足。

（6）兔比龟慢。

如果你不是全情投入，只去小赌就常常都有意外地收获。但当你放很多时间努力去钻研的时候，反而输钱更多。这是为什么呢？

赌钱其实很不公平，因为有人为的因素在内使赌徒输的概率大增。就如赌场内的老虎机，全部由赌场的人预设一切机率，所以玩老虎机根本就是送钱给赌场。这也就是为什么大部分人都喜欢玩百家乐，因为此游戏极为公平，机会率近50%，买庄的人可以与买闲的人对赌，再者赌桌上用的牌很难做手脚。赌大小就不同了，因为赌场是可以用遥控的方式去控制点数，所以赌仔不输是很难的。但凡涉及金钱上的利益，什么事情都有可能发生，龟兔赛跑如果没有赌的成分在内，相信兔子是一定不可能跑输的，但是有了赌博就什么荒唐的事都可以发生，兔子是绝对能跑输给乌龟的。赌球也一样，现在每天的赌球投注额不知多少亿元，什么爆冷赛果都绝对可以发生，说没有假球根本就是不可能。不过赌球时也不要太悲观，只要细心观察避开最有可能发生假球的球赛，甚至如果能看准看穿如此场合就更加战无不胜了。

（7）各展所长。

其实投注的方法有很多种。而本钱多少则不是关键，因注码多少是自定的，赌钱是各施各法的游戏，有人喜欢小刀锯大树（串场），有人喜欢以钱换钱，不过想锯大树的人就要用多一点运气去帮助，有本钱的人如果不是贪心，要赢钱是比本钱少的人容易得多。如果在球场上可以找到一些方程式是有高命中率的话，再配合注码的运用可说是无往不利。但赌球就是往往令人不能忍受，想想这场好像很好，那场又好像有信心，某某又说这场是内幕必赢，使大家东赌一场西赌一场，最后拉上补下又是打平或输了。最好的方法就是自行或几个朋友建立一个基金系统，订下利润和每场的注码，如每场平均注码赌，赢了就过关一次压上以增大利润，输了就不加注，所有方式均可自行订下，每次见方程式的球赛出现就坚守原则下注，直至达成目标利润就可以再加大基本注码，再定更大的目标，将基金越滚越大。

七、能赢时退场的人才是真正的赢家

船王哈利与儿子小哈利

美国船王哈利曾对儿子小哈利说："等你到了23岁，我就将公司的财政大权交给你。"谁想，儿子23岁生日这天，老哈利却将儿子带进了赌场。老哈利给了小哈利2000美元，让小哈利熟悉牌桌上的伎俩，并告诉他无论如何不能把钱输光。

小哈利连连点头，老哈利还是不放心，反复叮嘱儿子一定要剩下500美元。小哈利拍着胸脯答应下来。然而，年轻的小哈利很快赌红了眼，把父亲的话忘了个一干二净，最终输得一分不剩！走出赌场，小哈利十分沮丧，说他本以为最后那两把能赚回来，那时他手上的牌正在开始好转，没想到却输得更惨。

老哈利说：你还要再进赌场，不过本钱我不能再给你，需要你自己去挣。小哈利用了一个月时间去打工，挣到了700美元。当他再次走进赌场，他给自己定下了规矩：只能输掉一半的钱，到了只剩一半时他一定离开牌桌。

然而，小哈利又一次失败了。

当他输掉一半的钱时，脚下就像被钉了钉子般无法动弹。他没能坚守住自己的原则，再次把钱全都压了上去，还是输个了精光。老哈利则在一旁看着一言不发。走出赌场，小哈利对父亲说：他再也不想进赌场了，因为他的性格只会让他把最后一分钱都输光，他注定是个输家。

谁知老哈利却不以为然，他坚持要小哈利再进赌场。老哈利说：赌场是世界上博弈最激烈、最无情、最残酷的地方，人生亦如赌场，你怎么能不继续呢？

小哈利只好再去打短工。

他第三次走进赌场已是半年以后的事了。这一次，他的运气还是不佳又是一场输局。但他吸取了以往的教训，冷静了许多，沉稳了许多，当钱输到一半时，他毅然决然地走出了赌场。虽然他还是输掉了一半，但在心里，他却有了一种赢的感觉，因为这一次他战胜了自己！

老哈利看出了儿子的喜悦，他对儿子说："你以为你走进赌场，是为了赢谁？你是要先赢你自己！控制住你自己，你才能做天下真正的赢家。"

从此以后，小哈利每次走进赌场，都给自己制定一个界线，在输掉10%时他一定会退出牌桌。再往后，熟悉了赌场的小哈利竟然开始赢了：他不但保住了本钱，而且还赢了几百美元！这时，站在一旁的父亲警告他，现在应该马上离开赌桌。

可头一次这么顺风顺水，小哈利哪儿舍得走？几把下来他果然又赢了一些钱，眼看手上的钱就要翻倍，这可是他从没有遇到过的场面，小哈利无比兴奋！谁知，就在此时形势急转直下，几个对手大大增加了赌注，只两把，小哈利又输得精光……从天堂瞬间跌落地狱的小哈利惊出了一身冷汗，他这才想起父亲的忠告。

如果当时他能听从父亲的话离开，他将会是一个赢家。可惜，他错过了赢的机会，又一次做了输家。

一年以后，老哈利再去赌场时，小哈利俨然已经成了一个像模像样的老手，输赢都控制在10%以内。不管输到10%，或者赢到10%，他都会坚决离场，即使在最顺的时候他也不会纠缠！老哈利激动不已——因为他知道，在这个世上，能在赢时退场的人才是真正的赢家。

老哈利毅然决定，将上百亿元的公司财政大权交给小哈利。听到这突然的任命，小哈利倍感吃惊："我还不懂公司业务呢！"老哈利却一脸轻松地说："业务不过是小事。世上多少人失败，不是因为不懂业务，而是控制不了自己的情绪和欲望！"

老哈利很清楚：能够控制情绪和欲望，往往意味着掌控了成功的主动权。

八、赌徒的救命稻草：破而后立，超越自我

第一段：时间。有多少精英，皆在一夜暴富的驱使下，折戟沉沙。

要成为好的职业赌客，必须耐心接受时间给予你的磨炼，如果不想在磨炼中过早死去，那就先请你减少投注的规模，别下赔不起

的注码。时间不够，空谈枉然。

第二段：亏损。献给无畏的赌客。参赌，只想包赢不输的美事，最后结局，一路输死。

在赌场最平常的事情就是输。你的每一个投注，只要去做，都可能遭受输，管他高手还是神仙，都一样。没办法，你要做的就是接受它，必须接受。这是职业赌客最起码和最重要的态度，不接受输的人，总有一次暴毙。不主动承担风险的人，赌场的奴隶而已。追求完美，死不认错，侥幸求生，参赌大忌也。不是指高手也要犯错啊，参赌不要固执，低调什么的是指，每一次下注都是风险，回避不掉，要行动就得承担，承担的方法，就是你这次下注的底线，就是你将要实际付出的损失，至于处理得好坏，与你运气和经验有关，但关键是要去执行，要把stop变成习惯。要习惯把账户一部分钱作为试错的炮灰，每次都这样做，赌场的刺痛，会让你逐渐专业而不浮躁，很简单吗？！但你要想好好来从事职业，那么对待亏损的态度以及风险管理的理念一千遍也不多，因为，赌场不是我们说了就算，而且，它混乱时，天也无奈。何况你也犯错不断，有心则乱，金钱美女置怀，几人可做到脸不变色心不跳？

“亏损”包括两个方面：

一是接受亏损，因为赌场无情，输是游戏的一部分（态度）。

二是执行底线，因为生存需要，止损是活着退场的保证（行动）。

那什么叫止损呢？

止损就是你只能容忍的损失，你只能赌到这个份上，再赌下去，就没把握，失控啦。什么位置止损好呢？任何位置都可以。只要使你觉得不安全就是那个位置，止损效果嘛，跟经验和运气相关。其实止损的好不好也没关系，长路漫漫，有的学，知道stop就不错了。

要不要止损都无所谓，如果你不是老天爷，那随便设个止损位吧，只要你能到时坚决执行，就是高手啦。剩下的技巧问题，让亏损来教你吧。

关于止损问题是说不清楚的，但前提是必须符合你的操作个性，反正其精髓就是控制损失，仅此而已。

我崇尚个性化和艺术性，与纪律的结合，以及适应自己人性弱点的操作处理，都是参赌的挑战和乐趣，每个人都有自己的生存方式，赌博同样如此，坚持你自己，别忘了我的赌博铁律之一：永远止损。

第三段：节制。仅献给红眼输家们。如果想死得更快点儿，只需稍输后，加码再赌，誓不罢休。

我不讲你也知道我要说些什么，但你不知道，赌场最需要节制的就是输家。败军之惨烈不过一轮轮自杀式冲锋，总以为这样孤注一掷的赌博，压对一次，就解决了你所面临的一切问题，错啦，输红了眼的赌徒可以传奇翻盘，那是电影，现实中又有几个红眼赌徒生还？！如果老输，你就不能停一停，歇一歇吗？

第四段：优势。仅献给平庸的赌客。无鱼偏下网，无刀偏屠龙，那是有病；春耕秋收，一招制敌，小孩都懂。

交易者生存的基础，在于赌场的不均衡，无论是时间的不均衡，还是输赢空间的不均衡，它必然有概率上的偏差。认识赌场，在于认识不均衡，利用偏差而动，只有在赌场提供可下注的优势时，才能行动，换言之，当赌场不提供赚钱的机会时，哪怕掘土三千尺，也休想榨出一滴油！你有等待偏差的耐心吗？你有判断偏差的优势吗？你有利用偏差动手的绝招吗？

赌场机会永远无限，需要分清哪些机会是你能预测的？其中又有哪些是你最擅长把握的？利用赌场条件，集中自身的优势，完成自己能做的事，很简单。

赌客最大的优势是什么？资金是自己的。

赌客最大的缺点是什么？没耐心。

赌客最怕的市场是什么？怕没有机会。

赌客最不怕的又是什么？不怕输。

所以，当你把不利化为有利的时候，再加上一点正确的方法，你就可以赚钱了，就这么简单。

第五段：管理。仅献给业余的赌客。大起大落，终点回起点，不是刺激，是风险。唯有持续稳定获利才叫真谛。

拉瑞·威廉姆斯说过："知道你学会采用资金管理方法以前，你不过只是一位微不足道的小投机客而已。"

你能否管理自己的交易？

你能否管理自己的账户？

你能否管理自己的习惯？

这就是业余和职业的区别！

什么叫职业？无他，"稳定"二字。

大部分人都能学得一技之长贡献社会并养家营生，也有极少数人会不务正业流连赌场，视博弈为赚钱良方。学有专长者如股市分析师、水电工人等，都是有益于他人。有时候水电工人倒是比分析师有用。早上起来读读分析师的报告并不能让您在当日交易获利，但中午来修花园喷水系统的水电工却能使它马上停止漏水。当夕阳斜，晚风飘时，想想看，到底谁比较有用？

赌客不该去当分析师，而要试着成为能修花园喷水系统的水电工，一动就能见效，也就是说，一参赌就要获利。同时他要认知自己是在赌场环境中的一个赌徒，因此要学会一针见血之技，好的赌徒，能算会算的赌徒。想以此成为巨富，漫谈。要以此营生或时时赚些小利，蝇头也罢，倒可试试，但需知一些小秘密。

第一，要快乐。你如果觉得赌博不简单，很痛苦，就不要做。

第二，要有中学数学程度。事实上，说中学程度的概率是好听而已，也许这小问题没念过算数的人也知道。一个有6面的骰子从1到6，3个偶数3个奇数，偶数出算赢，奇数出算输。长期掷骰子，奇偶出的概率约各一半，如何赢呢？让赢的时候赚1元，输的时候赔5角。100次中，赢50次，赚50元，输50次，赔25元，最后总结赚25元。这是赌客心中唯一的胜计，别无他方良策。所以进场后，方向对了就让它去泡一下以达到目的；方向不对就立刻出场。

第三，趋势不对，不管时间长短，绝不下注。趋势对时，胜算会比前述50对50高出许多。

第四，赌客不是天天下注。如果你今天交易赚了900元不要期待明天再进场去再赚900元。赌客的好处是好像自己做生意，可选择哪天做哪天不做。